REISEABENTEUER
DUMONT

CONSTANZE JOHN

40 TAGE ARMENIEN

IN EINEM ALTEN LAND IM KAUKASUS

1. Auflage 2015
2. Auflage 2018

Gestaltung: Herburg Weiland, München
Titelfoto: Claudiad/iStock
Autorenfoto: Constanze John
Umschlagkarte: Gerald Konopik, DuMont Reisekartografie
Kartenskizzen im Buch: Constanze John
Printed in Spain
ISBN 978-3-7701-8298-5

www.dumontreise.de

Für Anusch Babajan

Inhalt

Vorbemerkung zu den Schreibweisen des Armenischen

Das armenische Alphabet ist ein Unikat. Im vorliegenden Buch basiert die Schreibung armenischer Eigennamen, Begriffe und Wortwendungen auf der deutschen Transkriptionstradition. Praktisch bedeutet das die phonetische Übertragung des Armenischen ins Deutsche. Das betrifft auch die Namen sämtlicher Personen.

Im Detail folgte ich der fachlichen Beratung von Frau Prof. Dr. Armenuhi Drost-Abgarjan, Martin-Luther-Universität Halle-Wittenberg, der ich für diese Unterstützung sehr danke.

In der Danksagung am Schlussteil dieses Buches erscheinen die armenischen Vor- und Familiennamen überwiegend in englischer Schreibweise. Das entspricht der international üblichen Schreibweise in Pässen sowie Dokumenten.

CONSTANZE JOHN, 31. MAI 2015

»In der Tat kann der Verstand des heutigen Menschen, gleichviel, welches sein intellektuelles Niveau sein mag, die Welt nur aufgrund von Daten erkennen, die, wenn sie zufällig oder absichtlich aktiviert werden, in ihm alle möglichen phantastischen Impulse auslösen.«

G. GURDJIEW

Prolog

Inzwischen ist es dunkel. Die sommerliche Wärme hält an und noch scheint die halbe Stadt auf den Beinen zu sein. Gehst du zügig am Wardan-Mamikonjan-Denkmal vorbei, die Unterführung hinab und auf der anderen Seite der dicht befahrenen Hauptstraße wieder hinauf, kommst du, noch vor dem Kunsthandwerkermarkt Vernissage, direkt zu diesem kleinen Imbiss, an dem es den vielleicht besten Kebab von ganz Jerewan gibt. Hier steht ein Büdchen, das Küche und Kasse zugleich ist, und dort stehen auch die Tische für die Gäste.

Es sind vier Tische, die allesamt besetzt sind. An jedem der Tische sitzt jeweils ein einzelner Herr, und vor jedem dieser einzeln sitzenden Herren steht auf dem Tisch eine Flasche Bier.

Ich halte kurz inne, überlege, spüre aber auch schon den Geschmack des gehackten, angebratenen Lammfleisches auf der Zunge, den Geschmack von Zwiebeln, Knoblauch und Kräutern, und stelle mir das alles fest eingerollt von einer Lage Fladenbrot, dem *lawasch*, vor. Die Sache ist entschieden.

Der Vorzug des erstbesten Herrn besteht allein darin, dass ich ihm am nächsten stehe. Also frage ich den großen, etwas fülligen, trotz seines Alters noch immer energiegeladenen Mann auf Russisch, ob bei ihm ein Platz frei sei. Natürlich lächle ich nicht und bin kurz angebunden, so wie ich es inzwischen gelernt habe. Der Abstand zwischen Mann und Frau ist hier, an der Grenze von Okzident zu Orient, anders als in Mitteleuropa zu halten. Mir geht es um den Kebab. Das hat klar zu sein. Der Erstbeste nickt.

Die Kellnerin, eine kleine weiße Schürze umgebunden, kommt zu uns an den Tisch. Wie mein Tischnachbar bestelle auch ich ein Kilikia-Bier und natürlich den Kebab.

»Der Kebab dauert«, sagt die Frau, als sie das Bier bringt. Ein Mann lehnt in der offenen Tür zum Büdchen und schaut ihr bei der Arbeit zu.

Nun sitze ich mit dem Erstbesten am Tisch, schweige, schaue hinüber zum Büdchen, wo der Kebab zubereitet wird, und trinke vom kühlen Bier.

»Woher kommen Sie?«, beginnt der Erstbeste und lässt dabei seine Flasche Kilikia nicht aus dem Blick. »Niederlande? Schweiz?«

»Deutschland.«

»Sie arbeiten hier?«

»Ich schreibe über Armenien.«

»Warum schreiben Sie über Armenien?«

»Weil ich jetzt hier bin«, sage ich, nach wie vor kurz angebunden, und bemerke dabei hinter dem Imbiss die Staffeleien der Maler, die selbst so spät noch auf der Vernissage ihre Bilder zum Verkauf anbieten. Ich frage ihn, ob auch er ein Maler sei.

»Ich komme vom Bau«, sagt er und fügt gleich noch mit hinzu: »Aber ich bin auch Künstler.« Danach folgt eine kleine Pause. »Und außerdem bin ich Wissenschaftler!« Auf meinen fragenden Blick hin schränkt er etwas ein: »Also, kein richtiger Wissenschaftler.«

Der Kebab lässt auf sich warten, der Imbiss ist, ausgenommen das Büdchen, nicht extra beleuchtet und die dunkle Stimmung trotz des Großstadtlärms angenehm. Das Licht der hohen Straßenleuchten strahlt bis zu uns herüber. Leute eilen vorbei. Einige der jüngeren Männer tragen Mappen unter dem Arm. Oder sie tragen, genau wie die Frauen, prall gefüllte Beutel und Taschen. Es ist die Zeit, um nach Hause zu kommen. Dazwischen laufen die Kinder.

Das Bier trinke ich in kleinen Schlucken und denke dabei: Irgendetwas hat dieser Mensch. Etwas ist mit ihm.

Auf der Straße wird gehupt. Ich wundere mich, dass da immer noch Bewegung möglich ist. Die Wagen stehen dicht. Genauso rätselhaft bleibt mir, wie es Busfahrern unter diesen Umständen immer noch gelingen kann, mit Bus oder *marschrutka* die Haltestelle anzufahren. Die breite Hauptstraße ist Teil des Stadtrings. Parallel dazu zieht sich der Park, der von hier aus gesehen aber schon im Dunkel liegt.

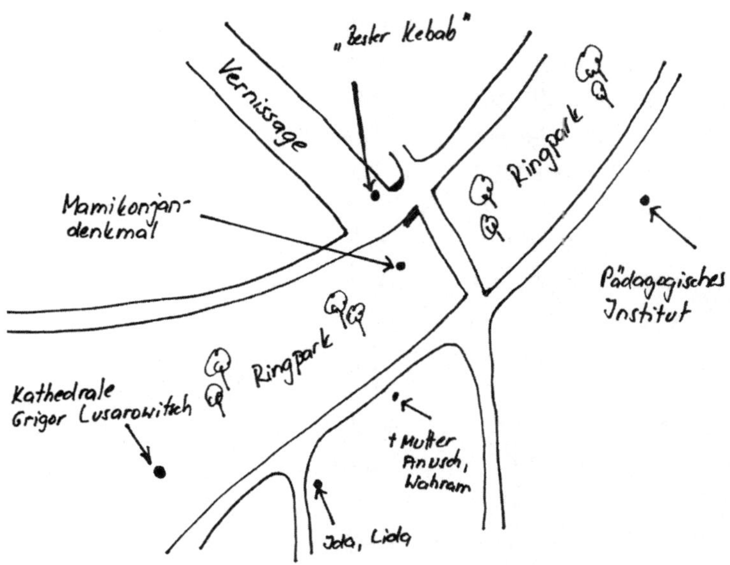

»Sie beschäftigen sich also mit Philosophie«, führe ich das Gespräch, nach einer angemessenen Pause, intuitiv weiter.

»Nein, nicht wirklich. Ich mache Experimente.« Der Erstbeste bleibt ernst, wirkt ganz bei sich, oder auch beim Kilikia, baut jedenfalls unauffällig, wenn überhaupt, seine eigene Brücke in unserem Gespräch. Obwohl er sonst vor jeder Äußerung zögert, als müsse er sich erst einmal befragen, fügt er diesmal überraschend schnell hinzu: »Ich mache Experimente mit Steinen.« Zum ersten Mal schaut er mich offen an.

»Sind das chemische Experimente, die Sie da machen?«, frage ich weiter und denke: Der im Armenischen legendäre Schreiber des Schicksals, Tir genannt, wird schon wissen, was er tut.

»Nein, ich fotografiere die Steine. Und ich drehe kleine Filme über sie.«

Nach wie vor fehlt mir der Zugang. Ich bekomme einfach keine Vorstellung von dem, was er da macht. Die langen Pausen zwischen Fragen und Antworten verleihen allem noch ein zusätzliches Gewicht. Der Kebab lässt auf sich warten.

»Geht es um die Energie der Steine?«, taste ich mich weiter vor. An dieser Stelle nun schaut der Erstbeste ein zweites Mal auf. Die drei anderen Herren an den drei anderen Tischen kriegen wir schon gar nicht mehr mit. »Diese Steine waren schon lange vor uns Menschen hier, auf der Erde. Dadurch sind in ihnen Informationen abgespeichert, die für uns heute wichtig sein können. Und genau das versuche ich zu untersuchen.«

Etwas flimmert vom Fußweg her, von einer roten Säule. Genauer besehen handelt es sich um einen Kaffeeautomaten in Gestalt einer Telefonzelle, mit eingebautem Außenbildschirm. Der schwarz-weiße Werbefilm lenkt mich von der Geschichte mit den Steinen ab. Vom Film wiederum lenkt mich die Kellnerin ab, die mir genau in diesem Augenblick den Teller mit dem Kebab bringt. Fleisch und Marinade sind kräftig gewürzt. Aber das Fladenbrot *lawasch* und nicht zuletzt das Bier löschen gut ab.

»Und nach welchen Kriterien treffen Sie die Auswahl der Steine?«, frage ich kauend.

»Ich schaue einfach«, erklärt der Erstbeste, sitzt da und demonstriert mir das Schauen. Entweder schaut er jetzt auf die Tischplatte, die Flasche oder auf beides zugleich. Dadurch entsteht die nächste Pause: »Ich sitze da, warte ab und – schaue. Und dann sehe ich schon, was wichtig ist. Ich habe ja auch gleich gesehen, dass Sie Ausländerin sind.«

»Gehen Sie davon aus, dass die Steine leben?«

»Alles, was Natur ist, lebt«, hebt er an, während ich mir mit der weißen Serviette die Hände abwische. Der Kebab ist genauso, wie ich ihn mir vorgestellt habe, samt dem würzigen Geschmack von Knoblauch und Zwiebel. »Sehen Sie dort diesen Baum? Sein Holz lebt. Vielleicht denkt ja das Holz, dass wiederum der Stein nicht lebt. Wissen Sie, in der Natur ist Stille. Und es herrscht Frieden. Dieser Tisch hier ist künstlich. Und er ist aggressiv. – Sagen Sie, wie ist das eigentlich mit den Deutschen? Wie geht das zu: Zuerst haben die Deutschen so geniale Menschen wie Johann Sebastian Bach, Goethe, Mozart, aber dann plötzlich diesen Hitler!«

Ich zucke die Schultern und, als hätte er darauf sowieso keine Antwort erwartet, ist er bereits beim nächsten Punkt: »Wenn Sie über Armenien schreiben, schreiben Sie aber bitte die Wahrheit!«

»Wie kann ich wissen, was die Wahrheit ist?«, gebe ich zu bedenken. »Ich kann immer nur schauen, so wie Sie; und dann schreibe ich es auf, zumindest das, was ich glaube gesehen zu haben. Wie aber kann ich wissen, ob das nun die Wahrheit ist? Wie lautet beispielsweise die Wahrheit über Ihr eigenes Leben? Wie läuft es? Was ist wichtig für Sie?«

Mir erscheinen diese Fragen groß und äußerst persönlich, aber schon sind sie heraus. Zurückholen kann ich sie nicht mehr. Gerade diesmal zögert der Erstbeste nicht: »Das Wichtigste ist, dass der Mensch nicht einsam ist. Ich habe eine große Familie. Ich glaube, in Deutschland sind die Menschen sehr einzeln. Und das kann ich nicht verstehen. Ich mag es, wie es hier bei uns ist, wie wir alle zusammen sind. Und dass wir einander fragen, wie es gerade geht, und dass wir uns unsere Geschichten erzählen.«

Das Bier in unseren Flaschen geht zur Neige. Mein Teller mit der Serviette ist längst abgeräumt. Nach einer Weile kommt die Kellnerin zurück: »Möchten Sie noch etwas?« »Nein, danke.«

»Wissen Sie«, meint der Erstbeste, als sich unsere Begegnung spürbar ihrem Ende nähert. Die Frage nach Mann oder Frau spielt jetzt keine Rolle mehr. »Mir ist unklar, welchen Weg ich in diesem Leben gehe. Aber … ich gehe ihn.« Und leise fügt er hinzu: »Das ist nicht immer leicht.«

»Ehrlich gesagt«, rutscht es mir heraus, aber ich stocke sofort: Was ich sagen will, kann vermessen klingen und überhaupt falsch aufgefasst werden, erst recht in Anbetracht der Armut, die trotz leuchtender Werbung oder dieser Massen an Autos nach wie vor in

Armenien herrscht: »Ehrlich gesagt, glaube ich, dass es manchmal umso schwerer werden kann, je leichter es ist.«

Es ist, als hätte ich in seinem Innern eine Sperre gelöst: »Richtig! Genauso!«, stimmt er mir zu. »Zu Sowjetzeiten habe ich jede Menge Geld verdient. Geld war für mich kein Problem. Ich habe in einem Kombinat gearbeitet, in einem wirklich großen Betrieb. Ich sage Ihnen jetzt nicht, welches Kombinat das war. Aber immer mittags habe ich im Restaurant gegessen, gleich mehrere Gänge hintereinander, und natürlich habe ich auch getrunken, abends ebenso. Ich habe gearbeitet, war der große Chef, besaß das Geld, aber – ich habe nicht gelebt. Heute lebe ich. Und schon morgen kann ich tot sein. Wir wissen es nicht. Wann schlägt unsere Stunde? – Als ich jung war, habe ich ein Gedicht geschrieben. Es ist für mich nicht einfach, das jetzt passend für Sie auf Russisch auszudrücken. Das Gedicht geht so: ›Die Natur kommt, und sie wandelt sich. Ich weiß nicht, was ich hier soll.‹«

Er rezitiert in dieser verhaltenen Tonart, in der er vorhin über die Steine gesprochen hat. Kaum endet er, fügt er rasch, fast entschuldigend, hinzu: »Ich war wirklich sehr jung.«

Ich bitte ihn, mir dieses Gedicht noch einmal vorzutragen, diesmal auf Armenisch. Er zögert nicht. Auf Armenisch verstehe ich zwar kein Wort, aber es klingt anders, melodischer, ja warmherzig.

»Es mag Sie verwundern«, setzt der Erstbeste seine Rede fort, »aber ich bin ein Mensch, der überhaupt nicht gern schreibt. Auch zu meinen Experimenten schreibe ich nie etwas auf. Ich nummeriere sie nicht einmal. – Kennen Sie Stonehenge? In England? Waren Sie schon einmal dort?«

»Nein, aber ich fahre nach Karahuntsch.«

Er schaut mich an, als sei spätestens jetzt das, was eigentlich zu sagen war, zur Sprache gekommen. Denn Karahuntsch ist eine der geheimnisvollsten Steinkonstellationen in ganz Armenien, auch Armenisches Stonehenge genannt oder – Sprechende Steine.

Als wir uns mit Handschlag verabschieden, steht der Erstbeste auf: »Es war wirklich sehr interessant mit Ihnen. Und bitte: Schreiben Sie die Wahrheit über uns!«

»Ich weiß nur eines: Ich werde Sie jetzt keinesfalls nach Ihrem Namen fragen.«

»Genau! Denn wichtig ist das, was wir gesprochen haben. Sie wissen, dass wir schon mehrere Leben hatten und auch noch leben werden?«

»Ich kenne diese Idee.«

»Das ist nicht bloß eine Idee!«, sagt der Erstbeste und bleibt zurück. Ohne mich noch einmal nach ihm umzudrehen, tauche ich in der Unterführung ab und auf der anderen Seite der Hauptstraße wieder auf. Anschließend verschwinde ich im sommerlichen Dunkel, genau wie er.

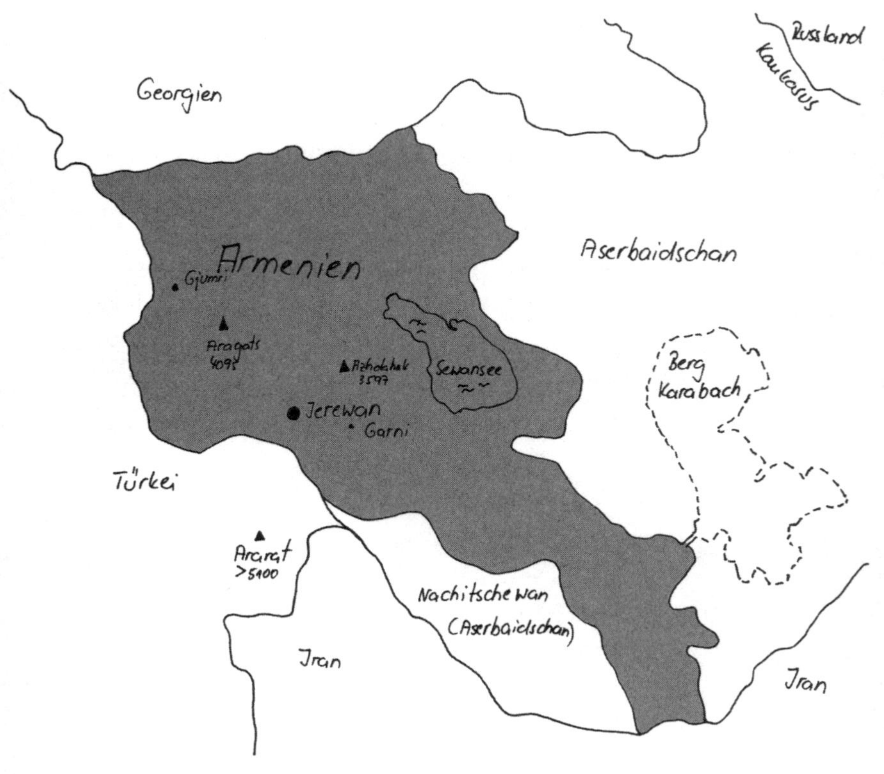
Russland
Kaukasus
Georgien
Aserbaidschan
Armenien
Gjumri
Aragats
4095
Azhdahak
3597
Sewansee
Jerewan
Garni
Berg
Karabach
Türkei
Ararat
>5100
Nachitschewan
(Aserbaidschan)
Iran
Iran

ARI! ARI! KOMM!

Jerewan, Garni

Tag 0 Überleben

Der Welt Friede und Wohl
Den Königen Versöhnung
Dem Brot einen niedrigen Preis
Meinen Söhnen viel Sonne
Meiner Seele Fülle.

SONNENGEBET

Astwats heißt Gott auf Armenisch. Der Anfang gehört ihm. Denn als Gott die Regionen der Erde an die Völker verteilte, feierten die Armenier gerade. Sie sangen, tanzten, aßen, sagten einen Trinkspruch nach dem anderen auf und verpassten dadurch die Verteilung. Am Ende blieb für sie allein das Land der Steine übrig: »Was soll es«, trösteten sie sich, »auch die Steine sind beseelt.«

Der Tag Null umfasst für mich Jahre, und diese Jahre beginnen 2000. Zu der Zeit liegt Armenien wirtschaftlich am Boden. Außerdem, es ist bereits Mitte April, scheint in diesem Jahr der Winter nicht enden zu wollen. Es ist kalt. Langsam wird es Zeit für die Wiedergeburt.

Die Legende vom bunten Vogel, Hasaran Blbul, der so schön singt wie kein anderer und damit den Frühling ankündigt, kenne ich zu diesem Zeitpunkt noch nicht. Dabei gilt Hasaran Blbul als einer der märchenhaften Feuervögel. Anders als sie kann er selbst nicht leuchten. Doch wenn er singt, erblüht das ganze Land. Darüber hinaus vermag es dieser außergewöhnliche Vogel, sich selbst zu erneuern, indem er am Berg Ararat sein Nest baut und mit diesem Nest am Ende seines Lebens verbrennt. Genauso ist es gedacht. Denn erst aus der Asche, die bleibt, kann der Nachfahre steigen – mit ebenso farbigem Gefieder und mit einer ebensolchen Stimme.

Im April des Jahres 2000 reise ich zum ersten Mal nach Armenien, kenne bisher allein die Legende von der Sintflut, die Legende vom Land der Steine und die Wunderkindlegende des Komponisten Wahram Babajan. Wahram Babajan selbst habe ich bei uns in einem Dorf namens Kaditzsch getroffen, auf einem sächsischen Künstlerhof. Dort hat er mir von sich, vom Land der Steine und der Sintflut erzählt.

Christa Pfabe, eine ältere Freundin in Leipzig, Armenienkennerin seit Mitte der 1980er-Jahre, ist, gemeinsam mit Wahram und völlig getrennt von ihm, im übertragenen Sinne für mich die erste Reiseführerin: Am Ende der Sowjetzeiten arbeitete sie als Deutschlehrerin in Jerewan. Sie hat mir nicht viel erzählt. Aber das, was sie mir erzählt hat, hilft mir weiter. Auf diese Art bekomme ich bestmögliche Orientierung und innere Sicherheit. Denn auf dem Buchmarkt werde ich zu diesem Zeitpunkt noch nicht fündig.

Wahram ist Anfang fünfzig, kommt aus Jerewan und hat, als wir uns in Kaditzsch begegnen, soeben damit begonnen, seine 9. Sinfonie zu komponieren. Wir sprechen Russisch miteinander. Genau wie ich hat er Russisch in der Schule gelernt, er in Jerewan und ich in Leipzig. Er hat auch das Halstuch der Pioniere getragen und mit sieben Jahren – Wunderkind, das er war – exzellente Klavierstücke komponiert. Das »Kinderalbum« von damals ist bis heute das vielleicht »armenischste« all seiner Kompositionen: melodisch, poetisch, kraftvoll und traurig. Am Ende der Stipendiatenzeit in Kaditzsch lädt mich der Komponist für das nächste Jahr nach Jerewan ein, als Gast seiner Familie. So lerne ich dann auch seine Mutter kennen.

Mutter Anusch wird meine ganz persönliche Mutter Armenien – lebensklug, herzlich, eigen, gläubig, lebendig und stark. Anders als die bekannte Mutter Armenien, die mit dem Schwert in der Hand wachsam von oben her auf die Stadt schaut, ob nun auf Jerewan oder auf Gjumri, wurde Anusch lange vor dem Zweiten Weltkrieg geboren. Mutter Anusch lebt. Sie kommt nie dazu, mir von ihrer Vergangenheit zu erzählen. Es ist, als hätte sie mit der Gegenwart immer schon genug zu tun.

»Was für ein Schicksal«, sagt sie, als sie beispielsweise am Telefon vom Tod eines Achtzehnjährigen hört, dem Freund des Enkels der Nachbarin: Er ist im Sewansee ertrunken; eine gefährliche Unterströmung hat ihn erfasst. – »Was für ein Schicksal«, sagt Mutter Anusch und hält kurz inne. Ihre Art berührt mich.

Oder wenn sie ein Buch liest, sich mädchenhaft in den Sessel neben dem Telefontisch hockt, die Beine untergeschlagen. Mutter Anusch liest ohne Brille, nennt mich von Anfang an Tochter und spricht, obwohl sie es nicht so gut beherrscht wie ihr Sohn, Russisch mit mir.

Steht sie aber – weißhaarig, mädchen- und greisenhaft zugleich – vor der Büchervitrine oder anderswo, kann es geschehen, dass sie wie aus dem Nichts ins Schwanken gerät. Bisher fängt sie sich immer noch selbst. Und auch das ist für mich Armenien. Anschließend lächelt die Mutter demjenigen, der es zufällig gesehen hat, arglos zu und sagt, als könnte es gar nicht anders sein: »Es ist das Herz!«

Zu Mutter Anusch bin ich immer wieder gekommen.

Das Flugzeug ruckelt über die im Jahr 2000 noch baufällige Landebahn des Flughafens Jerewan-Zwartnots. Außer mir beunruhigt das keinen. Seelenruhig schnallen sich die Passagiere vor der Zeit ab, stehen auf, packen Taschen, Beutel, prall gefüllte Plastiktüten zusammen. Die Maschine ist nach wie vor am Ausrollen. Ich schaue mich um. Wir sind keine dreißig Fluggäste. Und unter ihnen dürfte ich die einzige Ausländerin sein; mit im Gepäck Franz Werfels Buch: »Die vierzig Tage des Musa Dagh«.

Über der Landebahn strahlen hohe Leuchten ein merkwürdig gelbes Licht ab. Im Dunst zerstreut sich dieses Licht. Schließlich kommt die Maschine zum Stehen.

Ist das hier nun das Ende der Welt oder erst einmal ihr Anfang? Ich muss an die Landung der Arche Noah im Gebirge Ararat denken.

Es regnete vierzig Tage und die Welt stand unter Wasser. Zuerst schickte Noah einen Raben, der Ausschau halten sollte, ob die Wasser schon sanken. Noah wartete vergeblich auf die Rückkehr des Vogels. Als Nächstes bat er eine Taube. Beim ersten Mal flog die Taube los, kam aber, weil sie unterwegs nirgends innehalten konnte, schon bald wieder zurück. Beim zweiten Mal blieb sie länger aus und trug einen Ölzweig im Schnabel, als sie wiederkehrte. Beim dritten Mal kehrte sie nicht wieder. Und das war das Zeichen: Die Wasser der Sintflut waren gesunken.

Der Uniformierte schaut streng. Seine Gesichtszüge wirken versteinert, während er in meinem Pass blättert. In Gedanken höre ich Christa noch einmal sagen: »In Armenien musst du keine Angst haben.«

»Turistka?«, fragt er, hält den Stempel zwar schon in der Hand, hat ihn bloß noch nicht gesetzt: »Touristin?«

»Kanjeschno! Natürlich!«, sage ich. Automatisch übernehme ich seinen festen Ton. Natürlich bin ich Touristin. Was denn sonst? Und der Uniformierte setzt den Stempel der Republik Armenien, reicht den Reisepass zurück, öffnet per Knopfdruck die Metallsperre und gibt mir den Weg frei.

Wenige Meter hinter der Kontrolle wird der Raum durch eine Glasscheibe in zwei Bereiche aufgeteilt. Hinter dieser Scheibe wimmelt es: Dunkelhaarige Männer und Frauen mit blassen, übernächtigten Gesichtern; auch Kinder sind dabei. Sie lachen und winken uns zu. Über ihren Köpfen schwenken sie große, in durchsichtiges Zellophan verpackte Blumensträuße und bunte, in der Mehrzahl rote Luftballons.

In dieser Menschenmenge entdecke ich schließlich Wahram. Als sich unsere Blicke treffen, winkt er, ohne Blumen und ohne Luftballons. Kurz darauf sitzen wir in Gariks weißem Lada.

Dieser Lada ist nicht neu, aber er rollt. Garik wird mir als Freund der Familie vorgestellt. Seinen Familiennamen habe ich gleich wieder vergessen. Abgesehen vom Scheinwerferlicht ist es unterwegs stockdunkel. Garik lenkt den Wagen aber immer noch rechtzeitig um jedes Schlagloch herum.

»Zu Sowjetzeiten fuhren hier Busse, vom Flughafen direkt in die Stadt«, informiert mich Wahram unterwegs. »Und eine Straßenbeleuchtung gab es natürlich auch.«

Im Licht der Scheinwerfer taucht jetzt, quer zur Fahrbahn, ein schmaler Spalt auf. Der Asphalt ist regelrecht nach oben hin aufgebrochen. Garik bremst weich ab, lenkt den Wagen vorsichtig über das Hindernis hinweg, um gleich darauf neu zu beschleunigen. Unser Fahrer ist schweigsam. Auf der zwölf Kilometer langen Strecke zwischen dem Flughafen Zwartnots und Jerewan spricht er nur ein einziges Mal: »Fünfzehn Jahre!«, sagt er, löst dabei seine Hand vom Lenkrad, tätschelt kurz, zugleich liebevoll, das Armaturenbrett und meint: »Maladjez! Ein Prachtkerl von einem Auto. Nicht wahr?«

Auch die Hauptstadt Armeniens liegt im Dunkeln; die Straßen sind wie ausgestorben. Nach einer Wegstrecke kommen wir auf eine breite Hauptverkehrsstraße: »Das ist schon die Tumanjan«, erklärt Wahram. »Hier wohnen wir. Tumanjan war Schriftsteller. Er hat auch für Kinder geschrieben, Märchen und Gedichte.«

Garik biegt in eine schmale Gasse ein. Im Hinterhof kommt der Wagen zum Stehen. Motor und Lichtmaschine arbeiten weiter. »Fanta, Cola, Marlboro« – hat jemand mit weißer Farbe an die Hauswand geschrieben.

Zum Abschied reicht Wahram unserem Fahrer einen Geldschein: »Danke! Schnorhakalutjun!« Garik werde ich nie wiedersehen.

Wir betreten das dunkle Treppenhaus: »In Armenien musst du immer einen Weg finden«, meint Wahram, bevor wir dem Lichtschein seiner Taschenlampe nach oben hin folgen. Überall liegen Staub und Baudreck.

Auf der zweiten Etage werden wir schon erwartet: Wahrams Mutter steht in der offenen Tür; im blau-schwarz-weiß geblümten Hauskleid blickt sie uns strahlend entgegen. Kaum bin ich auf ihrer Höhe, fasst sie nach meiner Hand – »Dobro Poschalewat! – Herzlich willkommen!« – und zieht mich in die Wohnung hinein. Der Komponist folgt mit dem Koffer, schließt die Tür und dreht den Schlüssel zweimal im Schloss. Anschließend schiebt er einen breiten Riegel vor.

»Das ist jetzt dein Zuhause. Gefällt es dir, Tochter? Ich bin Anusch, und das ist unsere Wohnung!« Mutter Anusch führt mich an der Hand hinüber zum Bad. Die weiße Badewanne ist randvoll mit glasklarem Wasser. Auf den rostroten Fliesen stehen zwei gefüllte Eimer und auf dem Waschbecken ein weißer Henkeltopf zum Schöpfen.

»Das Wasser fließt immer nur für eine Stunde am Tag. Und nie wissen wir, wann«, erklärt mir die kleine, flinke Frau. Wir stehen nebeneinander in der Tür. Als wolle sie daran nicht erinnert werden, winkt Mutter Anusch heftig ab, bevor sie flüsternd hinzufügt: »Mädchen, hier ist es wie nach dem Krieg!«

Dann dreht sie den Hahn auf, um mir die Sache mit dem Wasser zu demonstrieren: Aber – das Wasser läuft!

»Wahram«, ruft sie begeistert ins Wohnzimmer hinüber. »Der Gast kommt und das Wasser läuft!« Auch das Licht funktioniert tadellos: Anusch kippt den schwarzen Schalter nach unten, das

Licht verlöscht, und zurück nach oben, das Licht brennt. »Tochter, siehst du? Inzwischen geht das gut. Aber wir hatten schwere Zeiten!«

Auch Christa hatte mir davon erzählt: »Es war einfach katastrophal: Dreißig Kilometer westlich von Jerewan gibt es das Kernkraftwerk Metsamor. Nach dem Unglück im ukrainischen Tschernobyl 1986 und nach dem Erdbeben 1988 in Armenien musste es abgestellt werden. Während der Perestroika – *werakaruzum* auf Armenisch, was so viel heißt wie Umbau – gab es in Jerewan Proteste und Demonstrationen. Metsamor wurde geschlossen. Und das, obwohl das Kernkraftwerk 1988 fast unbeschadet geblieben ist. Die technischen Auflagen waren streng. Heutzutage arbeitet das Kernkraftwerk wieder. Nur – bis dahin saßen wir bei Kerzenlicht. Wie sollst du da arbeiten, Bücher lesen oder Diktate korrigieren? Unmöglich! Die Kerzen wurden schnell Mangelware. Mit dem Krieg in Bergkarabach war auch die Fernwärme unterbrochen. Die Leute holten sich Kanonenöfen in ihre Wohnungen, legten die Abzugsrohre zum Fenster hinaus und heizten mit getrockneten Kuhfladen oder Holz. Bloß, wo kriegst du in der Großstadt diese Mengen an Kuhdung her? Keine Chance! Und Holz? Am Ende wurden Treppengeländer auseinandergenommen. Zwischendurch gab es immer mal Strom. Aber nie wusstest du, wann. Kam der Strom, dann haben wir gebügelt, gekocht, geheizt, was das Zeug hielt.«

Der Tisch im Wohnzimmer ist festlich gedeckt. Neben den Tellern liegt gebrochenes Fladenbrot, dazu anderes, hauchdünnes Brot, zusammengelegt wie ein Stück Stoff. »Das ist *lawasch*! Du kennst es?«, fragt Wahram, als wir gemeinsam essen.

Die Mutter des Komponisten bricht ein Stück vom Fladenbrot. Über ihrem Teller zerkleinert sie es weiter und schiebt es sich bröckchenweise in den Mund.

Wenn du vom Brot isst, musst du aufpassen, dass du nicht krümelst. Und falls du doch krümelst, musst du aufpassen, dass kein Krümel davon zu

Boden fällt. Denn sobald der Krümel zu Boden fällt, kommt ein Engel angeflogen, landet unten auf dem Boden und hebt seinen Fuß wie ein Dach über das Brot, nur damit keiner auf den Krümel tritt. Und deswegen achten die Armenier so sehr darauf, dass nichts vom Essen zu Boden fällt.

Den letzten Krümel nimmt Mutter Anusch, ganz im Sinne der Legende, mit der feuchten Fingerkuppe auf; und energisch fordert sie »Schafskäse, Würstchen, Butter! Ihr müsst essen!«

»Und Sie, Mutter Anusch?«

»Ich habe schon gegessen. Schnorhakalutjun!«

»Schnorhakalutjun!«, probiere ich, das armenische Wort mit deutscher Zunge auszusprechen. Mutter Anusch schaut überrascht auf und klatscht begeistert in die Hände.

Schnorhakalutjun, danke, ist gleich das erste der armenischen Wörter auf meiner Liste. Christa hat mir bei der Zusammenstellung geholfen. Am Ende dieser Liste steht auch die Telefonnummer von Melanja Astvatsatrjan, Christas ehemaliger Kollegin. Ich möchte Leute und Land kennenlernen.

Wahram schneidet zwei schmale Stücke vom Schafskäse, reißt das *lawasch* in der Mitte durch – »So musst du es machen!« –, legt den Schafskäse auf das dünne Brot, dazu eines der beiden Würstchen und wickelt alles fest ein: »So!«

In einer gläsernen Karaffe ist Wasser. Wahram schenkt mir ein und überlegt dabei schon weiter:

»Und was trinken wir jetzt? Wein? Wodka?« Der Komponist entscheidet die Sache gleich selbst: »Zur Feier des Tages trinken wir Kognak!«

Bereits im nächsten Augenblick steht eine bauchige Flasche der Marke Ararat auf dem Tisch. Über den fünf Sternen, für die Reifejahre, sehe ich so zum ersten Mal den Ararat, der aus zwei Bergen besteht: links dem kleinen Ararat und rechts dem großen; Letzterer ist über fünftausend Meter hoch; beides sind erloschene Vulkane. Der Ararat gilt als heiliger Berg.

Wir stoßen an und trinken. »Fühl dich wie zu Hause!«, sagt Wahram.

»Schnorhakalutjun!«, sage ich.

Und Mutter Anusch fügt leise hinzu: »Wir sind jetzt deine armenische Familie.«

In Armenien leben rund drei Millionen Menschen, ein Drittel davon in der Hauptstadt. Der Verkehr auf der Tumanjanstraße ist im Verhältnis zur Einwohnerzahl überraschend mäßig. Seit 1991 fahren im Land keine Züge mehr, in der Stadt seit Ende der 1990er auch keine Straßenbahnen. Dafür sind Minibusse, *marschrutkas,* unterwegs. Und die Metro fährt.

Dass das Verkehrsnetz lahmliegt, und der Tourismus ebenso, hat mehrere Gründe: der Zerfall der Sowjetunion, armenische Flüchtlingsströme nach antiarmenischen Pogromen, vor allem aus Aserbaidschan, das Erdbeben 1988, die Eskalation des Krieges um Bergkarabach sowie die Energie- und Transportblockade durch Aserbaidschan und die Türkei.

Die Wohnung der Babajans befindet sich im Zentrum der Stadt und ist Eigentum der Familie. Über Geld wird nicht gesprochen.

»Schenke auch nie Geld!«, hat mich Christa noch in Leipzig gewarnt. »Geld zu schenken ist eine Beleidigung!« Ein Armenier würde sich eher verschulden, als seinen Gast nicht aus eigenen Kräften großzügig zu bewirten. Das ist noch die alte armenische Tradition.

Momentan überleben die Menschen eher, als dass sie leben. Gegenseitige Hilfe ist selbstverständlich und – überlebenswichtig. »Das Leben ist kein Basar«, erklärt mir Wahram. »Wer etwas hat, der gibt es dem, der es gerade braucht. Immer der, der hat, der gibt. Das ist das Prinzip.«

Wir sitzen im Wohnzimmer zusammen. Jeder versenkt sich in sein Tun, ist für sich, in der eigenen Welt. Das funktioniert nur deshalb auf so engem Raum, weil jetzt keiner die Achtzigjährige fragt: »Wie ist das Buch, das du liest?«, keiner den Komponisten: »Kommst du voran?« und auch keiner mich: »Was schreibst du eigentlich immerzu?«

Ich versuche den Titel des Buches zu entziffern, das Mutter Anusch gerade liest. Dabei kenne ich nicht einmal die armenischen Buchstaben. Die armenische Sprache hat ihr eigenes Alphabet. Die meisten der Bücher in der Vitrine sind auf Armenisch gedruckt, nur wenige dazwischen auf Russisch.

Während Wahram am Wohnzimmertisch sitzt, direkt am Fenster, und komponiert, ohne dass ein Ton zu hören ist, sitze ich auf dem Sofa, beende meine Notizen und beginne den Roman »Die vierzig Tage des Musa Dagh« von Franz Werfel zu lesen:

»Wie komme ich hier?« Bagradjan spricht diese einsamen Worte wirklich vor sich hin, ohne es zu wissen. Sie bringen auch nicht eine Frage zum Ausdruck, sondern etwas Unbestimmtes, ein feierliches Erstaunen, das ihn ganz und gar erfüllt. Es mag in der durchglänzten Frühe des Märzsonntags seinen Grund haben, in dem syrischen Frühling, der von den Hängen des Musa Dagh herab die Herden roter Riesenanemonen bis in die ungeordnete Ebene von Antiochia vorwärtstreibt.

Musa Dagh heißt auf Armenisch Musa Ler. Dieser Berg ist über eintausenddreihundert Meter hoch und liegt im historischen kilikischen Kleinarmenien, im Süden der heutigen Türkei. Auf Deutsch ist es der Mosesberg.

Mit dem Stichwort »Mosesberg« bin ich auch schon beim Buch Mose und schaue noch einmal auf den Anfang in der durch Martin Luther übersetzten Bibel:

Die Schöpfung. Am Anfang schuf Gott Himmel und Erde. Und die Erde war wüst und leer, es war finster auf der Tiefe; und der Geist Gottes schwebte auf dem Wasser.

Und im 7. Kapitel des Buches Mose lese ich weiter im Alten Testament:

In dem sechshundertsten Lebensjahr Noahs am siebzehnten Tag des Monats, an diesem Tag brachen alle Brunnen der großen Tiefe auf und taten sich die Fenster des Himmels auf und ein Regen kam auf Erden vierzig Tage und vierzig Nächte.

Der Musa Dagh ist historischer Schauplatz wie auch Schauplatz in Franz Werfels Roman. Denn der Roman beruht auf der historischen Tatsache, dass unter Führung eines armenischen Offiziers der osmanischen Armee, im Buch Gabriel Bagradjan, die Bewohner mehrerer anliegender Dörfer die Entscheidung trafen, sich der Deportation zu verweigern und stattdessen auf den nahe gelegenen Mosesberg zu ziehen, um von dort aus Widerstand zu leisten. Nach fast zwei Monaten – im Buch sind es vierzig Tage – taucht ein französisches Kriegsschiff auf. Und über viertausend halb verhungerte, ausgezehrte, völlig erschöpfte armenische Menschen, Männer, Frauen und Kinder, können gerettet werden.

Im Wohnzimmer der Babajans hängt über mir an der Wand ein in Rot, Blau und Eierschalenfarben gehaltener Teppich. In den Ornamenten glaube ich Vögel zu erkennen, Vögel mit weit ausgebreiteten Flügeln. Kurz darauf könnte ich schwören, anstelle dieser Vögel gehörnte Tiere zu sehen, Stiere oder Widder. Spiel der Fantasie, denke ich. Später erfahre ich, dass die armenischen Teppichweber in ihre Teppiche tatsächlich und ganz bewusst auch die Zeichen vorchristlicher Totems gewebt haben – vor allem Symbole für die Sonne, dazu Blumen, Wasserwellen sowie Tiere aller Art. Am Ende sehe ich Schlangen.

Der König der Schlangen thronte auf dem Berg Ararat. Alle sieben Jahre suchten die Schlangen ihren König auf. Das mächtigste Naturphänomen überhaupt, die Sonne, wird durch einen Vogel verkörpert. Und indem dieser Sonnenvogel nun eine dieser Schlangen frisst, wird das Unheil gebändigt.

Schlangen gelten als Zeichen der Weisheit, der Fruchtbarkeit, der Unsterblichkeit und des Schutzes vor den bösen Geistern.

Es ist kühl im Raum. Zwischen den Doppelfenstern und den doppelten Balkontüren liegen straff zusammengerollte Decken. Sie dichten die Wohnung nach außen hin ab. Dennoch bleibt es kühl. Die hohen Wände, der abgetretene Parkettboden, ja selbst die Heizungsrohre strahlen Kälte ab.

Auf dem großen Teppich im Zentrum des Raumes steht ein elektrischer Plattenheizkörper. Zumindest seit heute Morgen vier Uhr, seit meiner Ankunft in der Frühe, heizt das Gerät. Die Zimmertemperatur ist lauwarm. Es riecht nach verschmortem Staub.

Mutter Anusch friert nicht. Sie hat mich ins Schlafzimmer gewunken und es mir gezeigt: Unter dem Hauskleid trägt sie zwei Pullover übereinander: »So musst du es machen, Tochter!«

Allein der Komponist trägt unter seinem schwarzen Anzug ein dünnes, weißes Hemd: »Mir ist nicht kalt!«, versichert er immer wieder. Selbst die Mutter hat ihn schon daraufhin angesprochen. Er bleibt dabei: »Wie kann ich frieren, wenn die Heizung läuft!?«

Die Wohnung der Familie Babajan ist seit diesem Jahr 2000 mein armenisches Zuhause geworden. Inzwischen hat Wahram die Wohnung in der Tumanjanstraße für gutes Geld verkauft und lebt heute in der Nähe des Wardan-Mamikonjan-Denkmals.

Ein Haus steht für das Land, ein Tropfen für das Wasser. Noch bevor Gott die Regionen der Erde verteilt hat, ließ er einen Tropfen Wasser auf die Erde fallen. Dieser Wassertropfen fiel auf einen großen Stein. Mit dem Wasser entstand der Sewansee und mit dem Stein Armenien.

Die verglaste Wanduhr über dem Fernsehapparat tickt. Ich denke: Seit einer Stunde sitzen wir im Wohnzimmer zusammen. Aber als ich auf die Uhr schaue, sehe ich, dass gerade mal dreißig Minuten vergangen sind. Auf dem Fernseher, neben der Zimmerantenne, sitzt ein hellgrüner Plüschhase und lacht.

»Der Hase ist wie wir«, sagt Wahram, als er meinen Blick bemerkt. »Er besitzt nichts, er braucht nichts, er lebt sein Leben und verliert trotzdem nie seinen Humor. Wir haben in Armenien sogar eine Stadt, wo Leute wohnen mit einem ganz besonderen Humor. Diese Stadt heißt Gjumri. – Du kennst die Anekdote vom Zyklopen?«

»Eine Anekdote aus Gjumri?«, frage ich.

»Nein«, sagt der Komponist augenzwinkernd. »Trotzdem ist sie gut.«

Der Zyklop, der die Welt beherrscht, stellt seine Aufgaben. Dem Ersten stellt er die Aufgabe, das Meer auszutrinken. Der beginnt, schafft es nicht, kehrt zum Zyklopen zurück, sagt, dass das einfach nicht zu schaffen sei, und wird gefressen.

Der Zweite soll alle Steine des Gebirges essen. Der beginnt, schafft es nicht, kehrt zum Zyklopen zurück, sagt zum Zyklopen, dass das einfach nicht zu schaffen sei, und wird gefressen.

Der Dritte soll nun beides zugleich: Das Meer austrinken und alle Steine des Gebirges essen: »Wenn du das nicht schaffst, dann schleudere ich dich auf den Mond!«

Der Dritte sieht das Wasser im Meer, die Steine im Gebirge, sieht aber auch die Entfernung zum Mond und sagt zum Zyklopen: »Das ist nicht zu schaffen!«

Das sagt er und – wird gefressen.

Am nächsten Morgen betrete ich die schmale Küche und probiere gleich die nächste Vokabel aus: *bari lujs!* – gutes Licht! Beginnt der Tag, dann geht es um das Licht, um das gute Licht, das auf alles, was uns umgibt und geschieht, fallen möge.

Mutter Anusch hockt auf dem stellenweise schon löchrig getretenen, zugleich blitzsauberen Linoleumboden vor einem kniehohen elektrischen Kochgestell und schaut in ein bauchiges Blechgefäß. Im Topf schäumt *surtsch* auf, armenischer Kaffee. Das Kochgestell ist durchzogen von rot glühenden Drähten. Die Drähte strahlen heiß ab.

»Gut geschlafen?«, fragt Mutter Anusch.

An der Wand, über der Liege, auf der die Mutter heute Nacht geschlafen hat, hängt eine politische Weltkarte aus Sowjetzeiten. Das Rosa der Sowjetunion beherrscht das Gesamtbild, und Armenien geht, als eine der damaligen Teilrepubliken, zumindest farblich gesehen völlig unter. Nur der Kenner weiß um die geografische Lage des Landes zwischen Iran, Aserbaidschan, Georgien und der Türkei. So sieht es aus. Der Stecker der elektrischen Leitung führt direkt nach Südafrika.

Das Telefon klingelt. Wahrams Schritte sind zu hören.

»Hallo?«

Ich kann bis in die Küche hören, was er drüben im Wohnzimmer sagt, und drei der Wörter *tsche!* – nein! und *schat law!* – sehr gut!, kann ich sogar verstehen. Es sind Wörter, die auf meiner Vokabelliste stehen.

»Immer schreibt Wahram«, sagt Mutter Anusch und nimmt jetzt das bauchige Gefäß vom Kochgestell. Sie seufzt: »Wie Mozart. Ich kenne den Film ›Amadeus‹. Mozart hat auch immer geschrieben und nichts verdient.« Aber plötzlich wechselt sie, als sei dem nun nichts weiter mehr hinzuzufügen, das Thema: »Du lebst allein, Tochter? Die Frau braucht einen Mann. Er ist das Rückgrat der Familie.«

Auf dem Küchentisch stehen zwei Tässchen mit rot-goldenem Rosenmuster. Vorsichtig und langsam füllt Mutter Anusch den dickflüssigen Kaffee ein. Die Achtzigjährige bewegt offenbar eine große Sorge: »Ich sage es dir, Tochter: Zweimal war Wahram verheiratet. Und nie ging es gut. Ich bin schon alt. Eines Tages werde ich sterben. Und was wird dann?«

Als ich sage, dass Wahram sozusagen mit der Musik verheiratet sei, bringt das Mutter Anusch regelrecht auf: »Ach, die Musik kann ihm keinen Kaffee kochen, kein Mittagessen zubereiten! Am besten, er ginge über die Grenze und heiratet dort.«

»Er hat mir gesagt, er habe hier in Jerewan eine Freundin.«

»Ich weiß nichts von einer Freundin. Ich sehe nur, was ich mit meinen eigenen Augen sehe. – Was soll's«, winkt sie nun ab, streicht sich mit dem Zeigefinger der rechten Hand ein kleines Kreuz auf die Stirn und beschließt resolut: »Wie es geschrieben steht, so wird es sein.«

Gleich darauf drückt sie mir eines der beiden Tässchen in die Hand – »Geh ins Wohnzimmer!« – und folgt mir mit dem anderen. Wahram telefoniert immer noch. Die Mutter stellt ihm den Kaffee auf den niedrigen Tisch und setzt sich zu mir aufs Sofa.

»Weißt du«, meint sie. »Das Schicksal wird uns auf die Stirn geschrieben! Hier steht sogar, wann ich sterben werde. Bloß ich kann es nicht sehen.«

Es gibt einen Schreiber, auch Tir genannt, als den Gott des Schicksals. Jedem Neugeborenen schreibt er auf die Stirn. »Es steht ihm auf der Stirn geschrieben!« Dieser Gott des Schicksals schreibt in Stirnschrift. Und so schreibt er auf, was Gott bestimmt hat. Er schreibt auf die Stirn und zugleich in ein großes Buch. Überall auf den Bergen dieser Welt werden die Bücher verwaltet. Tir ist in der armenischen Mythologie auch der Gott der Schrift und der Traumdeutung.

Wahram legt den Hörer auf die Gabel zurück und lächelt vor sich hin.

»Was ist?«, fragt Mutter Anusch aufgeregt. »Wahram, erzähl!«

»Das war Karpis Lepejan, ein sehr bekannter armenischer Schriftsteller«, berichtet er endlich. »Und dieser Mann möchte mit mir eine Oper schreiben. Du kennst Franz Werfels ›Die vierzig Tage des Musa Dagh‹? Ich habe zugesagt. Ich werde diese Oper gemeinsam mit ihm schreiben. Der Völkermord ist ein wichtiges Thema.«

Mutter Anusch ist immer da. Sie ist das Zentrum dieser Wohnung und, wie ich bald darauf sehen werde, das Zentrum der gesamten Familie Babajan. Und obwohl es Wahram ist, der mich nach Armenien eingeladen hat, ist Mutter Anusch auch für mich hier das eigentliche Zentrum. Und wenn Wahram zu einem Treffen mit Künstlerkollegen ins Haus der Komponisten »Aram Chatschaturjan« geht oder einfach in den Xerox-Laden um die Ecke, um seine Partituren kopieren zu lassen, dann sind wir unter uns, wir zwei Frauen, und ich bin mit meiner Mutter Armenien allein.

In Armenien herrschte bis ins 6. Jahrhundert vor Christus das Matriarchat. Bis heute werden die Mütter verehrt, die Töchter, die Geliebten, nicht zuletzt die Göttinnen. Und das hat von jeher seinen natürlichen Sinn: Denn ohne Fruchtbarkeit gibt es kein Überleben für ein Volk. Genauso geachtet wird der Samen des Mannes. Im vorchristlichen Armenien wurden im Zeichen der Fruchtbarkeit Phallussteine platziert. Wer selbst nicht fruchtbar ist, lebt von der Kraft anderer Kinder.

Mutter Anusch hat vier Kinder zur Welt gebracht: Wahrams Schwester, Wahrams Bruder ... Das dritte Kind aber ist gleich nach der Geburt gestorben. Es war ein kleiner Junge. Bis heute überlegt Wahram: »Vielleicht wurde ich nur deshalb geboren, weil dieses Kind gestorben ist.« Armenien gilt als bedrohtes Volk. Jedes Kind, das lebt, zählt.

Bildung und Ausbildung besitzen einen hohen Stellenwert. Mutter Anusch hat Pädagogik studiert und dann ihre Kinder zur Welt gebracht. Die eigenen Kinder aufzuziehen, zu unterrichten, zu erziehen, durch eine Mutter, die klug und ausgebildet ist, wird nicht als Privatangelegenheit angesehen, sondern ist die Erfüllung einer überlebenswichtigen Aufgabe für das gesamte Volk. Ich habe keinen Armenier getroffen, der das in Frage stellt.

Später schrieb Mutter Anusch für Wahram sogar Partituren ab. Heute kocht sie für ihn, macht die Wäsche, den Haushalt – anstelle der Ehefrauen, die es nicht mehr gibt.

»Er kann es nicht«, sagt Mutter Anusch achselzuckend. »Er kann das alles wirklich nicht. Ich kann es aber noch. Und ich bin seine Mutter. Die Geburt von Wahram war schwer. Ich lag viele Stunden im Krankenhaus, mit großen Schmerzen. Die Ärzte wussten schon nicht mehr weiter. Da erschienen mir auf der weißen Wand die Muttergottes und Jesus Christus. Und ich wurde erlöst und Wahram geboren.«

Gleich am ersten Nachmittag kommt zu meiner Begrüßung die erweiterte Familie Babajan in der Wohnung Tumanjanstraße zusammen.

Eine große Schüssel mit *dolma* steht auf dem Tisch. *Dolma* sind Weinblätter, gefüllt mit einem Gemisch aus Reis und Hackfleisch. Daneben gibt es Linsen, gebackene Kartoffeln, Rote Bete, Fleischbällchen, jede Menge Fladenbrot und *lawasch*.

Mutter Anusch, ihre Tochter und wiederum deren Tochter eilen zwischen Küche und Wohnzimmer hin und her. Der Küchenbereich ist Frauensache.

Am Tisch übernimmt Wahram inzwischen die Rolle des Tischführers. »Ich bin der *tamada!*«, erklärt er mir. Er kündigt die Trinksprüche an und animiert zum Trinken. Armenische Männer trinken Wodka. Aber es gibt auch Wasser und Bier. Die Frauen trinken aus kleinen Likörgläsern roten Wein der Marke »Anusch«.

Das Fest beginnt: »Auf den deutschen Gast!« Alle nicken mir zu: »Willkommen! Fühl dich wie zu Hause! Und nun – Anusch!«

»Anusch?«, frage ich nach.

»Anusch«, erklärt mir die fünfundzwanzigjährige Marina Ayunts, Wahrams Nichte, die im Deutschen Zentrum am Platz der Republik Deutsch gelernt hat. »Anusch bedeutet: Du sollst es dir schmecken lassen. Wohlbekommen!«

Wir greifen zu, essen, erzählen, und immer in der russischen Sprache. Die Sprache vermittelt zwischen uns. Wahram erzählt eine Anekdote nach der anderen.

»Ein Georgier behauptet, fünf Sprachen zu beherrschen: Georgisch, Russisch, Deutsch, Englisch und Französisch. ›Nun, da du so viele Sprachen sprechen kannst, verrate mir doch: Was heißt zum Beispiel Guten Morgen auf Deutsch?‹ ›Salem Aleikum.‹ ›Mein Lieber, das ist Arabisch, das ist kein Deutsch!‹ ›Ach? – Dann spreche ich sechs Sprachen!‹«

Witze über die Georgier als das einzige christliche Volk in unmittelbarer Nachbarschaft sind in Armenien sehr beliebt, genau wie umgekehrt in Georgien Witze über die Armenier. Übrigens versteht sich in dieser Weise auch der georgische Tischführer auf sein Amt als *tamada*. Es ist wie ein Necken unter Brüdern. In der Folge ergibt sich hier wie da ein vergnüglicher Kreislauf aus Trinksprüchen, dem Trinken selbst sowie den Anekdoten. Und würde genau in dieser freudigen Stunde Gott hierher in die Tumanjanstraße kommen, Gott, auf Armenisch: *Astwats*, und die Regionen der Welt aufs Neue verteilen wollen, würde die Familie Babajan davon rein gar nichts mitbekommen.

»Ein Deutscher, ein Amerikaner und ein Armenier schließen eine Wette ab: Sie laufen um einen Berg. Wer der Letzte ist, der wird gefressen. Der Amerikaner läuft, läuft, läuft und – ist als Erster um den Berg. Der Deutsche läuft, läuft, läuft und – ist als Zweiter um den Berg. Der Armenier läuft, läuft, läuft und – ist längst zu Hause.«

»Und nun noch eine Anekdote aus Gawar«, fügt Wahram dem gleich an. »Du musst wissen, Constanze: Gawar ist eine Stadt am Sewansee. Und es heißt, die Leute dort trinken sehr viel.«

»Sie trinken noch mehr als in Jerewan?«, frage ich beeindruckt.

»Vielleicht«, antwortet Wahram zweideutig. Alle lachen und er als unser *tamada* erzählt:

»Ein betrunkener Vater sitzt mit seinem Sohn am Tisch. Schon als der Sohn die schlechten Zensuren nach Hause gebracht hat, war der Vater betrunken. ›Warum? Warum?‹, fragt mit schwerer Zunge der Vater und klopft dabei jedes Mal auf die Tischplatte. ›Papa, es klopft!‹ ›Du bleibst sitzen!‹ ruft der Vater barsch. ›Ich öffne selbst.‹«

In Anbetracht dessen, wie reich der Tisch gerade gedeckt ist, frage ich mich schon, wovon die Familie eigentlich lebt. Wie ich höre, beträgt die Rente der Mutter neun Dollar im Monat. Wie kann sie davon leben? Der Komponist scheint momentan so gut wie nichts zu verdienen. Immerhin fallen keine Mietkosten an. Auch Wasser kostet zu diesem Zeitpunkt noch nichts, dafür der Strom, und das Brot nur wenige armenische Dram.

Dabei weiß ich wiederum das Verhältnis zum Verdienst nicht einzuschätzen. Bloß welcher Verdienst? Außer Wahrams Bruder, Journalist bei einer Sportzeitung, hat hier am Tisch zwar jeder eine Ausbildung, aber keiner hat Arbeit.

Mark dagegen, Marinas Bruder, lebt und arbeitet in Deutschland. Er ist noch ein Kind, als sich für die Eltern die Möglichkeit ergibt, im Zusammenhang mit Hilfsaktionen nach dem Erdbeben 1988, ihn in sicheren Verhältnissen in Deutschland aufwachsen zu lassen. Bis heute verdient er dort sein Geld und unterstützt die Familie.

»Ich glaube, er versteht trotzdem nicht ganz, dass wir das Geld tatsächlich brauchen«, erzählt Marina. »Er sagt immer: ›Ihr habt doch alles, was ihr braucht!‹ – Weißt du, wir schicken ihm manchmal Fotos, wenn die Familie zusammensitzt, bei einem Geburtstag oder zu Weihnachten, genau wie jetzt. Und dann sieht er natürlich einen reich gedeckten Tisch. Mark war schon lange nicht mehr in Armenien. Sonst würde er uns vielleicht besser verstehen.«

Im selben Moment kann ich beobachten, wie Wahrams Schwester ihre leere Kaffeetasse umdreht und auf dem Teller abstellt. Auch Mutter Anusch macht es so, und ich dann eben auch. Einen Augenblick später gehen wir drei hinüber in die Küche.

Die Teller mit den umgekehrten Tassen tragen wir vor uns her wie Pokale. In der Küche sind wir ungestört.

Als Erstes nimmt Wahrams Schwester die Tasse von Mutter Anusch und betrachtet aufmerksam das Bild, das sich innen ergeben hat. Der Kaffeesatz ist in geheimnisvolle Linien und Felder zerlaufen ... Mutter Anusch, diese alte und erfahrene Frau, stützt den Kopf auf, lächelt versonnen und hört sich alles an, was die Tochter »liest«. Am Ende atmet sie tief durch, steht auf, küsst die Tochter auf den Scheitel und geht zurück zu den Gästen.

Nun dreht Wahrams Schwester mein Tässchen in ihren Händen: »Dein Weg ist nicht leicht«, beginnt sie. »Aber du kennst ihn gut. Schon lange bist du unterwegs. In drei Tagen, drei Wochen oder drei Monaten wird es für dich eine große Freude geben ...«

Am Ende wirft Marinas Mutter noch einen kurzen Blick in ihre eigene Tasse. Und schon ist das Lesen aus dem Kaffeesatz beendet. Marina kommt mit einem Stapel Teller zur Küche herein, stellt das Geschirr ab und beginnt es einzeln einzuseifen.

»Hast du einen Freund?«, frage ich, während Marina, den Schöpftopf in der Hand, die Teller mit Wasser übergießt. »Du siehst hübsch aus, bist klug und fleißig ...«

Marina hört sich an, was ich über sie sage, lächelt dabei, sodass ein Strahlen über ihr schmales Gesicht mit den ausdrucksstarken Augen geht, bedankt sich und sagt schließlich: »Ja, es ist schwierig, in Armenien einen Mann zu finden. Die meisten Männer in meinem Alter arbeiten im Ausland oder sind beim Militär. Auf zehn Frauen kommt ein Mann, der im Alter passt. Das macht die Männer arrogant. Sie gehen mit erhobenen Nasen. Zugleich bist du ohne Kind als Armenierin nichts wert. Heutzutage kannst du ein Kind bekommen, dich scheiden lassen und mit dem Kind allein leben. Aber ohne Hochzeit ein Kind zu bekommen, das ist nicht gut. Und gar kein Kind zu haben erst recht nicht.«

Marina wohnt bei ihren Eltern am Rand der Stadt, im Plattenbau, Massiv Nummer Sieben: »Ich helfe den Eltern. In Armenien ist das die Tradition. Ich habe am Konservatorium studiert, Musik und Pädagogik. Ich könnte Klavier unterrichten. Aber momentan ist es schwer, eine Stelle zu bekommen. Und privat? Die Menschen haben für Privatunterricht kein Geld. Das ist ein Kreislauf. Und manchmal bin ich traurig.«

Ich greife nach dem weißen Leinentuch, das über dem Stuhl hängt.

»Das darfst du nicht«, fährt mich Marina erschrocken an und versucht mir das Tuch wegzunehmen. »Du bist der Gast.«

Erst lache ich, dann sage ich ernst: »Ihr sagt immer, ich soll mich bei euch wie zu Hause fühlen. Also?!« Marina lächelt nicht, überlässt mir jetzt aber das Tuch.

Tag 1 Halten

»Jerewan ist ein riesiges Hamsterrad«, schreibt Ghukas Sirunjan in einem seiner neueren Gedichte. Ich hatte diesen Text ins Deutsche zu übertragen, nach einer Rohübersetzung, und fand mein bescheiden bewegtes Jerewan aus dem Jahr 2000 wie auch der Folgejahre dort plötzlich in keiner Zeile mehr wieder: »... Autos in der Art schick bepelzter Tiere, gekommen, gebracht aus den Dschungeln Berlins und Amsterdams; hier nun beschleunigen sie ...«

In wenigen Jahren soll sich das alles so verändert haben? Auch bei der praktischen Reisevorbereitung werde ich überrascht: Auf dem Buchmarkt ist Franz Werfels »Die vierzig Tage des Musa Dagh« längst nicht mehr das einzige Buch über Armenien und seine wechselvolle Geschichte. Zudem ist Armenien mittlerweile ein Land, jetzt im Jahr 2014, für das es bei der Einreise keines Visums mehr bedarf und wo der Fremde bis zu hundertachtzig Tage im Jahr bleiben kann, wenn er das möchte. Was ist geschehen?

Gefühlt gibt es da ein großes Getriebe, das zunehmend in Schwung gerät. Wobei der Dichter der »schick bepelzten Tiere« bereits prophezeit:

»Sie erreichen keine Horizonte, sie erreichen höchstens das Nirgendwohin.«

Insgesamt vierzig Tage werde ich nun in diesem für mich neuen, veränderten Armenien bleiben – zehn Tage jetzt im August und dreißig weitere Tage im September, und das ein Jahr, bevor sich das grausame und massenhafte Töten armenischer Männer, Frauen und Kinder unter der jungtürkischen Regierung im Osmanischen Reich zum hundertsten Mal jährt.

Tag eins meiner vierzigtägigen Reise im Jahr 2014 ist ein heißer Augusttag: Mein Flugzeug landet auf dem neuen Flughafen Zwartnots, gebaut von einem argentinischen Milliardär mit armenischen Wurzeln.

Am Flughafen holen mich wieder einmal die Männer der Familie ab: Marinas Vater, auch Marinas Mann Sergej, den es inzwischen gibt, und Wahram. Schon eine knappe Stunde später sitze ich in der verglasten Veranda einer Plattenbauwohnung im Massiv Nummer Sieben, am Rand der Stadt.

Marina ist inzwischen fast vierzig Jahre und damit so alt, wie ich selbst es bei meiner ersten Reise hierher gewesen bin. Marina kocht uns einen Tee. Zwischen den Betonwänden der Plattenbauwohnung hat sich die tägliche Sommerhitze aufgestaut. So bleibt es selbst nachts drückend heiß. Wie durch einen Lautsprecher hören wir jetzt ein Kind. Im Fensterrahmen steht das Babyphon. Marina und Sergej nennen es »Babykontrolle«.

»Das ist Maria«, sagt Sergej strahlend, während wir dieser Stimme lauschen. Im Gesicht des jungen Vaters kann ich lesen, wie sehr er Maria liebt. – Sergej sitzt am Küchentisch hinter dem Laptop. Er arbeitet als Disponent für eine Zeitung. Der Fernseher läuft.

Marina bringt die Gläser mit dem schwarzen Tee herein. Dazu gibt es einen Teller mit Konfekt. Früher war das immer russisches. Jetzt lese ich: »Grand Candy«.

»Alles wird aus natürlichen Zutaten hergestellt!«, erklärt mir Marina. »Das ist eine große armenische Firma. Grand-Candy-Konfekt gibt es in vielen verschiedenen Sorten. Und auf der Maschtotsstraße hat die Firma sogar ein eigenes Geschäft.«

Sergej greift nach dem Konfekt, ohne von der Arbeit aufzuschauen. Marina und ich beginnen zu reden: Mutter Anusch ist vor einem Jahr gestorben und der kleine Arthur vor einem Jahr geboren.

»Wisst ihr eigentlich«, frage ich, »dass ich Mutter Anusch immer ›Mutter Armenien‹ genannt habe? Wie geht es, ohne sie?«

»Großmutter war einfach überall«, erzählt Marina ernst. »Sie war nicht wegzudenken, aber jetzt *ist* sie weg. Wenn Gäste kamen, hat sie sich um alles gekümmert. Sie hat Kartoffeln geholt, in Scheiben geschnitten und aufgebacken. Manchmal war sie müde. Aber immer war sie positiv. Eines Tages hatte sie diesen Herzanfall. – Schade, hundert Jahre ist sie nicht geworden.«

Schweigend trinken wir unseren Tee. Im Fernsehen ist eine Kundgebung zu sehen. Demonstranten, die meisten von ihnen sind Männer, ziehen an der Oper Jerewan vorbei. An sich sieht es aus wie ein großer Begräbniszug, wobei – in den Augen einiger Demonstranten meine ich auch Funken von Zorn zu sehen.

»Petrossjan, unser erster Präsident, war ein Wissenschaftler, ein Arbeiter für den Geist«, erfahre ich später von mehreren Seiten. »Aber dem neuen Präsidenten geht es allein um das Geld. Alte Häuser werden abgerissen, die wichtig für unsere Kultur gewesen sind. Hochhäuser werden gebaut, um Wohnungen zu verkaufen. Wir möchten einen Präsidenten, der klug und geistvoll ist, so wie die Geschichte von Armenien. Und in diesem Geist sollte er sein.«

Klar scheint uns aber auch, dass mit der Politik des neuen Präsidenten Sargsjan, mit dem Geld, das er, wie auch immer, in Umlauf bringt, viele der armenischen Männer endlich wieder zurück nach Armenien kommen. Wir bewegen die Fragen, soweit uns das jetzt, kurz nach vier Uhr morgens, überhaupt möglich ist.

Ich denke: Obwohl Armenien ein kleines Land ist, nicht größer als das deutsche Bundesland Brandenburg, und obwohl ich schon mehrmals hier gewesen bin, dürften selbst diese vierzig Tage kaum ausreichen, um tatsächlich einmal alles gesehen und bereist zu haben. Und überhaupt ist es diesmal anders.

Denn zum ersten Mal reise ich quer durch das Land, mit einer Liste von Orten, die ich aufsuchen möchte, und erstmals allein. Novum ist darüber hinaus: Erstmals kann mir keiner aus der Familie Babajan ein Quartier geben, denn – Mutter Anusch ist gestorben, und für Wahram bedeutet das Probleme, auch mit seiner Freundin, die es natürlich immer gegeben hat. Marinas Mutter ist schwer krank. Marina hat zwar inzwischen eine eigene Familie mit zwei kleinen Kindern, aber keine eigene Wohnung, und auch ihre Schwiegereltern, die 1988 aus Aserbaidschan geflohen sind und seitdem in einem Wohnheim in Jerewan leben, können nicht helfen.

Ein Mann des armenischen Militärs erscheint auf dem Fernsehbild: »Karabach ...«, höre ich immer wieder: »... Karabach ...«

Sergej unterbricht sofort seine Arbeit und schaut auf. Der Offizier, er sieht aus wie Anfang siebzig, sitzt hinter einem Schreibtisch, hat unter den Augen tiefe, dunkle Ringe und stützt seine Arme breit auf. Der Tisch vor ihm ist freigeräumt. Die Hände des Mannes liegen ruhig ineinander. Er spricht langsam. Abgeklärt schaut er in die Kamera. Als wäre die Kamera ein Paar Augen, denen er nicht ausweichen möchte. Der Mann wirkt total erschöpft.

Wir sitzen zusammen und hören ihm zu. Ansonsten herrscht nächtliche Stille. Kaum ist der Beitrag zu Ende, geht Sergej wieder an seine Arbeit.

»Was ist los?«, frage ich. »Kommt es jetzt in Armenien zu einer neuen Krise?«

»Wir leben hier ständig in einer Krise«, meint Marina. »Aber in Karabach wurde in den letzten Tagen wieder geschossen. Und heute gab es Tote. Und auch das ist schon normal: Immer bevor sich Putin mit unserem Sargsjan und dem aserbaidschanischen Präsidenten Alijew trifft, wird an der Grenze provoziert. Vielleicht um auf die Probleme aufmerksam zu machen. Übermorgen trifft sich jedenfalls Putin mit ihnen, in Sotschi.«

Sergej sagt, dass nur ein einziger armenischer Soldat getötet worden sei, dafür aber vierzehn Aserbaidschaner. Marina hat etwas von zwei Armeniern und zehn Aserbaidschanern gehört. Immer wenn Marina spricht, hält Sergej inne. Mir scheint, als beobachte er die Wirkung ihrer Worte auf mich. Und zwischendurch versichert er: »Es stimmt, was Marina sagt.« Das Glück, das vorhin noch auf seinem Gesicht gelegen hat, als die kleine Maria über die »Babykontrolle« von sich hören ließ, ist verschwunden. Draußen wird es langsam hell.

»Hast du geplant, auch nach Karabach zu fahren?«, fragt Marina. Ich weiß von deutschen Schriftstellerkollegen, die vor Kurzem in Karabach gewesen sind und meinten, nach Karabach zu fahren sei kein Problem. Aber für mich bleibt das offen. Mich zieht nichts. Ich muss nicht. Oder sollte ich doch?

Auf der Internetseite des deutschen Auswärtigen Amtes habe ich gelesen, dass vom Befahren der Landstraße entlang der Grenze zu Aserbaidschan abgeraten wird. Außerdem wird darauf hingewiesen, dass die Bundesrepublik Deutschland die sogenannte »Republik Bergkarabach« völkerrechtlich nicht anerkennt. Das bedeutet: Konsularische Hilfe oder Beistand könne im Fall des Falles nicht gegeben werden.

»Sergej«, fällt mir an dieser Stelle ein: »Du bist in Aserbaidschan geboren, richtig?« – Über die hauseigene Lautsprecheranlage, die Babykontrolle, hören wir jetzt Arthur. Der Einjährige weint kurz auf, bevor er weiterschläft.

»Meine Familie kommt aus Baku«, erzählt Sergej. »Wir lebten dort in einem Haus mit einem Garten. Mein Vater war Ingenieur. Er hat gut verdient. Meine Mutter hat sich um uns gekümmert. Und meine Schwester und ich, wir hatten eine schöne Kindheit. Mit dem Zerfall des Sowjetsystems gab es 1988 Pogrome gegen uns Armenier, zuerst in Sumgait und dann in Kirowabad. Ende November 1988 sind wir geflohen – meine Eltern, meine Schwester und ich. Wir bekamen eine Notunterkunft in Jerewan, ein Zimmer. Wir waren gerade mal eine Woche hier, da bebte die Erde und wir verstanden überhaupt nichts mehr.«

»Das war das Erdbeben vom 7. Dezember 1988«, ergänzt Marina. »Um 11.40 Uhr bebte in der Provinz Schirak die Erde. Und sogar in unserer Schule in Jerewan wackelten die Bänke. Alle Schüler mussten auf den Hof. Eigentlich war der Unterricht noch nicht zu Ende. Aber unser Direktor sagte damals: ›Für heute ist der Unterricht beendet.‹«

»Ihr seid Kinder gewesen«, stelle ich fest. Marina nickt. Aber Sergej sagt: »Ich war schon zwölf.«

Eine Weile hält Sergej meinem Blick stand, bis er sehr bestimmt sagt: »Wir leben. Und inzwischen haben wir eigene Kinder. Nur«, er macht eine kleine Pause, »nur für meine Eltern ist es immer noch sehr schwer.«

»Das ist jetzt über fünfundzwanzig Jahre her«, rechne ich nach. Er nickt und Arthur meldet sich erneut. Über das Babyphon hält er eine, nennen wir es mal so, kleine, kraftvolle Rede, und das in einer Sprache, die zwischen allen möglichen Sprachen liegt.

Zugleich geht die Küchentür auf und die kleine Maria steht da, im roten Kleidchen, strahlend und mit einem grünen Spielzeugkoffer in der Hand: »Ari!«, sagt sie zu mir, als sei ich nie fort gewesen: »Ari! – Komm! ... Batumi!« Und schnell wird klar: Ich soll mit ihr nach Batumi kommen, nach Georgien, ans Schwarze Meer. Ich weiß: Vor zwei Jahren ist sie mit ihren Eltern dort gewesen.

Mittlerweile völlig übermüdet, beginne ich mit ihr die Reise – durch die Veranda, das Wohnzimmer, über den Flur, durch die Küche und wieder zurück. Wir reisen im Kreis.

»Und wo ist nun Batumi?«, fragen wir nach unserer dritten Runde Marina. Marina lacht nur und verweist uns an die Zimmerpalme. Maria und ich reißen die Arme in die Höhe und jubeln laut: »Batumi!«

Als ich den kleinen Arthur dann aber sehe, bei Sergej auf dem Arm, kann ich nur erschrecken. Auf diesen Anblick war ich nicht vorbereitet gewesen: Er ist so dünn, dass seine dunklen Augen fast unheimlich wirken – unheimlich groß, traurig und unwahrscheinlich tief.

»Du musst keine Angst haben«, versichert Marina. »Maria war auch erst so dünn. Und siehst du, wie gut es jetzt mit ihr ist?«

Trotzdem frage ich mich: Diese tiefe Trauer, die in Arthurs großen Augen liegt, wann hat er die erlebt?

Und, als könne sie meine Gedanken lesen, fügt Marina noch hinzu: »Weißt du: Einmal wäre Arthur fast hingefallen. Aber ein Erwachsener – Sergej, Wahram oder mein Vater, ich weiß jetzt nicht mehr, wer es war – hat ihn gerade noch rechtzeitig vorn am Hemd gepackt und gehalten. Und das hat er sich gemerkt. Jetzt hält sich Arthur immer selbst. Wenn er läuft, hält er sich selbst vorn am Hemd fest.«

Tag 2

Segnen

Die ganze Nacht lang krank, verquer,
habe ich von der Sonne geträumt.
Kein Laut, kein Flüstern um mich her –
fahl war's um mich, Nacht und Mond …

JEGHISCHE TSCHARENZ

Lewon holt mich im Massiv Nummer Sieben ab. Marina und Sergej stehen, die Kinder im Arm, auf dem Balkon und winken. Marinas Mutter ruht nach wie vor, schwer erkrankt, in ihrem Zimmer. Marinas Vater ist schon unterwegs, um seinem Bruder bei der Renovierung einer Wohnung zu helfen. Und Melanja hat wiederum mir geholfen, erneut, damit ich auch heute für den Ausflug nach Garni den passenden Fahrer habe: »Lewon kenne ich schon sehr lange!« Von Jerewan aus sind es nach Garni keine dreißig Kilometer. Mein erstes Ziel soll auch diesmal Garni sein, denn dort steht der Sonnentempel. Zuerst dachte ich, der Tempel ist den Armeniern wichtig als eine touristische Attraktion, die sie zu bieten haben. Inzwischen nehme ich an, dass es vor allem um die Sonne als Kraftzentrum geht.

Kaum haben wir jedenfalls die Stadt verlassen, zieht sich die Straße durch die kahlen, weit auslaufenden Berge. In seinen »Armenischen Lektionen« bezeichnet der russische Schriftsteller Andrej Bitow die Linien dieser Bergrücken als »weiblich«. Die Landschaft ist karg und kaum ein Grün zu sehen. Lewons weißer Wagen sieht aus wie neu. Und auch die Straße ist tadellos.

Auf einer Anhöhe halten wir. Lewon stellt den Motor ab und sagt mit Blick nach oben: »Der Tscharenzbogen!« Ich kenne den Tscharenzbogen. Aber wie ein Oratorium von Johann Sebastian Bach, das wir auch immer wieder hören können, gibt es Orte wie diesen und ich steige aus. Die Stufen, welche die Anhöhe hinaufführen, stehen kreuz und quer zueinander.

Es wird schon heiß. Auf der Anhöhe selbst aber weht ein frischer Wind. Jeghische Tscharenz? Noch heute lernen die armenischen Kinder in der Schule sein Gedicht über die Schönheit des Landes. Im Jahr 1897 als Jeghische Soghomonjan in Kars geboren, wählte Tscharenz der Legende nach sein Pseudonym entsprechend der Bedeutung *tschar*, was so viel heißt wie »unartig« oder auch »böse«.

Der amerikanische Schriftsteller William Saroyan, Sohn armenischer Einwanderer, traf Tscharenz während einer Reise durch Armenien und die damalige Sowjetunion. Sie trafen sich in einem Moskauer Hotel. Saroyan behielt Tscharenz in Erinnerung. Im ersten Moment habe er ihn, wie er später darüber berichtet, als klein und hässlich angesehen. Aber schon im zweiten Moment hätte sich Tscharenz verwandelt und wäre schön geworden. Saroyan erwähnte die Wärme der Stimme, den offenen Blick, die flinke und intelligente Art und beschrieb es wie folgt in seiner Erzählung »Hayastan und Charentz«: »Charentz war nicht länger ein Männchen mit einem großen, grotesken Kopf und einer gewaltigen Hakennase, sondern eine lebendige Persönlichkeit, die zufällig in diesem Körper steckte.«

Anlässlich der Begegnung vertraute Tscharenz Saroyan an, dass er seine ersten Werke inzwischen widerrufen habe. Damit dürften Gedichte im Sinne des Sowjetsystems gemeint gewesen sein. Saroyan aber erklärte, dass Gedichte unmöglich zu widerrufen wären, denn, einmal veröffentlicht, führten sie ohnehin ein Eigenleben. Und Tscharenz stimmte dem ohne zu zögern zu.

Während der Stalinzeit starb Jeghische Tscharenz im Gefängnis.

Dieser Tscharenzbogen nun ist tatsächlich ein Bogen, der sich über den Betrachter zieht. Er ist Teil einer Art von steinerner Guckkastenbühne, die frei in der kargen, trockenen Landschaft steht. Dadurch, dass sich der Betrachter auf der Bühne befindet, wirkt die Landschaft selbst wie ausgestellt. In diesiger Ferne sind die Plattenbauten von Jerewan zu sehen.

Lewon lehnt an seinem Wagen und raucht, als ich zurückkomme. Für heute hat mir Melanja mit der Empfehlung Lewons geholfen und im Jahr 2000 überhaupt die erste Fahrt nach Garni ermöglicht.

»Sie ist Professorin«, hatte Christa mir zuerst vorgeschwärmt und dann die Telefonnummer gegeben. »Melanja spricht Russisch, Deutsch, Englisch, hat an der Deutschen Abteilung der Staatlichen Universität und an der Englischen Fakultät am Brjussow-Institut studiert. Sie ist heute selbst Dozentin bei Brjussow, dazu Leiterin des Deutschen Zentrums in Jerewan und außerdem die Präsidentin des Armenischen Deutschlehrerverbandes!«

Das war im Jahr 2000 und ich rief Melanja damals an. Gleich für den nächsten Mittwoch bestellte sie mich ins Deutsche Zentrum am Platz der Republik – zu einer Versammlung der Deutschlehrer und -lehrerinnen.

Auf dem Flur des Zentrums kam mir, inzwischen war es Mittwoch, eine große, schlanke Frau mit kurzem schwarzem Haar entgegen. Die Frau sah erschöpft aus, fast traurig. Kaum aber sah sie mich, wandelte sich alles: »Was für eine Freude!«, meinte sie strahlend: »Und wie geht es Christa?«

Als wir den Unterrichtsraum betraten, waren die Schultische in U-Form aufgestellt und fast alle Plätze belegt. An die dreißig Deutschlehrer, darunter auch drei Männer, saßen da, die Kragen hochgeschlagen, dicke Schals um den Hals, die Schultern hochgezogen, wie vergraben in ihre Mäntel. Der Raum war unbeheizt und kalt. Obwohl sie lächelten, wirkten auch sie erschöpft: »Woher kommen Sie? Aus der DDR, ja? Wie ist die Situation jetzt bei Ihnen?« Nichts stand zwischen uns.

»Ende der achtziger, Anfang der neunziger Jahre gab es«, wie Melanja erzählte, »diese brutale Krise. Keine Elektrizität, keine Heizung. Alles lag still. Keine Schule. Wir versuchten, insbesondere den deutschen Teil der Ausbildung zu retten. Also haben wir Seminare durchgeführt, gratis, jede Woche mittwochs. Damals kamen unsere Lehrerinnen zu Fuß, weil nichts fuhr. Dabei kamen sie nicht nur aus Jerewan, sondern auch aus den umliegenden Dörfern. Und es war so eisig kalt. Wir saßen da mit blauen Händen und blauen Nasen und haben die deutsche Sprache studiert. Wir haben Lieder gesungen. Wir haben Kerzen aufgestellt und wir haben Weihnachten miteinander gefeiert. Und ich kann Ihnen sagen: Diese Aktion hat geholfen. Anders wären wir, zumindest seelisch, schon tot. Oder wie wollen Sie das alles überstehen: Keine Arbeit, keine Heizung, kein Geld, nichts da?«

Nun erinnerten sich auch die Lehrerinnen. Sie erzählten, dass es Ende der achtziger und Anfang der neunziger Jahre zwar Brot gab, aber nicht jeden Tag. Es gab Brot auf Karten. Und sie warteten in langen Schlangen vor den Geschäften, ohne wissen zu können, ob es an diesem Tag überhaupt etwas gäbe. Manchmal hätten sie sich schon nachts angestellt – von zwei bis fünf Uhr morgens. Manchmal wurde nichts geliefert. Manchmal wurde geliefert, aber es gab keine geregelte Schlange und es bekamen nur diejenigen etwas, die keine Scheu hatten, sich vorzudrängen. Es gab Wohlfahrtsorganisationen, die geholfen haben. Zum Beispiel wurde Mehl verteilt oder Makkaroni. Und auch das hätte geholfen.

Ich hörte zu. Mehr konnte ich einfach nicht tun. Irgendwann meinte Melanja, dass mir nun Fragen gestellt werden dürften. Sehr schnell wurde klar, dass ich bisher weder den Sonnentempel Garni noch das Höhlenkloster Geghard gesehen, ja noch nicht einmal davon gehört hatte. Den Sonnentempel aber müsste ich unbedingt gesehen haben.

Meine damalige Fahrt nach Garni war ein Geschenk von Melanja und ich konnte so diesen schönen, antik anmutenden Sonnentempel zum ersten Mal sehen. Seitdem habe ich ihn mehrmals gesehen. Garni scheint ein Herzstück des Landes zu sein.

Kaum habe ich das mit dem »Herzstück« noch einmal ausgesprochen, wird Lewon als mein Fahrer und Wegbegleiter auf Zeit mobil: »Wissen Sie«, sagt er mehr, als dass er es fragt, »dass alle wichtigen Begriffe im Armenischen mit dem Buchstaben A beginnen? *Astwats* bedeutet – Gott, *arew* ist die Sonne. Der Mond ist natürlich auch wichtig, das Universum insgesamt. Die Sonne aber steht für den Anfang, für das Leben, das Licht und nicht zuletzt für die Freude. Der Mensch braucht Freude, um zu überleben. Leben heißt *aprel*. – Sie wissen, was unser Morgengruß – *bari lujs* – bedeutet? Gutes Licht! Ein Kind wird geboren und erblickt das Licht der Welt. Und stirbt ein Mensch, dann verlischt dieses Licht. Im alten Armenien gab es verschiedene Götter. Mihr oder Mithra ist der Sonnengott und Garni sein Tempel.«

»Aber«, überrascht mich das jetzt doch, »Sie sind Fahrer und wissen so viel?«

Lewon führt unbeirrt weiter aus und lässt meine Frage im Raum stehen: »Dreimal täglich beteten die Sonnenanbeter: bei Sonnenaufgang, zu Mittag und bei Sonnenuntergang, und immer ging ihr Gebet in Richtung Sonne. Immer dorthin, wo sich die Sonne gerade befand. Die Christen beten in Richtung Osten, in Richtung der aufgehenden Sonne. Dort steht dann auch der Altar.«

Lewon hat meine eigentliche Frage nicht vergessen. Noch bevor wir Garni erreichen, antwortet er: »Ich habe Alte Geschichte studiert. Nach dem Studium war an der Universität keine Stelle für mich frei. Also habe ich mich anders entschieden: Ich chauffiere Sie, wohin Sie wollen, und dabei erzähle ich, was ich sowieso weiß. Es ist mir ein Vergnügen, denn das hier ist mein Land. – Übrigens: Das nächste wichtige Wort mit A, das ist – *azat*.«

Ich weiß: Der Azat ist ein Fluss und bildet eine große Schleife um das Dorf Garni. Diese Flussschleife schließt sowohl den Sonnentempel ein als auch die Schlucht mit den, wie ich sie nenne, Riesenorgelpfeifen.

Wir sind früh dran. Touristen sind noch keine da, die Frauen des Dorfes aber haben ihre Stände bereits aufgebaut. Sie bieten frisch gebackenes Fladenbrot, getrocknete Aprikosen, Nüsse …

Die alte armenische Gastfreundschaft lässt den Gast nie allein. Dem Gast könnte ein schlechter Mensch begegnen, der Gast könnte sich verlaufen oder einen Unfall haben. Dass ich für die nächsten zwei Stunden allein unterwegs sein möchte, lässt Lewon nur ungern zu. Zugleich weiß er, wie die Europäer sind. Bevor wir uns erst einmal trennen, sagt er noch: »*Azatutjun* heißt Freiheit, und *azat* bedeutet – frei!«

Erstmals besuche ich den Sonnentempel nicht direkt, sondern gehe einen Weg entlang, der unterhalb, hin zur Schlucht des Azat, an der Tempelanlage vorüberführt. Wobei auch von hier unten der Sonnentempel Garni dort oben ausgezeichnet zu sehen ist. Kurz vor dem steilen Abhang präsentiert sich der Tempel auf der natürlichen Plattform wie auf einer Handfläche. Sein Gebälk aus schwarzem Basalt wird von vierundzwanzig Säulen getragen und das ehemalige Badehaus ist mit einem antiken Heizsystem ausgestattet. Im Tal verbreitert sich der Fluss zu einer Art See.

Ein großes Erdbeben im Jahr 1679 hatte alles verändert. Auch die Tempelanlage war verschüttet worden und wäre ohne die Aufzeichnungen des römischen Historikers Tacitus wohl auf immer vergessen gewesen. In den Jahren 1909/1910 begannen die Archäologen mit den Ausgrabungen. Sie wurden fündig. Und ab den 1960er-Jahren baute man den Sonnentempel wieder auf.

Es gibt mehrere Thesen, was den Zweck dieses Tempels betrifft, obwohl der Name selbst schon alles zu sagen scheint: Aber ist er tatsächlich Kultstätte für den Sonnengott Mihr oder Mithra gewesen? Oder war diese Anlage eher Sommersitz armenischer Könige?

Mein Weg führt mich weiter und damit direkt in die aufgebrochene Landschaft hinein. Linker Hand liegt das Dorf. An den Hängen wird Wein angebaut. Und vor mir im Bruchgebiet bemerke ich jetzt eine weitere natürliche Plattform, die trotz der Wucht dieses Erdbebens erhalten geblieben ist. Mit dem Sonnentempel befindet sie sich genau auf einer Höhe und besitzt die Form einer überdimensionalen Speerspitze.

Später dann, im Dorf Garni, komme ich vorbei an Häusern, Schuppen, Scheunen und Ställen, gebaut aus ganz unterschiedlichem Material – aus Natursteinen, Holzbrettern, Blechteilen ... Hier ist gemauert worden, dort genagelt, geschweißt oder der Mix unterschiedlicher Materialien mit Seilen oder Drähten straff zusammengezogen.

Der Weg ist steinig und staubig. Er führt, den Sonnentempel zurücklassend, hinüber auf die andere Seite des Dorfes. Hinter einem verrosteten Maschendrahtzaun weiden dunkelbraune Kühe. Es sind sieben oder neun Tiere. Ein weiß gefiedertes Huhn läuft den Weg entlang. Gleich darauf kommen mir sieben junge Frauen entgegen, fast sind es noch Mädchen. Sie tragen Jeans, blau, weiß, rot, und darüber helle Blusen und T-Shirts. Sie schwatzen und lachen. Eine unter ihnen fällt mir auf – mit ihrem langen, blonden Haar. Und gerade sie ist es, die mit einem Mal freudig und direkt auf mich zukommt. Ich überlege kurz, ob ich sie nicht vielleicht sogar kenne. Sie spricht Französisch. Ich verstehe kein Französisch, wir wechseln zu Russisch. Ich habe sie noch nie zuvor gesehen.

Die anderen Mädchen halten sich im Hintergrund und lächeln scheu. Wir machen ein Foto, das Mädchen gibt mir seine Telefonnummer.

»Ich zeige Ihnen Jerewan!«, sagt sie, bevor wir uns trennen.

In der Ferne rauscht es kraftvoll. Das nun ist der Azat. Der Weg wird abwärts steiniger. Das Rauschen kommt näher. Und im Tal ist das Wasser dann auch zu sehen: Es stürzt vom Felsen herab.

»Auch so eine Art Tempel«, denke ich, als ich gleich darauf vor einer stattlichen Formation schwarzer Basaltfelsen stehe. Mir bleibt unklar, wie die Natur dieses Meisterstück hinbekommen hat. Meterdick wachsen entlang des Azat schwarze Basaltfelsen empor, wie die Riesenpfeifen einer stummen Orgel, zwei- bis dreihundert Meter in die Höhe. Sie reihen sich, soweit ich es absehen kann. In Abständen gibt es Höhlen.

Ich gehe dreihundert Meter weiter und der Fluss rauscht nicht mehr. Das Flussbett ist breiter geworden. Dafür höre ich jetzt einen feinen, sehr hohen Ton. Ich bleibe stehen.

Zuerst ist dieser Ton kaum zu orten. Zeitweise wird er leiser oder bleibt ganz weg. Eine Idee ist, dass der Wind durch die Basaltpfeifen bläst und dass sich daraus dieser Ton ergibt. Schließlich bemerke ich die Vögel. Kleine, schwarze Wesen fliegen flink und zielsicher in den Fels hinein, verschwinden dort, um kurz darauf wieder aufzutauchen und davonzufliegen. Sie sehen aus wie Schwalben.

Auf dem Rückweg durch das Dorf komme ich rechter Hand an einem Seitenweg vorbei. Am Ende dieses Weges spielen Kinder. Sie tragen schwarze Anzüge und weiße Kleider. Das Bild, das sich mir zeigt, sieht aus wie gemalt. Mich überkommt ein Gefühl von Nicht-Wirklichkeit.

Vor der kleinen Kirche aus rotem Tuffstein haben sich Menschen versammelt – Männer, Frauen und eben auch diese Kinder. Unter ihnen steht ein Priester. Bis auf die schwarzen Anzüge der Jungs und die Soutane des Priesters sind sie alle hell und bunt gekleidet. Der Kirchplatz liegt im Schatten hoher Bäume. Das Ganze ist ein heiteres Sommerbild.

Als ich näherkomme, überrascht mich der Pfau. Königsblau und grün gefiedert, kommt er mir entgegen und huscht gleich darauf zwischen den *chatschkaren*, den berühmten armenischen Kreuzsteinen, davon. Weiter hinten steht eine übermannshohe Mauer aus grauem Gestein.

Drei Frauen sitzen auf dem Platz vor der Mauer, gemeinsam mit einem Mann. Ich schätze, dass wir in etwa gleichaltrig sind. Die Frauen tragen, noch von der Messe her, weiße Schleier quer über dem Haar. Auf der Steinplatte im Zentrum der Gruppe gibt es ein Essen – geviertelte Tomaten, ein in Scheiben aufgeschnittener Pfirsich, *lawasch* in mehreren Lagen, dazu Stängel von Estragon, Thymian und rotem Basilikum.

Diejenige der drei Frauen, die ihr blondes Haar zu einem Dutt zusammengesteckt hat, winkt mich jetzt heran. Das ist Susanna.

»Woher kommen Sie?«, fragt Susanna. Ihre großen Augen strahlen immerzu. Rasch erzähle ich das Wichtigste: Dass ich im Jahr 2000 zum ersten Mal in Armenien gewesen bin, seitdem immer wieder hierherkomme und darüber schreibe. Auch wir nutzen die russische Sprache.

Ermutigt durch Susanna, meldet sich als Nächstes der einzige Mann der Gruppe zu Wort. Er fährt mit der flachen Hand unter den Plastikbeutel, auf dem die geviertelten Tomaten liegen, reicht sie mir eine davon und sagt, eine Verbeugung angedeutet: »Essen Sie! Bitte!« Er wirkt wie ein groß gewachsenes Kind und fragt mich schon im nächsten Augenblick sehr vertraulich, wie denn so die Frauen in Deutschland seien. Was soll ich ihm sagen?

Die nächste der armenischen Frauen trägt eine halblange, dunkelblonde Perücke. Sie schaut mich schweigend an. Es scheint, als könne sie ihren Blick nicht von meinen Augen lösen. Automatisch schaue ich zurück, lächle frei, ja energisch in ihren Blick hinein und da löst es sich auf.

Die Dritte, schwarz gekleidet, reicht mir erst den aufgeschnittenen Pfirsich und gleich darauf das *lawasch*. Im selben Augenblick fragt Susanna fürsorglich: »Haben Sie auch schon den Käse probiert?«

Nach dem Essen beginnt ein rasanter, religiöser Diskurs: »Glauben Sie an Gott? – Glauben Sie an Jesus Christus? – Kennen Sie Gregor den Erleuchter?«

Kaum höre ich den Namen, muss ich an das Verlies im Kloster Chor Wirap denken. Vor einigen Jahren sind Wahram, Marina und ich dort hinuntergestiegen. Es war feucht und kalt und ich hatte das Gefühl: Kein guter Ort, um zu überleben. Das Kloster Chor Wirap liegt unmittelbar an der Grenze zur Türkei und dem Ararat genau gegenüber.

Gregor kam als frommer Christ an den Hof von König Trdat III. Der König selbst war kein Christ und versuchte, Gregor durch Folter zur Abkehr zu zwingen. Als das nicht gelang, wurde Gregor im Kloster Chor Wirap für dreizehn oder, wie es auch erzählt wird, fünfzehn Jahre in einen unterirdischen Kerker gesperrt. Wie durch ein Wunder überlebte er.

In dieser Zeit ließ König Trdat III. die christliche Nonne Hripsime ermorden, nachdem sie ihm nicht zu Willen gewesen war. Auch deren Lehrerin Gajane sowie siebenunddreißig weitere Jungfrauen ließ er töten. In der Folge erkrankte er an einem furchtbaren Hautausschlag. Kein Arzt konnte ihn heilen.

Es gab für den König keinerlei Hoffnung auf Heilung, bis seine Schwester, oder, wie es auch erzählt wird, seine Tochter, fünfmal die Vision hatte, dass allein Gregor ihren Bruder bzw. Vater retten könnte. Gregor wurde aus dem Verlies heraufgeholt. Und tatsächlich – er heilte den König: Trdat III. wurde wieder gesund.

Sechsundsechzig Tage lang durfte daraufhin Gregor der Erleuchter frei den christlichen Glauben predigen. Der König, von alledem tief beein-

druckt, wurde bekehrt und bestimmte im Jahr 301, dass Armenien das Christentum als Staatsreligion anzunehmen hat.

Die vier Pilger schauen mich aufmerksam an, während ich stichpunktartig, wie bei einem Examen, erzähle. Natürlich kennen sie alle diese Geschichten selbst. Kaum stocke ich, helfen sie mir mit ihren Ergänzungen weiter. Susanna aber kennt noch weitere Geschichten:

Der heilige Gregor hatte einen Traum: Jesus Christus steigt vom Himmel herab, schlägt mit einem kleinen, goldenen Hammer auf eine ganz bestimmte Stelle am Boden und sagt: »Baue hier eine Kathedrale!« – Daraufhin lässt Gregor der Erleuchter die Kathedrale bauen. Dieser Ort heißt Edschmiatzin, was bedeutet: »Der Einzige ist herabgestiegen.« Wir nennen Edschmiatzin heute auch das armenische Jerusalem. In Edschmiatzin befindet sich der Sitz des obersten Katholikos der Armenisch-Apostolischen Kirche.

Ich liebe Geschichten. Von mir aus können sie sich ruhig verändern. Sie dürfen sogar frei erfunden sein. Allein in sich müssen sie stimmen. Wahrscheinlich ist mir diese Vorliebe anzumerken.

»Wir kommen aus Jerewan«, erzählt Susanna schon weiter. »Jedes Wochenende pilgern wir zu einer anderen Kirche. Dort singen wir und beten. Einmal beteten wir in der Kirche in Geghard. Sie kennen das Höhlenkloster? Wir hatten uns vorgenommen, diesmal nicht allein für die Armenier und ihren Frieden zu beten, sondern überhaupt für alle Menschen auf der Welt, ganz gleich welchen Glaubens sie sind. Wir beteten sehr lange. Erst als wir aufstanden, haben wir die Gruppe hinter uns bemerkt. Es waren Deutsche. Wir konnten uns nicht mit ihnen verständigen – nur durch Gesten. Sie bedankten sich für das Gebet. Es war, als hätten sie unser Gebet fühlen können. Das berührte unser Herz.«

Susanna schlägt vor, mir in Jerewan einige der Kirchen zu zeigen. Als wir unsere Telefonnummern austauschen, bemerke ich, dass ich die Nummer des blonden Mädchens aus dem Azattal verloren habe. Tir als Gott des Schicksals hat entschieden.

»Viele unserer Landsleute leben in der Diaspora«, erzählt Susanna inzwischen weiter. »Ein junger Armenier aus den USA flog nach Jerewan. Und sein Chef, Schwarzer und Moslem zugleich, begleitete ihn. Sie waren Freunde. Die unterschiedlichen Religionen waren für ihre Freundschaft nie ein Problem gewesen. Gemeinsam kamen sie nach Edschmiatzin. Der Armenier betrat die Kathedrale. Sein Chef wartete inzwischen draußen, sah die Leute rein- und rausgehen, hörte die Priester und den Chor singen, roch den Weihrauch ... Er wartete. Aber etwas zog ihn, fast magisch, in die Kathedrale hinein. Er versuchte, sich dagegen zu wehren. Er war ein Moslem! Aber der Moment kam, dass er nachgab und die Kathedrale Edschmiatzin betrat. Er verstand nicht, wie ihm das passieren konnte. Später sagte er immer nur: ›Diese Kirche ist sehr stark!‹«

Plötzlich hat Susanna eine Idee: »Möchten Sie, dass der Priester Ihnen den Segen gibt für Ihre Reise durch Armenien? Soll ich ihn fragen? Ich kann das für Sie tun.«

Durch die offene Tür fällt Licht in die kleine Kirche, direkt auf den schmalen Altar, auf dem die Kerzen brennen. Dennoch bleibt es dämmrig. In das Kirchlein zu Garni passen dreißig, höchstens vierzig Personen.

Wir sind unter uns. Ter Wrtanes Baghumjan, der junge Priester des Dorfes Garni, steht mit dem Rücken zum Altar und mir gegenüber. Die vier Begleiter haben sich links hinter mir aufgereiht. Ter Wrtanes hebt seine Hände zum Segen.

»Moment«, fällt es mir gerade noch rechtzeitig ein. Ich lege mir den weißen Seidenschal, den ich im Sommer immer trage, über das Haar: »Entschuldigung.«

Der Priester legt seine Hand auf, sagt dabei etwas, was ich nicht verstehe, aber seine Worte gehen durch meinen Körper, vom Kopf über die Füße direkt in die Erde hinein. Und das war der Segen.

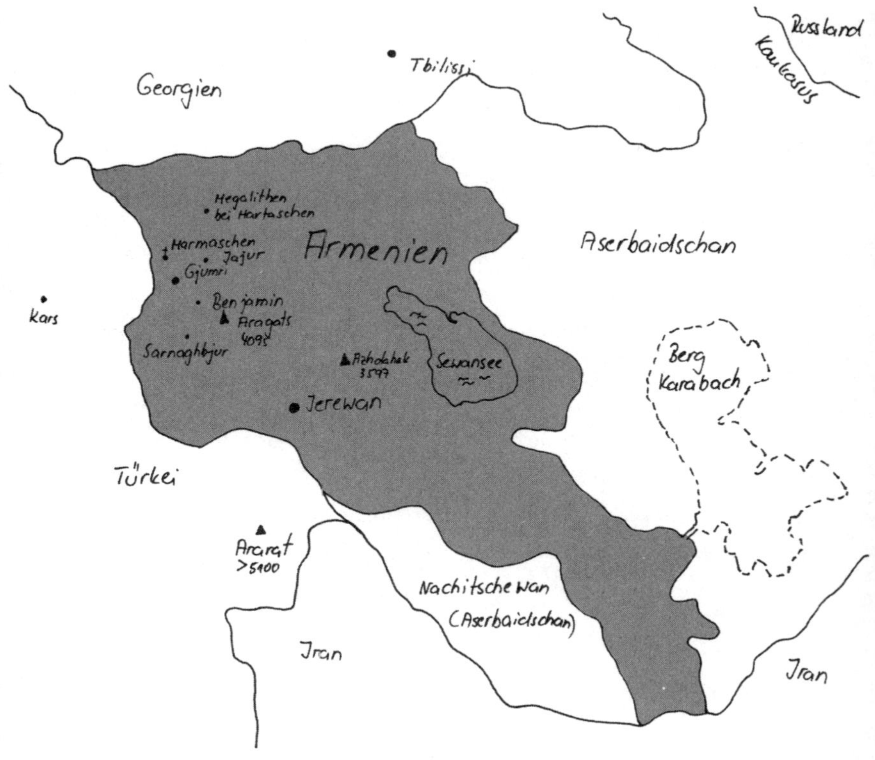
Russland
Kaukasus
Tbilissi
Georgien
Megalithen
bei Hartaschen
Marmaschen
Jajur
Gjumri
Armenien
Aserbaidschan
Kars
Benjamin
Aragats
4095
Sarnaghbjur
Azhdahak
3597
Sewansee
Berg
Karabach
Jerewan
Türkei
Ararat
>5100
Nachitschewan
(Aserbaidschan)
Iran
Iran

ES SCHWANKTE INSGESAMT!

Gjumri
Kloster Marmaschen
Archäologische Grabungsstätte Benjamin
Höhlenkirche Sarnaghbjur
Denkmal Jajur
Steinkonstellation bei Hartaschen

Tag 3 Beben

Der Jerewaner Bahnhof, gebaut zu Sowjetzeiten, gleicht einem zweiflügeligen Schloss, in der Mitte mit aufstrebendem Turm. Die Züge fahren jetzt wieder. Und hinter dem Bahnhof, auf einem Schotterplatz, starten die *marschrutkas.* Ich möchte nach Gjumri.

Ist eine *marschrutka* voll, fährt sie los. So ergibt sich der Fahrplan. In die Provinz Schirak, und damit auch in deren Hauptstadt Gjumri, ergibt sich fast jede Stunde eine Fahrt.

Die Gepäckfläche im hinteren Teil des Wagens ist mit Baumaterial zugepackt. Samt der Reisetasche verweist mich der Fahrer in das Innere des Wagens. Eingepackt habe ich unter anderem drei Dinge: Franz Werfels »Die vierzig Tage des Musa Dagh«, Gurdjiews »Begegnungen mit bemerkenswerten Menschen« sowie meine Aufzeichnungen zu einem Vortrag von Professor Furtwängler an der Universität Halle: »Archäologische Ausgrabungen im Dorf Benjamin bei Gjumri«, vom Mai 2014.

Ein junger Mann, Anfang zwanzig, führt zwei Autonummernschilder bei sich. Kaum sitzt er neben mir, ist die *marschrutka* voll und der Fahrer startet. Es ist ein heißer Augusttag. Die Strecke von Jerewan nach Gjumri beträgt hundertzwanzig Kilometer und kostet tausendzweihundert Dram, etwas über zwei Euro. Die Fenster sind einen Spaltbreit geöffnet. Der Fahrtwind tut gut.

Außerhalb der Stadt wird die Landschaft hügelig. Links und rechts der Fahrbahn stehen Aprikosen- und später auch Apfelbäume. Die Straße ist schlecht und der Asphalt streckenweise aufgebrochen. Erst in den Bergen wird die Fahrbahn besser.

Auf den weiten Grasflächen, die sich inzwischen beiderseits entlang unseres Weges erstrecken, liegen Steine verstreut. Zumindest sieht es so aus. Dabei könnte so etwas wie das Verstreuen von Steinen nur ein Titan leisten, einer wie der Bel.

Hajk aber, der armenische Urvater, Patriarch und Heros, war sogar noch stärker als dieser Bel. Hajk ist bis heute ein in Armenien sehr beliebter männlicher Vorname. Eines Tages hat, allen Legenden nach, Hajk den Titanen Bel besiegt.

Hajk war ein ausgezeichneter Bogenschütze und ein furchtloser Kämpfer. Schon zu Noahs Zeiten wanderte er mit seinen Leuten in das Gebiet von Babylon. Dort herrschte der Titan Bel und forderte von Hajk und von den Seinen, sich ihm zu unterwerfen.

Nach dem Kampf mit dem Titanen führte Hajk seine Leute zurück in das Land der Ahnen. Am Fuß des Ararat erbaute er den Ort Hajkaschen. Hajkaschen – das bedeutet so viel wie: Der Ort, den Hajk erbaut hat.

Hajk und der Titan Bel kämpften auch in der Folgezeit immer wieder gegeneinander. Der letzte Kampf fand auf einem Bergpass statt. Hier tötete Hajk den Titanen – mit einem Pfeil aus seinem Bogen.

Für mich ist es ungewohnt, plötzlich allein in Armenien zu sein und allein durch das Land zu reisen. Zugleich zeigt mir mein Sitznachbar, der Zwanzigjährige mit den Autonummernschildern, dass ich hier alles andere als allein bin. Er ist es, der sich um meine Wasserflasche kümmert, die mir aus der Tasche rutscht. Er ist es, der mein Gepäck aus dem Gang nimmt und es hinten auf dem Baumaterial verstaut ...

Draußen zieht weiter Landschaft vorüber. Ich bemerke auf einer Anhöhe übereinandergetürmte Steine, als Wegzeichen vielleicht. Erst später bekomme ich in einer Jerewaner Buchhandlung ein Buch von Artem Ohandjanjan über armenische Felszeichnungen. Das Buch ist glücklicherweise ins Deutsche übersetzt. Und hier finde ich nun für dieses Phänomen eine ganz andere Erklärung:

Wenn zum Beispiel ein Reisender zufällig an einem heiligen Ort vorbeikommt und keine Gaben mit sich führt, legt er einen Stein, den er im Feld aufliest, als Gabe an diesen Ort und trägt seine Wünsche vor. Der nächste Reisende tut dasselbe und legt ebenfalls einen Stein darauf, jedoch auf den vorherigen.

Die *marschrutka* schaukelt über das Auf und Ab der Berge. Der Fahrer bleibt die Ruhe selbst. Vor uns sitzt ein kleines Kind mit einem breiten, roten Stirnband um den Kopf, dazu eine Schleife. Es sieht verpackt aus, wie ein Geschenk.

Der Motor ist laut, vor allem, wenn es bergauf geht. Gespräche innerhalb der *marschrutka* sind schwer zu führen. Dennoch höre ich immer wieder: »Karabach ...«

Kurz bevor unser kleiner Bus knapp drei Stunden später sein Ziel erreicht, bremst uns ein Lastwagen aus, der, hochbeladen mit Strohballen, über die Straße fährt. Als er abbiegt, gerät er in bedrohliche Schräglage. Aber er kippt nicht um.

Kaum habe ich, angekommen in Gjumri, die *marschrutka* verlassen, eilt ein dicker, kahlköpfiger Mann auf mich zu: »Taxi?« Die

Seitenscheibe seines, wie er behauptet, vierzig Jahre alten Schiguli hat einen Sprung und die Motorhaube ist mit einem Strick festgebunden. Aber das Auto fährt, ja es rast durch die Stadt Gjumri, an Häusern, auch an fensterlosen Ruinen vorbei, und nimmt die Kurven so, dass die Reifen quietschen. Unser Ziel ist das Haus von Raissa und Artusch, am anderen Ende der Stadt, unweit des Charles-Aznavour-Platzes. Inzwischen klemmt mein Zettel mit der Adresse beim Fahrer am Armaturenbrett.

»Sie kennen Charles Aznavour?«, fragt er mich, bevor er in die nächste Kurve geht. »Er ist ein großer Sänger und lebt in Frankreich. Und er ist ein Armenier! – Nach dem Erdbeben hat er eine Stiftung gegründet: ›Aznavour für Armenien‹, gemeinsam mit dem armenisch-französischen Komponisten Georges Garwarents. Sie komponierten das bekannte Lied ›Für dich, Armenien‹. Kennen Sie es? Zwei Millionen Dollar aus dem Verkauf gingen nach Gjumri, für den Wiederaufbau der Stadt. Siebenundvierzig Schulen wurden gebaut, und auch drei Waisenhäuser. Raissa und Artusch?«, meint der Kahlköpfige mit Blick auf meinen Zettel. »Wir kennen uns sehr gut!«

Aber ich traue ihm nicht: Die Stadt hat fast hundertfünfzigtausend Einwohner. Der Zufall wäre groß, würde er die beiden wirklich kennen.

Sowohl Raissa als auch Artusch sprechen Englisch und Russisch und geben, so wird es im Internet zumindest angekündigt, kostenlose touristische Informationen. Kaum bin ich angekommen, lächelt Artusch vielsagend, mit Blick auf den Fahrer. Und kaum ist das Taxi davon, meint er: »Ja, wir kennen uns wirklich. – Ich habe eine Ausbildung als Guide gemacht. Und einmal war der Dicke unser Fahrer, aber nur ein einziges Mal. Er fährt viel zu riskant. Ich kann ihn nicht gebrauchen. Für Touristen passt das nicht.«

Artusch nimmt meine Reisetasche und geht vor mir durch den Garten hinüber zum Haus. Das Wohnhaus gleicht einem Landhaus im russischen Stil – mit großen Räumen, hohen Fenstern und verglasten Türen. Es ist ein lang gestrecktes, ebenerdiges Haus.

Raissa stellt mir ein Tässchen *surtsch* auf den niedrigen Tisch. Denn bereits wenige Minuten später sitze ich im Garten unter dem Birnbaum und schaue in die weißen, rosa und auch roten Rosen.

»Brauchen Sie noch etwas?« Raissa steht da mit gefalteten Händen, zugleich wie auf dem Sprung. Sie muss einmal sehr schön gewesen sein, und sie ist es heute immer noch – mit ihrem dichten, schwarzen Haar und den großen dunklen Augen. Heute ist sie zudem Mutter zweier erwachsener Söhne.

Im Zuge seiner Geschichte wechselte Gjumri mehrfach den Namen: Zuerst hieß die Stadt Kumayri oder eben Gjumri. Mit dem Russisch-Persischen Krieg 1804 bis 1813 wurde sie Teil von Russland. Der Ort blühte auf und galt als die Stadt der Handwerker und Künstler, konkret vor allem der Teppichweber, Schneider, Steinmetze, Kunstschmiede, Eisengießer, Kupferschmiede, Juweliere oder auch Töpfer.

Alexandropol, wie die Stadt dann seit 1840 hieß, wurde während des Ersten Weltkrieges und der Oktoberrevolution 1917 heftig umkämpft und lief Gefahr, Teil des Osmanischen Reiches zu werden. Letztlich wurde Alexandropol mit der Sowjetisierung zunächst dem Konstrukt Transkaukasien zugehörig und schließlich Teil der Armenischen Sowjetrepublik. Nach dem Tod Lenins 1924 wurde die Stadt erneut umbenannt, diesmal in Leninakan. Seit 1990 trägt sie wieder den ursprünglichen Namen: Gjumri.

Die Gästezimmer sind bestens ausgestattet. Zweifellose Perle des Hauses ist das Wohnzimmer. Über Eck stehen hier zwei Klaviere, entlang der Wände antike Schränke mit goldumrandetem Porzellan, in der Mitte ein Tisch aus dunkel poliertem Holz und dazu rot gepolsterte Stühle. Auf dem Boden liegt ein großer Teppich.

Seit ich nach Armenien reise, muss ich immerzu an Erdbeben denken. Das Land liegt genau am Reibungspunkt zwischen der eurasischen und der arabischen Erdplatte. Dadurch kann es jederzeit zu einem Erdbeben kommen.

Mich bewegt die Frage, wie die Menschen nach solch einer Katastrophe wie 1988 weiter im Gefahrengebiet leben können. Sie haben keine Wahl. In besagtem Buch über »Felszeichnungen in Armenien« lese ich:

Die Welt ruhte, nach der Legende, auf den Hörnern eines Stiers und jedes Mal, wenn sich der Stier bewegte, fand ein Erdbeben statt.

Eine andere Version der Legende besagt, dass die Welt auf dem Rücken eines großen Fisches im Ozean ruhe. Auch die Bewegungen des Fisches verursachten Erdbeben. Sollte jedoch eines Tages der Kopf des Fisches die Schwanzflossen berühren, so würde das den Weltuntergang bedeuten.

Noch gut erinnere ich mich an meine allererste armenische Nacht: Nach dem Flug, der Ankunft und dem kleinen Essen, damals im Jahr 2000, hatte ich noch lange wach gelegen. Plötzlich fühlte ich, wie das Schlafzimmer zu vibrieren begann. Ich dachte sofort an ein Erdbeben, erstarrte, schloss mit meinem Leben ab, bedauerte meine Kinder und auch mich. Bis die Vibration ebenso unvermittelt endete, wie sie begonnen hatte.

Ich lauschte. Von der Straße her war ein einzelner Vogel zu hören. Der sang. Sonst war nichts als Stille.

Darüber sprach ich erst einmal mit keinem ein Wort. Nur gut, denn schon einige Tage später erfuhr ich von der Jerewaner Metro und begriff schnell den Zusammenhang.

»Die Metro fährt direkt unter unserem Haus!«, hatte Wahram mir erklärt.

Als am 7. Dezember 1988 in Armenien die Erde bebte, befand sich Christa gerade im Hauptgebäude des Brjussow-Instituts in Jerewan: »Das Beben war deutlich zu spüren«, erinnerte sie sich und erzählte mir, wie alle hinaus auf die Gänge stürzten, über die Treppen hinunter und dann hinaus auf die Straße, und wie einer der Dozenten noch im Hinauseilen rief: »Nun hoffe ich nur, dass das Epizentrum in der Türkei liegt!«

Das Epizentrum aber lag in Nordarmenien. Schwer betroffen war vor allem die Provinz Schirak mit der Hauptstadt Leninakan. Es gab etwa fünfundzwanzigtausend Tote. Dieses Erdbeben fiel in die Zeit der Perestroika bzw. des Umbaus, des Werakaruzum, und damit auch in die Zeit nationalistischer Unruhen und der allmählichen Auflösung der Sowjetunion. Aber noch gab es sie. Und der damalige Staatschef der UdSSR Michail Gorbatschow reiste nach Armenien, um sich ein Bild von der Lage zu machen. Erstmals in der Geschichte des Kalten Krieges bat er anschließend den Westen um humanitäre Hilfe für die betroffenen Gebiete. Und diese Hilfe kam, nicht zuletzt aus der Bundesrepublik Deutschland, Österreich und der Schweiz.

»Die Aserbaidschaner aber«, erzählte mir wiederum Wahram, »schickten uns einen Güterzug mit der Aufschrift: ›Herzlichen Glückwunsch zum Erdbeben‹!«

Kurz nach dem Beben fuhren Christa und ihre Kolleginnen in diesem Dezember 1988, bepackt mit Lebensmitteln und Decken, nach Leninakan. Sie wollten helfen.

»Da waren geborstene Wände«, erzählte Christa. »Überall lag Staub. Und es war eisig, so kalt. Eisenträger spießten regelrecht den Himmel auf. Und am Wegrand saßen die Alten, in Decken eingehüllt. Wie aus der Zeit gefallen. Das Fußballfeld stand voller Särge. Das war ein so grauenvoller Berg, alles nur Särge; und ich wusste ja: In jedem dieser Särge liegt ein Mensch. Ich zitterte die ganze Zeit. ›Auch du bist nicht sicher‹, sagte ich mir immer wieder.«

»Als das Erdbeben war«, erzählt mir Artusch auf meine Nachfrage hin, »haben wir gerade ferngesehen. Die Kinder waren noch klein. Hajk war vier Jahre alt und Martin zwei. Plötzlich schwankte das Haus hin und her. Es schwankte insgesamt. Die Wände schaukelten, aber es brach nichts zusammen. Und wissen Sie, warum nicht? Unser Haus ist aus Beton gebaut. Und die Decke besteht aus einem Betonmegalithen. Die Erde bebte mit einer Stärke von 6,9.«

»Aber in den Wänden gab es sicher Risse«, vermute ich in Anbetracht der Risse, die ich im Plattenbau Massiv Nummer Sieben bei Marina in Jerewan gesehen hatte.

»Nein, in unserem Haus hat es nicht einmal Risse gegeben.«

Schließlich frage ich Artusch auch, unabhängig vom Erdbeben, ob er nicht jemanden kennt, der mir sachkundig die Stadt zeigen könne. Sofort nennt mir Artusch einige Namen. Ich glaube, auch etwas von einem Direktor des Historischen Museums zu hören. Artusch meint, es sei kein Problem, mich mit diesen Leuten bekannt zu machen: »Für die nächsten zwei Tage bin ich aber erst einmal im Hotel Berlin. Dort arbeite ich.« Angegliedert, zunächst als Bettenhaus an eine Poliklinik, ist das »Berlin Art Hotel« als deutsches Hilfsprojekt nach dem Erdbeben entstanden. Dazu gehört ein großer Garten mit gepflegtem Rasen und einer Reihe von Birken.

Raissa beschäftigt mich. Sie lächelt fast ununterbrochen, aber nie lächeln ihre Augen.

»Bei uns ist es schwer«, klagt sie, sobald wir uns sehen. »Das Geld fehlt!«

Ich aber denke: Es gibt etwas, an dem sie schwer trägt. Das Geld scheint bei ihnen nicht wirklich zu fehlen: Schließlich ist das Haus groß, schön, sogar erdbebensicher und das Wohnzimmer eine Perle. Die Gästezimmer sind gut ausgelastet, derzeit mit Österreichern. Diese Österreicher sind keine Urlauber, sondern sind im Zuge der seit 1988 fortgesetzten Hilfe da. Aktuell bauen sie in Gjumri ein neues Invalidenheim auf.

Raissa hat mir ihr Meißner Porzellan gezeigt. Einen der Teller mit dem berühmten blau-weißen Zwiebelmuster hat sie zu diesem

Zweck extra aus der Vitrine genommen. Sie hat mir die gekreuzten Schwerter auf der Rückseite gezeigt und dazu gesagt: »Das war ein Hochzeitsgeschenk meines Vaters. Er war Unternehmer. In der kommunistischen Zeit durfte er seine Fabrik nicht weiterführen. Das hat ihn zerstört. Ich habe nur noch sein Bild!«

Raissa steht überraschend schwerfällig auf und zeigt mir an der hinteren Wand des Wintergartens das kolorierte Foto. Ich sehe einen kräftigen Mann, mit vollem dunklem Haar und breiten, schwarzen Brauen über den Augen. Er sieht müde aus.

Mit den Tagen, die ich bei Artusch und Raissa wohne, werden wir uns immer vertrauter. Und eines Tages erzählt mir Raissa die Geschichte ihrer Schwester: »Meine Schwester stand am Büfett im Pädagogischen Institut. Sie hatte gerade einen Kaffee bestellt, als das Erdbeben kam. Die Stühle waren dort alle aus Metall. Meine Schwester reagierte schnell, packte einen der Stühle und zerschlug damit das Fenster. ›Springt raus!‹, hat sie gerufen. Das Büfett befand sich in der 1. Etage. Und alle sind hinausgesprungen und haben sich gerettet. Auch meine Schwester. – Aber sie stand unter Schock. Sie hat nicht mehr gesprochen, mit keinem. Sie konnte es nicht. Später hat sie zwar wieder gesprochen, aber nicht darüber, was sie gesehen hat. Trotzdem schloss sie ihr Studium als Lehrerin ab, heiratete, bekam eine kleine Tochter und arbeitete hier in Gjumri an einer Schule. Nur gab es an dieser Schule mehrere Kinder, die Prothesen trugen. Das erinnerte meine Schwester wieder. Ein Kind in ihrer Klasse hatte den rechten Arm verloren. ›Ich kann diesen Anblick einfach nicht ertragen‹, sagte sie immer wieder. Einmal fuhr sie mit ihrer kleinen Tochter im Taxi. Es gab einen Frontalzusammenstoß. Meine Schwester war sofort tot. Nur die kleine Tochter hat überlebt.«

Ich möchte das Stadtzentrum sehen. Eine Fahrt mit der *marschrutka* kostet hier, genau wie in Jerewan, hundert Dram. Am Theaterplatz steige ich aus. Am Rand des Platzes sitzt ein junger Mann hinter fünf aufgereihten Tretautos. Momentan bleibt die Kundschaft aus.

»Wer sind diese Männer?«, frage ich und zeige auf die drei Denkmäler am Theaterplatz. Der Wärter der Tretautos erhebt sich und erklärt mir alles. Er spricht sehr schnell, zugleich ernst und feierlich. Allein den Namen Schiraz kann ich behalten.

Einerseits erinnert mich der Name Schiraz an den Namen der Provinz – Schirak. Andererseits sind mir bereits die Transparente über den Straßen aufgefallen – weiße Transparente mit dem Namenszug von Schiraz, mit seinem Bild und den Jahreszahlen 1915 – 2015.

Schiraz war ein armenischer Dichter. Kurz bevor er am 27. April 1915 in Alexandropol geboren wurde, war sein Vater umgekommen.

»Das alles geschah in der Zeit des Genozids«, erzählt mir der junge Mann. »Seine Geburt fiel genau in diese Zeit. Dadurch war Schiraz immer genauso alt, wie der Genozid her war. Jetzt werden das hundert Jahre.«

Ich gehe einige Schritte. Der Weg führt am Theaterplatz entlang, bis zu einem kleinen Park für Kinder, mit Schaukeln und Karussells. Eine alte, schwarz gekleidete Frau sitzt auf einer Bank jenseits des Weges und verkauft Sonnenblumenkerne. Vor ihr steht ein Aluminiumeimer, randvoll gefüllt mit schwarzen Kernen.

Ich bin schon fast an ihr vorbei, als ich sie sagen höre: »Ari!« Sie flüstert es fast. »Ari!« – Komm!

Kurz darauf sitze ich neben ihr und knacke Kerne. Wir schweigen. Sie schaut auf die Sonnenblumenkerne im Eimer und ich vor mich hin.

»Waren Sie auch in Gjumri«, frage ich schließlich, »als das Erdbeben war?«

»Ja«, antwortet sie. Obwohl ich den Eindruck habe, sie ist mit ihren Gedanken gar nicht hier, erzählt sie mir noch weiter: »Ich war in der Fabrik. Ich habe gearbeitet. Und jetzt ist mein Bein kaputt.« Sie zieht ihren Rock etwas hoch und zeigt mir das rechte Bein. Äußerlich ist nichts zu sehen. Einige Zeit sitzen wir so nebeneinander und schweigen, als hätten wir uns nichts mehr zu sagen. Schließlich schicke ich mich an, weiterzugehen, als eine Gruppe Halbwüchsiger an uns vorüberkommt. Die alte Frau wird unruhig. »Hauptsache«, sagt sie und schaut mich diesmal offen an, als wüsste ich vielleicht eine Lösung, »Hauptsache, dass der Frieden bleibt. Karabach. Wenn es da wieder Krieg gibt, müssen alle diese Jungs hier sterben.« Dabei nickt sie zu den Halbwüchsigen hinüber: »Sie *alle* müssen dann sterben!«

Der Freiheitsplatz ist der zentrale Punkt von Gjumri. Auf dem Weg dorthin begegne ich den Halbwüchsigen wieder. Einer der jungen Leute hält ein Pappschild vor sich. Ich kann nicht lesen, was darauf geschrieben steht. Es ist auf Armenisch. Hinter ihnen auf einer halbhohen Mauer liegen in einer Plastikkiste große Tüten mit Keksen und Konfekt. Die Fußgängerpromenade ist voller Leute. Zwei der Mädchen entdecken mich trotzdem. Sie kommen auf mich zu und sprechen mich auf Englisch an: »Sie können uns etwas geben!«, rufen sie. Sie wirken euphorisch. »Für unsere Soldaten! Geben Sie etwas Süßes! Oder geben Sie uns Geld! Ja?«

Der Freiheitsplatz ist ein großer, weiter Platz. Rundherum führt eine breite Straße und beiderseits des Platzes stehen Kirchen, dazu das Rathaus, ein altes Hotel und im Zentrum des Platzes – das Denkmal von Wardan Mamikonjan.

Im Jahr 428 wurden die Arsakiden, die herrschenden armenischen Könige, durch die persischen Sassaniden abgesetzt. Seitdem stand Persarmenien direkt unter persischer Verwaltung. Als der persische König Jazdegerd II. massiv versuchte, nun den Zoroastrismus als Staatsreligion in Armenien einzuführen, kam es im wichtigen Jahr 451 zum großen Aufstand der Armenier unter Wardan Mamikonjan. Sein armenisches Heer soll sechsundsechzigtausend Mann umfasst haben. Das Heer der Perser aber umfasste wohl dreimal so viel.

Die Perser gewannen die Schlacht bei Awarajr. Anschließend töteten sie Mamikonjan, und mit ihm acht seiner Generäle sowie eine Reihe armenischer Priester.

Doch damit war die Frage der Religion noch immer nicht entschieden. Denn in Armenien war zu diesem Zeitpunkt mit Gregor dem Erleuchter das Christentum die bereits verinnerlichte Religion des armenischen Volkes. Unter dem Neffen Wahan Mamikonjan hielt der Widerstand an. Erst im Jahr 484 kam es zum Kompromiss: Der persische König Peroz I. unterzeichnete den Vertrag von Nvarsak, worin den christlichen Armeniern Religionsfreiheit zugestanden wurde.

Ich erinnere mich an das Wardan-Mamikonjan-Denkmal im Zentrum von Jerewan. Als ich zum ersten Mal mit Wahram dort gewesen bin, meinte er: »Wichtig ist nicht, dass Wardan Mamikonjan die Schlacht verloren hat und getötet worden ist. Wichtig ist, dass er so energisch gekämpft hat.«

Der Heerführer, in plastischer Gestalt dreimal so groß wie jeder gewöhnliche Mensch, reitet auf der Stelle; sein riesiges Schwert hält er dabei hoch erhoben. Er reitet mit einer Wildheit dahin und mit solch einer Energie, dass kein einziger Huf seines Pferdes den Boden berührt.

Tag 4 Bezahlen

Unterwegs esse ich in einem kleinen armenischen Restaurant einen Teller mit *spas,* einer Joghurtsuppe mit Brot. Es ist eine kalte, wohlschmeckende Suppe. Beim Bezahlen gebe ich der Kellnerin hundertfünfzig Dram Trinkgeld, also etwa vierzig Cent. Von diesem Trinkgeld schiebt sie mir hundert Dram wortlos wieder zurück.

Ich laufe weiter stadtauswärts. Vom Zentrum braucht man etwa eine Stunde bis zum Haus von Raissa und Artusch. Als ich den Charles-Aznavour-Platz wieder erreiche, treffe ich ein älteres Paar. Vielleicht ist es ein Ehepaar, vielleicht sind es auch Geschwister. Mann und Frau sitzen auf weißen Plastikstühlen neben einer Kühltruhe. In der Truhe gibt es Eiscremes aller Art.

»Wohin müssen Sie?«, ruft der Mann und springt auf, kaum dass er mich gesehen hat. »Ich kann Ihnen helfen!«

Die Frau bleibt ruhig im Schatten sitzen.

»Danke, aber ich kenne den Weg.«

»Ich könnte Sie fahren. Hier steht mein Auto.«

»Ich laufe gern. Es ist nicht weit.«

»Woher kommen Sie? Und wo ist Ihr Mann?«

»Mein Mann ist in Deutschland, zu Hause.«

»Der Mann stört?«, fragt er unablässig weiter und lacht zweideutig dazu. »Ich könnte Sie wirklich fahren.«

»Ich weiß«, sage ich, schiebe die Kühltruhe auf, greife hinein und entscheide mich für ein Moskauer Eis, rechteckig, in der vertrauten weißen Verpackung. »Wie viel kostet es?«

»Hundert«, meldet sich jetzt zum ersten Mal die Frau, die weiterhin im Schatten sitzt. »Hundertfünfzig«, korrigiert sie der Mann.

Tag 5
Zeitreisen

»Natürlich«, meint Artusch, als müsse man ihn einfach kennen. »Dieser Mann konnte die Zukunft sehen. Adolf Hitler hat ihn eingeladen. Stalin hat ihn eingeladen. Beide wollten, dass er ihnen die Zukunft vorhersagt. Aber Gurdjiew kam nicht zu ihnen. Er ging weder zu Hitler noch zu Stalin, zu keinem von beiden!«

Georges Iwanowitsch Gurdjiew, kurz genannt: Gurdjiew, wurde in Alexandropol geboren. Die Angaben zu seinem Geburtsjahr wechseln, und das in einem Spielraum von 1864 bis zu 1877. Sein Vater war Grieche, die Mutter Armenierin. Das Grab des Vaters befindet sich auf dem Alten Friedhof von Gjumri.

Gurdjiew bezeichnete sich selbst als einen Wahrheitssucher. Im Laufe seines Lebens reiste er auf der Suche nach Wahrheit durch Zentralasien, kam bis zum Himalaja und machte in den 1920er-Jahren sogar in Berlin Station. Sein »Institut für die harmonische Entwicklung des Menschen«, das er 1919 zunächst in Tbilissi begründet hatte, eröffnete er schließlich in Frankreich neu, in der Nähe von Paris.

Die charismatische Person Gurdjiews besaß vor allem für Künstler und andere Wahrheitssucher hohe Anziehungskraft. Er war im wahrsten Sinne des Wortes ein Esoteriker, versuchte östliche und westliche Spiritualität zu verbinden und experimentierte ausgiebig. Dabei ging es ihm vor allem um die Erweiterung des Alltagsbewusstseins.

Bis heute ist seine Person umstritten. Interessant dürften aber beispielsweise seine Kompositionen sein, angelehnt an die ursprüngliche Musik des Kaukasus. Sein Buch »Begegnungen mit bemerkenswerten Menschen« habe ich im Gepäck. Mit Hilfe dieses Buches möchte ich in Gjumri auf Zeitreise gehen.

Im 19. Jahrhundert lebten im damaligen Alexandropol vor allem Russen, Griechen, Türken und Armenier, jeder im eigenen Viertel. Aber auch Minderheiten wie die Jesiden lebten hier.

Gurdjiews Familie lebte im griechischen Viertel. Als Halbwüchsiger hatte Gurdjiew mitten in der Stadt, unweit eines Pappelhains, wo die Kinder gern spielten, ein prägendes Erlebnis:

In der Mitte eines auf den Boden gezeichneten Kreises stand schluchzend einer der kleinen Buben und machte seltsame Bewegungen.

Die anderen standen in einiger Entfernung und lachten ihn aus.

Ich verstand nichts und fragte, was da vor sich gehe. Man sagte mir, der Knabe gehöre der Sekte der Jesiden an; man habe einen Kreis um ihn gezogen, und er könne so lange nicht aus dem Kreis heraus, wie dieser nicht weggewischt sei.

Das Kind versuchte tatsächlich mit aller Gewalt, diesen magischen Kreis zu verlassen, aber es kämpfte vergebens.

Ich lief zu ihm und wischte rasch einen Teil des Kreises weg. Sofort sprang der Junge heraus und rannte, so rasch er nur konnte, auf und davon.

Auch Gurdjiew lief sofort los. Das Gesehene hatte ihn aufgewühlt und er war voller Fragen: Wie hatte das zugehen können? Welches Phänomen lag diesem Vorgang zugrunde?

Er lief hinüber ins russische Viertel, wo sowohl seine Freunde wohnten als auch die, wie er es bezeichnete, »gesamte örtliche Intelligenzija«.

Zumeist waren es ältere Freunde. Und sie waren die Söhne von Beamten, Offizieren, Priestern. Gut möglich, dass einer von denen, ob nun der Väter oder der Söhne, die passende Erklärung hatte.

Vielleicht, dass die Jesiden nach einem Gelübde lebten, niemals einen geschlossenen Kreis zu verlassen?

Vielleicht war der Teufel mit im Spiel?

Oder vielleicht handelte es sich um ein spezielles magnetisches Phänomen?

Jeder vermutete etwas anderes.

Für diesen einen, von Gurdjiew beschriebenen Tag wurde die Sache dann auf ganz eigene Art beschlossen: Isakow, der Direktor einer hiesigen Wodkabrennerei, spendierte eine Runde Wodka für alle. Auch Gurdjiew trank und ließ die Frage für den Augenblick auf sich beruhen, bewegte sie später aber weiter; an sich sein Leben lang.

Einem dieser bemerkenswerten Menschen, die Gurdjiew im Laufe seines Lebens kennengelernt hatte, widmete er an erster Stelle im Buch ein ganzes Kapitel. Und das war sein Vater – Vater Iwan, genannt: Aschugh Adasch.

Gurdjiews Vater arbeitete als Tischler und verdiente damit sein Geld. Zugleich war er *aschugh*, wie ich es nenne: ein Dichtersänger, einer, der sang, der sich die Texte entweder merkte oder auch selbst entwickelte. Er war ein Troubadour.

Am Abend vor Sonn- und Feiertagen, an denen wir Kinder am nächsten Morgen nicht früh aufstehen mussten, erzählte mein Vater uns gewöhnlich eine Geschichte von den großen Völkern des Altertums und von be-

merkenswerten Menschen oder von Gott, der Natur oder geheimnisvollen Wundern; und immer schloss er mit einer Erzählung aus »Tausendundeiner Nacht«, von denen er so viele kannte, dass er sie sicherlich tausendundeine Nacht lang hätte erzählen können.

Andere, die von Berufs wegen als *aschugh* durch das Land zogen, sangen zu Hochzeiten, zu Wallfahrten oder einfach an langen Abenden. Die Lieder wurden begleitet auf der *saz,* einem Saiteninstrument. Die Aschughen sangen alte Legenden, religiöse, didaktische und auch Liebeslieder. Teilweise improvisierten sie.

Die Älteren des Fachs unterwiesen die Jüngeren. Berühmte armenische Aschughen waren Nahabed Kutschak und Sajat Nowa.

Die meisten Aschughen konnten weder lesen noch schreiben, verfügten allerdings über ein ausgezeichnetes Gedächtnis. Sie kannten viele Geschichten und improvisierten diese, sowohl beim Singen als auch beim Erzählen.

Zwischen den Bergen fanden, wie nicht zuletzt Gurdijew es in seinem Buch beschreibt, große Sängerwettstreite statt. Aschughen verschiedener Länder kamen zusammen – aus Persien, dem Kaukasus ... Ein kunstvoller Gesang und Wechselgesang hob an, wobei immer auch philosophische oder religiöse Fragen aufgeworfen wurden. Dieser Diskurs war Teil der großen Sängerwettstreite. Oft dauerten die Wettstreite mehrere Wochen.

Alles wurde in Versen gesungen, vornehmlich auf Turkotatarisch, das damals die gemeinsame Sprache der verschiedenen Völker dieser Gegend war, von denen jedes einen eigenen Dialekt hatte ...

In den Städten Alexandropol und Kars, wo meine Familie wohnte, wurde mein Vater oft zu abendlichen Veranstaltungen eingeladen, zu denen man eigens kam, um seine Geschichten und Lieder zu hören.

Gurdjiews Vaters liebte, so beschrieben in den Erinnerungen seines Sohnes, Diskussionen und Dialoge über geistliche, philosophische und historische Fragen. Selbst im Privaten dialogisierte Gurdjiews Vater weiter, vor allem mit seinem Freund, Vater Brosch, Erzbischof aus Kars. Die beiden hatten sogar, wie Gurdjiew annahm, ein eigenes Dialogverfahren entwickelt: Der eine stellte eine Frage, die zunächst durchaus fehl am Platz erscheinen konnte. Ruhig und besonnen hatte der andere darauf die Antwort zu geben:

»Wo ist Gott in diesem Augenblick?«

Mein Vater antwortete ganz ernst: »Gott ist gerade in Sarikamisch.«

Sarikamisch ist ein Waldgebiet an der Grenze zwischen dem alten Russland und der Türkei, das wegen seiner hohen Tannenbäume in ganz Transkaukasien und Kleinasien bekannt ist.

Darauf fragte der alte Priester: »Und was macht Gott dort?«

Mein Vater erwiderte, Gott stelle dort doppelte Leitern her, und an ihrer Spitze befestige er das Glück, damit einzelne Menschen und ganze Staaten auf ihnen hinauf- und herabsteigen könnten.

Auf diese Art, beim Blättern in Gurdjiews Buch der »Begegnungen mit bemerkenswerten Menschen«, könnte ich jetzt durchaus noch länger durch das Gjumri vergangener Zeiten reisen. Zugleich aber fehlt mir der wirkliche, der innere Kontakt – der Draht zur *heutigen* Stadt. Noch bin ich hier nichts weiter als eine Touristin, noch bin ich, trotz des Quartiers, nicht wirklich angekommen, geschweige denn aufgenommen.

Die Tage vergehen und Artusch scheint den Direktor des Historischen Museums völlig vergessen zu haben.

»Besuchen Sie uns in Benjamin!«, hatte Professor Andreas Furtwängler mir wiederum im Mai nach seinem Vortrag an der Uni Halle vorgeschlagen. Ich weiß: Sowohl er als auch sein junger Kollege Henry Tschörch sind bereits in der Stadt. Trotzdem gibt es bisher zwischen uns weiter nichts als einen vagen E-Mail-Kontakt. Mein Schlüssel zu Gjumri muss noch ganz woanders liegen.

Ich packe also Gurdjiews Buch in die Tasche und fahre auf gut Glück erneut ins Zentrum. Es ist Nachmittag gegen fünfzehn Uhr. Und es ist immer noch heiß. Diesmal nehme ich ein Taxi. Die Fahrt kostet sechshundert Dram, etwas mehr als einen Euro.

Der Taxifahrer ist ein junger, fröhlicher Mann. Rasch sind wir miteinander im Gespräch.

»Fahren Sie gern Taxi?«, frage ich.

»Ja, sogar sehr gern«, antwortet er. »Aber nun muss ich abwarten, was Putin, Sargsjan und Alijew in Sotschi besprechen. Vielleicht fahre ich nächste Woche dann schon kein Taxi mehr, sondern bin im Krieg.«

Direkt am Freiheitsplatz beginnt das russisch-klassizistische Stadtviertel. Die historischen Bauten aus schwarzem Tuff reihen sich aneinander und hinter den hohen Mauern liegen Gärten und Höfe. Dazwischen steht auch immer mal wieder eine Fassade frei oder eine Ruine, nach dem Erdbeben mit Gras und jungen Bäumen bewachsen. Optisch fällt auf, dass dieses nördliche Viertel ein dunkles Viertel ist. Ausgenommen von dieser »Dunkelheit« ist allein ein Haus. Und genau vor dieses bin ich inzwischen fast traumwandlerisch geraten: Das Haus ist gebaut aus rotem Tuffstein, frisch restauriert, und ich brauche nur einen Augenblick, bis ich den Namenszug an der Außenmauer wiedererkenne: Schiraz.

Als ich in das Seitengebäude eintrete, ist es angenehm kühl. Meine Augen müssen sich erst an das Dunkel gewöhnen, bis ich in einem alten Wohnzimmerschrank, der dort steht, hinter verglasten Türen Tongefäße erkennen kann – Schalen, Krüge und Tassen. Aus der Tiefe kommen Stimmen. Ich bemerke jetzt auch die Treppe, die hinunterführt, und steige in ein großes Tonnengewölbe hinab.

Im Zentrum dieses Gewölbes sitzt, hinter einem breiten Arbeitstisch, eine schöne, schlanke, für eine Armenierin ungewöhnlich große Frau. Sie trägt ihr dunkles Haar voluminös toupiert, die Augen sind schwarz umrandet, die Lippen rot nachgezogen.

Ich grüße und frage sie in meiner Überraschung unverblümt: »Sind Sie Italienerin?« Daraufhin lächelt die Dame geheimnisvoll, nickt nicht, schüttelt aber auch nicht den Kopf, sondern fädelt weiter seelenruhig eine türkisfarbene Perle nach der anderen auf. Die Perlen sind aus Ton gebrannt, koloriert und lackiert. Weitere Ketten und Armbänder liegen, wie für eine kleine Ausstellung arrangiert, vor ihr auf dem Tisch.

»Wir arbeiten traditionell«, sagt die Italienerin und verweist mich weiter an einen untersetzten, hageren Mann in Jeans und kariertem Hemd. Er, ein Töpfer, hantiert am Brennofen, der wiederum im hinteren Bereich des Gewölbes steht.

Was in diesem Moment noch nicht zu wissen ist: Er, der Töpfer, Wagarschak Asatrjan, wird mein Schlüssel zu Stepan Ter-Magarjan werden; und Stepan wiederum wird der Schlüssel zu Hamik sein, also zu Hamazasp Chatschatrjan; und Hamik wird schließlich der Schlüssel zu Professor Furtwängler, zu Henry, und dann auch zu Larisa. Larisa Jeganjan wiederum kennt Stepan. Und so schließt sich dann der Kreis.

Noch aber ist dieser Kreis nicht einmal zu erahnen. Ich betrachte das dunkle Mauerwerk des Gewölbes. Der Töpfer verfolgt meinen Blick: »Tuffstein ist ein ausgezeichneter Isolator«, erklärt er. »Im Sommer kühlt der Stein und im Winter hält er die Wärme. – Wie können wir Ihnen helfen, Madame?«

»Gibt es in Gjumri«, frage ich und ziehe das Buch von den »bemerkenswerten Menschen« aus der Tasche, »eigentlich ein Gurdjiew-Museum?«

Neugierig blickt die Italienerin auf: »Ein Gurdjiew-Museum? Wer möchte so ein Museum besuchen?«

Der Töpfer aber, der sich nach wie vor zwischen Brennofen und Arbeitstisch bewegt, meint: »Gurdjiew war der zweitgrößte armenische Mystiker.«

»Und wer war der größte?«, möchte ich wissen.

»Narekatsi!«, ist seine Antwort.

Entschlossen rückt der Töpfer jetzt einen der Stühle am Arbeitstisch der Italienerin zurecht: »Bitte, setzen Sie sich!« Und schon kurz darauf trinken wir Kaffee, essen Weintrauben und reden miteinander. Unsere Themen wechseln. Wir machen uns miteinander bekannt. Und ich komme schließlich auch auf die deutschen und armenischen Archäologen zu sprechen, das Dorf Benjamin, in dessen Nähe sie graben, auf eine Grubenkapelle, die wiederum in der Nähe dieser Grabungsstelle sein soll, sowie auf eine Wahrsagerin, die wohl zur Grubenkapelle mit dazugehört. Von alledem weiß ich seit dieser Vorlesung des deutschen Archäologieprofessors.

»Scharlatanerie!«, erhebt die Italienerin sofort Einspruch. Ich schaue sie, ob ihrer Heftigkeit, erstaunt an. »Eine Wahrsagerin will diese Frau sein? Das ist Scharlatanerie!«, setzt sie unbeirrt und überzeugt fort: »Oder was ist das sonst? Mit einer guten Intuition kann jeder wissen, was kommt. Leider haben wir die Kraft unserer Gedanken vergessen und verloren. Deshalb geht es uns heute auch so schlecht.«

»Meinen Sie damit die Armenier?«

»Nein, ich meine uns Menschen überhaupt – auf diesem Planeten.«

Ich verstehe nicht richtig, was sie damit sagen möchte. Die Italienerin antwortet mit einer kleinen Geschichte: »Meine Mutter war eine einfache Frau und eine exzellente Köchin. Wenn sie gekocht hat, hat sie gesungen, immer ein ganz bestimmtes Lied. Manchmal hatte sie keine Zeit zum Singen. Natürlich wurde das Essen trotzdem fertig, aber – ohne das Lied hat es einfach nicht geschmeckt.«

Die Italienerin hat, wie sie sagt, in Moskau Kunstgeschichte studiert und arbeite heute als Psychotherapeutin. In der Freizeit, so wie jetzt, sitzt sie hier, in der Stadt ihrer Kindheit, und fädelt Perlen auf. »Es sieht schön aus, nicht wahr?«, sagt sie, hält mir die halbfertige Kette entgegen und meint: »Das Einzelne geht im Gesamten auf ...«

»In Europa«, beginnt daraufhin der Töpfer zu philosophieren, »vergessen die Menschen ihre Wurzeln. Ich kann für mich sagen: Ich bin ein Armenier und – ich bin Töpfer. Meine Vorfahren, vor viertausend Jahren, sind genauso Armenier gewesen. Und sie haben getöpfert, genauso wie ich heute. Ich weiß, wohin ich gehöre. Für mich ist es wichtig, das zu wissen. Ich töpfere noch in der alten Tradition – Tassen, Becher, Schalen. Haben Sie unsere Tongefäße gesehen, oben in der Vitrine?«

Am Ende frage ich die beiden, ob nicht sie vielleicht jemanden kennen, der mir die Stadt zeigen kann.

»Ja«, antwortet der Töpfer sofort, als habe er die ganze Zeit nur auf diese Frage gewartet. »Ich habe einen Freund. Soll ich ihn anrufen?« Schon zieht er sein Mobiltelefon aus der Hosentasche.

Seine große Eile macht mich misstrauisch und ich füge der Sicherheit halber noch hinzu: »Er müsste aber ein ehrlicher Mensch sein.«

Der Töpfer sieht mir jetzt direkt in die Augen, antwortet langsam und betont dabei jedes einzelne Wort: »Stepan Ter-Margarjan ist ein sehr, sehr, sehr ehrlicher Mensch. Morgen zehn Uhr?«

Als ich anschließend wieder ins Tageslicht trete, fühle ich mich in der Stadt deutlich weniger fremd. Ich habe Lust, noch ein wenig spazieren zu gehen. Am Freiheitsplatz entdecke ich für mich das Alte Hotel. Das Alte Hotel befindet sich, halb verdeckt durch hochgewachsene Nadelbäume, genau gegenüber dem neu erbauten Rathaus.

Wie fast alle Häuser im russischen Viertel ist auch das Alte Hotel aus dunklem Tuff gebaut. Zwar ist das Hotel nicht in Betrieb; ebenerdig aber gibt es eine bescheidene Gastronomie. Eine zierliche, nicht mehr ganz junge Kellnerin steht vor einem der weiß gedeckten Tische, spricht jeden an, der vorüberkommt, sieht mich, zögert kurz, fragt mich dann aber auch: »Cola, Fanta, Wodka?«

Ich habe nichts gegen einen *surtsch,* müsste aber zuvor auf die Toilette. Die Kellnerin schickt mich zur Chefin. Die Chefin, eine stattliche, grauhaarige Grande Dame, sitzt direkt hinter der gläsernen Eingangstür des Hotels, hinter einem großen Tisch. Vor ihr steht eine Geldkassette.

»Gibt es hier eine Toilette?«

»Bei uns wird renoviert.«

»Schade«, sage ich, schaue die Chefin an und warte auf eine Lösung. Schließlich ist das hier ein Restaurant! Und wirklich fügt die Chefin jetzt noch hinzu: »Gehen Sie hinauf in die zweite Etage.«

Ich steige die breite Marmortreppe hinauf; nach deutscher Zählung gehe ich hinauf bis in die zweite Etage, die nach armenischer Zählung aber bereits die dritte Etage ist. Zwar ist das Hotel außer Betrieb, grundsätzlich aber intakt, wenn auch ohne Teppiche, Türen, Mobiliar. Ich laufe über die Flure und schaue in jede der Nischen, immer in Erwartung einer Toilette. Als ich auf dieser Etage nicht fündig werde, steige ich hinab zu der darunter befindlichen. Nach russischer oder auch armenischer Zählung ist das nun in jedem Fall die zweite Etage. Die Böden in den einzelnen Räumen sind mit Schotter aufgefüllt. Allmählich kommt mir so ein Gedanke. Und hätte ich etwas Unangenehmes gerochen, wäre ich mir sicher gewesen. Auch hier ist nichts, was mich weiterbringt. Was soll es?, meine ich schließlich.

Mittlerweile sitzt die Chefin nicht mehr allein in der Hotelhalle: Zwei Frauen sind dazugekommen und packen ihr Essen aus: Neben drei kleinen Tomaten, einem Stück Schafskäse und *lawasch* gibt es auch eine Gurke und sogar ein mittelgroßes Plastikbehältnis mit Kartoffelpüree.

»Setzen Sie sich!«, weist mich die Chefin an. »Essen Sie! Woher kommen Sie? Sie sehen elegant aus! Ich habe einen Sohn. Haben Sie einen Mann?«

Zwei Tage später haben Henry und ich es endlich geschafft, uns erstmals auf eine Tasse Kaffee im Zentrum von Gjumri zu verabreden. Bei dieser Gelegenheit führe ich den Archäologen geradewegs zum Töpfer ins Schiraz-Kellergewölbe und mache die beiden miteinander bekannt. Der Töpfer schaut sich den jungen Deutschen aufmerksam an. Henry ist dunkelhaarig, braunäugig, sonnenverbrannt und sieht eher südländisch aus.

Nun beginnt der Töpfer das Gespräch: »Was habt ihr schon gefunden?«

Mühsam aktiviert Henry sein Russisch: »Gräber. Mit Schmuck, mit Waffen, mit Keramik.«

»Das interessiert mich«, setzt der Töpfer ungewöhnlich lebhaft fort. Er hat schon die Hände in die Hüften gestemmt: »Diese Keramik ist aus welchem Jahrhundert?«

»Zweites Jahrtausend«, sagt Henry.

»Vor oder nach Christus?«

»Vor Christus.«

»Ich bin Töpfer«, beschließt der Mann den Dialog, bedeutungsvoll wie in einer kleinen Inszenierung. »Und das, was ihr gefunden habt, das ist *meine* Keramik.«

Tag 6 Geben

Stepan sieht mit Mitte sechzig schon aus wie ein alter Weiser – bärtig, weißhaarig, dazu dieser wissende Blick. Alle Energie konzentriert er womöglich unter seiner hohen Stirn. Raum wäre da genug. Jedenfalls muss ich zugeben: Das nun ist ganz offensichtlich »ein sehr, sehr, sehr ehrlicher Mensch«!

»Wie lange haben Sie Zeit?«, frage ich.

»Alle Zeit der Welt«, antwortet Stepan und lächelt nicht. Erst später erfahre ich, dass seine Frau gestorben ist. Die beiden Söhne wohnen mit ihren Familien in Jerewan, und die Geschichte Gjumris gehört mit zu seinem Leben.

Kaum verlassen wir das Schiraz-Museum und treten hinaus in das Russische Viertel, werden wir zum Blickpunkt. Eine Frau kommt vorüber und streckt dabei ihre Hand aus. Mit einer nächsten wechselt Stepan einige Worte. So wie er alle Zeit der Welt hat, kennt ihn offensichtlich auch alle Welt. Stepan hat einen Plan: »Erstens Stadtzentrum, zweitens Museum und drittens Kloster Marmaschen. Einverstanden?«

Die Straßen im Russischen Viertel sind sorgsam gepflastert, sodass sie im Gegenlicht als gebrochene Spiegel erscheinen. Die meisten der historischen Bürgerhäuser stammen aus dem 19. und Anfang des 20. Jahrhunderts. Abgesehen von den einzelnen Ruinen dazwischen, konnten vor allem die ein- oder zweistöckigen Häuser dieses Viertels dem Erdbeben grundsätzlich standhalten. Stepan redet schnell, zugleich bleibt seine Stimme verhalten. Ich verstehe nicht alles. Durch den Klang seiner Stimme aber sehe ich die Stadt neu.

Der russische Nationaldichter Alexander Puschkin erreichte im Jahr 1829 eines Nachts Gjumri. In dieser Phase seines Lebens durfte er zwar in Moskau und Sankt Petersburg leben. Aber jedes seiner Werke wurde durch den Zaren zensiert und jeder seiner Schritte misstrauisch kontrolliert. Mitten in den Turbulenzen nach dem Russisch-Türkischen Krieg gelang es ihm, sich auf eigene Faust auf die Reise nach Erzurum zu begeben. Unterwegs machte er in Gjumri Station und schrieb später in seiner »Reise nach Arsrum«:

Ich zog die Riemen meiner Burka zu, stülpte die Kapuze über die Mütze und empfahl mich der Vorhersehung.

Ich lese weiter:

Der Kosak ritt voran und zeigte den Weg. Wir begannen bergan zu steigen.

Und schließlich kommt Puschkin ans vorläufige Ziel:

Endlich erreichte ich gegen Mitternacht Gumry. Der Kosak brachte mich geradewegs zur Station. Wir hielten vor dem Zelt, und ich beeilte mich, hineinzugehen. Hier fand ich zwölf Kosaken, die nebeneinander schliefen. Man wies mir einen Platz an …

Mich überrascht beim Lesen, dass Puschkin von Gjumri aus den Ararat gesehen haben will. Das ist unmöglich, schließt in besagter Erzählung allerdings nahtlos an:

Am klaren Himmel schimmerte weiß ein zweiköpfiger Schneeberg. »Was ist das für ein Berg?«, fragte ich, mich reckend, und vernahm die Antwort: »Das ist der Ararat!« – Wie stark ist doch die Wirkung gewisser Laute! Gierig betrachtete ich den biblischen Berg, sah die Arche, die an seinem Gipfel landete in der Hoffnung der Erneuerung und des Lebens – und den Raben und die Tauben, die hinausfliegen, Symbole der Strafe und der Versöhnung …

Entweder hat Puschkin den näher gelegenen Aragats gemeint, der mit über viertausend Metern heute der höchste Berg Armeniens ist, oder sich eine künstlerische Freiheit erlaubt. Anders kann ich es mir nicht erklären. Ich prüfe sogar noch, ob der Text meiner Puschkin-Ausgabe gekürzt worden ist. Nichts! Zugleich versichert mir Larisa später, dass Puschkin den Ararat gesehen hat: »Aber natürlich nicht von Gjumri aus. Denn das ist unmöglich!«

Auch in Gjumri sind Kirchen zentrale Lebenspunkte. Zwei dieser Kirchen können hier, wie ich meine, gut auch zwei Seiten ein- und derselben Medaille sein. Die Muttergotteskirche – wie auch die Erlöserkirche – wurde in russischer Zeit erbaut. Beide stehen am Freiheitsplatz, die eine nördlich und die andere südlich davon.

Wir betreten die Muttergotteskirche. Diese Kirche ist immer offen und aktiv gewesen, auch zu Sowjetzeiten. Das großzügige Hallenschiff ist vom Erdbeben, bis auf die Zerstörung von zwei kleineren Kuppeln, weitgehend verschont geblieben. Die Muttergotteskirche ist Sitz der Diözese der Provinz Schirak.

Auf der anderen Seite des Freiheitsplatzes steht vor der armenisch-apostolischen Erlöserkirche ein hoher Baukran. Ganz bewusst wurde die Erlöserkirche einst genau zwischen die armenisch-katholische sowie die griechisch-orthodoxe Kirche gesetzt, um den armenisch-apostolischen Glauben in der Stadt zu behaupten. Zu Sowjetzeiten diente die Kirche als Museum und Konzerthalle. Während des Erdbebens 1988 wurde sie schwer zerstört.

Immer wieder sind im Stadtzentrum Informationstafeln für Touristen zu finden – in Russisch, Englisch, Französisch, Spanisch sowie in Braille, in der Blindenschrift.

»Warten Sie bitte einen Moment!«, sagt Stepan vor dem Rathaus. »Ich bin Pensionär. Aber ich arbeite weiter – als Historiker. Hier im Rathaus ist mein Arbeitsplatz. Ich möchte etwas hinterlegen. Es dauert nur einen Moment.« Sein Blick fällt dabei auf das neue, aus hellem Stein erbaute Gebäude, das eher wie das zweiflügelige Schloss eines Neureichen aussieht als das Rathaus einer Stadt. Zum ersten Mal so etwas wie genervt, meint Stepan: »Sieht das nicht hässlich aus?« Und schon verschwindet er, dabei abwinkend, im Gebäude.

Ich setze mich auf eine Bank, schaue zum Wardan-Mamikonjan-Denkmal hinüber und sehe dahinter das Alte Hotel. Direkt vor mir blühen in den Grünanlagen rote, gelbe und weiße Rosen. Und die Bäume stehen in rosa Blüten. Ich stutze. Es ist Mitte August! Aber es hat schon seine Ordnung, denn es sind, wie ich bei genauerem Hinsehen bemerke, künstliche Bäume mit gläsernen Blüten.

Eine alte Dame kommt vorüber. Sie sieht mich sitzen, bleibt stehen und betrachtet mich. Ihr Haar ist genauso weiß wie meines. Sie schaut mich lange an, unverwandt, bis ich lächle. Auf Russisch fragt sie mich nun: »Sprechen Sie Deutsch?« Als ich nicke, fragt sie, weiterhin auf Russisch: »Aber was machst du hier, Schwester?«

Eine Antwort wartet sie nicht ab.

Das »Museum für Volksarchitektur und Stadtleben« war, erbaut im 19. Jahrhundert, ursprünglich das Wohnhaus einer reichen Familie, könnte aber genauso gut eine zweigeschossige Schule gewesen sein.

Das also ist Stepan!, begreife ich endlich. Direktor des Historischen Museums, Artuschs Freund. Von ihm hat er immer gesprochen!

Noch stehen wir auf dem Fußweg vor dem Gebäude. Ein Mann kommt auf mich zu und streckt mir seine Hand nach oben offen entgegen. Sofort schiebt sich Stepan wie zufällig dazwischen und lenkt dabei meinen Blick auf das gestalterische Spiel zwischen rotem und schwarzem Tuffstein in der Fassade de Hauses, auf den großen Holzbalkon mit dem kunstvollen Schnitzwerk, den Garten und nicht zuletzt den Innenhof. Der Mann ist in der Zwischenzeit weitergegangen.

Im Innenhof befindet sich auch der Eingang zum Museum. Kaum betritt der einstige Direktor den Raum, schauen die beiden Angestellten hinter Kasse und Verkaufsvitrine auf.

Eine junge, adrett gekleidete Frau führt mich schon Momente später zügig durch die Ausstellung – zwischen altem Mobiliar, historischer Kleidung und Handwerksgeräten hindurch. Ein altes Wappen von Alexandropol hat es mir besonders angetan. Wie hypnotisiert bleibe ich davor stehen. Mir scheint, es birgt ein Rätsel: Da gibt es eine Leiter, die das christliche Kreuz und einen gedrehten Halbmond trennt und zugleich verbindet. Die Linie darüber bilden der Ararat, die Wellen des Schwarzen Meeres sowie der Heilige Georg. Es heißt, wie meine junge Museumsführerin mir erklärt, diese Leiter sei das Symbol für den Aufstieg, die Entwicklung und den Wohlstand – sowohl von Gjumri als auch der gesamten Provinz. Christliches Kreuz und gedrehter Halbmond bedeuten, wie sie mir weiterhin erläutert, dass die Bevölkerung vor allem aus Christen besteht, die aus dem Osmanischen Reich gekommen sind.

Stepan wartet vor dem Museum. Er raucht. Neben ihm steht jetzt ein junger, breitschultriger Mann. Auf mich wirkt dieser Kerl wie ein Halbstarker, erst recht in seinem ärmellosen, eng anliegenden roten T-Shirt. Im Handumdrehen aber stellt sich heraus: Er ist weder »Kerl« noch »Halbstarker«, sondern ein äußerst freundlicher, energiegeladener Mensch und zugleich für die Tour zum Kloster Marmaschen unser Taxifahrer.

Stepan setzt sich zu ihm nach vorn, ich sitze hinten. Unterwegs, zunächst zur Schwarzen Festung, erzählt Stepan von seinem persönlichen Zukunftsprojekt. Sämtliche Kriegsgräber der Region möchte er erfassen, dazu die Namen der Gefallenen, ganz gleich welcher Nation sie angehörten. Dafür durchforstet er einen Friedhof nach dem anderen, wälzt Akten und listet auf.

»Hier in Gjumri liegen«, wie er weiß, »auf dem ›Hügel der Ehre‹ auch mehr als dreihundert deutsche Kriegsgefangene. Die meisten von ihnen waren Offiziere.«

Alexandropol gehörte zum Russischen Reich. Dadurch wurde die Stadt zu einem wichtigen Vorposten für die russischen Streitkräfte. Immer wieder gab es kriegerische Auseinandersetzungen, insbesondere mit dem Osmanischen Reich. Unmittelbar nach dem Russisch-Türkischen Krieg 1828–1829 wurde deshalb auf einem Hügel außerhalb von Gjumri die Schwarze Festung erbaut, Sew Berd. Im Falle der Belagerung wären in diesem monumentalen Rundbau bis zu fünfzehntausend Soldaten und Offiziere untergekommen.

Die Statue der Mutter Armeniens, errichtet nach dem Zweiten Weltkrieg, steht gleich auf dem Nachbarhügel und schaut, ein riesiges Schwert in der Hand, auf die Stadt hinunter.

Der Taxifahrer fährt gut und lenkt sicher. Kaum sitzen wir wieder in seinem Wagen, übernimmt er das Wort: »Warum sind Sie nach Armenien gekommen? Sind Sie Touristin? Warum sind Sie allein unterwegs? Haben Sie Familie? Glauben Sie an Gott?«

Inzwischen befinden wir uns auf direktem Weg zum Kloster. Auf freiem Feld bemerke ich linker Hand der H32 die geisterhafte Siedlung halbfertiger Plattenbauten.

»Das ist noch von den Sowjets«, erklärt der Fahrer. »Die Sowjetunion zerfiel. Und sofort wurde auch die Erdbebenhilfe aus Moskau gestoppt. Es gab kein weiteres Material. Die Arbeiter wurden abgezogen. *Konjez*. Schluss. Ende!«

Im Historischen Museum habe ich eine Broschüre in englischer Sprache gekauft: »Guide Book Shirak«. Während der Fahrt blättere ich darin. Mein Blick wandert in kurzen Abständen zwischen den vertrockneten Gräsern der Landschaft, die hinter dem Fenster draußen vorüberzieht, und den Fotos in der Broschüre hin und her. Dabei stoße ich auch auf ein Bild mit geheimnisvollen Megalithen, die in drei langen Reihen in der Nähe eines Dorfes mit Namen Hartaschen stehen sollen.

Gerade fragt mich der Taxifahrer: »Kennen Sie die Geschichte mit den drei Augen? Nein?« Um dann zu offenbaren: »Ich kann es Ihnen sagen: Es gibt immer drei Augen. Und alle diese Augen schauen auf uns. Das erste ist das Auge Gottes, das zweite ist unser inneres Auge und das dritte sind die Augen der anderen. So sieht mich Gott, so sehe ich mich und so sehen mich die anderen; und jedes Auge sieht mich anders.«

Wir nähern uns der türkischen Grenze, biegen aber kurz vorher von der Hauptstraße ab, zum Kloster Marmaschen. Vor uns im Tal eröffnet sich eine Oase mit Wiesen und Bäumen. Mittendrin steht, aus rotem Gestein gebaut, das Kloster.

Die Straße, die der Fahrer hinunterfährt, ist gleichermaßen staubig wie steinig. Das eine Schlagloch umrundet er geschickt, durch das nächste lenkt er den Wagen sanft hindurch. »So etwas gibt es nicht in Deutschland, richtig?«, meint er. »Ich weiß es, denn ich bin schon in Deutschland gewesen. Ich war auch schon in England und in Holland. Ja, ich bin schon viel gereist. Aber so gut geht es nicht jedem Armenier.«

Unten im Tal kommen wir an einer vielköpfigen Familie vorbei. Einige der Männer, Frauen und Kinder spielen auf der Wiese Ball. Andere sitzen unter den halbhohen Bäumen beim Picknick zusammen.

Kloster Marmaschen gehörte ursprünglich zum armenischen Königshaus der Bagratiden. Es besteht aus einem unteren und einem oberen Teil, mit insgesamt vier Kirchen. Eine der Kirchen ist restauriert, die drei anderen verfallen mehr oder weniger.

»Kommen Sie!«, winkt Stepan mir zu. Wir steigen durch hohes Gras, kommen an Grabsteinen und an einer Reihe von *chatschkaren* vorbei.

Armenien ist für seine Tradition der Kreuzsteine bekannt. *Chatschkare* sind Gedächtnissteine mit einem Reliefkreuz in der Mitte. Es gibt viele *chatschkare,* die sehr kunstvoll gearbeitet sind, mit geometrischen Mustern, mit Früchten, Vögeln oder auch Blumen. *Chatschkare* gelten als Sinnbild für Erlösung und Kreuzigung und sind vor allem an Kirchen, Klöstern, heiligen Quellen oder anderen Orten zu finden, an Orten, wo erinnert werden soll. Auf der Halbinsel Noratus am Sewansee gibt es mit neunhundert *chatschkaren* die größte Sammlung in ganz Armenien.

Noch immer folge ich Stepan über das Klostergelände. An der Rückseite der restaurierten Hauptkirche bleibt er plötzlich stehen.

»Sehen Sie?«, fragt er mich hier. Und ich betrachte aufmerksam, wie in einem Wimmelbuch, die Rückseite des Gebäudes. Mein Blick geht immer wieder über die Arbeiten der Steinmetze. Ein kunstvolles Geflecht aus steinernen Bändern umrahmt die Fenster. Irgendwo hier dürfte des Rätsels Lösung sein.

»Sehen Sie?«, fragt Stepan schon zum zweiten Mal. Aber ich sehe noch nicht und suche weiter. Und endlich entdecke ich, was er gemeint haben muss: Swastika und Kreuze verbinden sich und bilden, einander abwechselnd, den Rahmen. Stepan registriert jede meiner Reaktionen, lächelt jetzt fein, bevor er versichert: »Das sind sehr alte Zeichen.« Ich nicke und lese später im Buch über die armenischen Felszeichnungen nach:

Der Sonnengott der Armenier hieß Ar. Von der Wurzel Ar ist auch der Name des Volkes und des Landes abgeleitet: Armenier, Armenien, Urartu, Ararat, Aratta ... Die Sonne wurde in den Felszeichnungen mit verschiedenen Symbolen dargestellt, denn Gott hat verschiedene Gesichter. Es wurde einmal als Rad/Scheibe, umgeben von Strahlen (Sonnenrad), oder Kreuz, Malteserkreuz, Malteserkreuz in einem Ring (hier zeigt das Malteserkreuz die vier Himmelsrichtungen), Spirale (Sinnbild der Unsterblichkeit) oder Swastika (die manchmal zwei oder drei Arme hat) abgebildet. Sie alle bedeuten Leben, Bewegung, Unendlichkeit und Unsterblichkeit.

»Der Sonnengott«, sagt Stepan, »hat in Armenien verschiedene Bezeichnungen: Mihr oder Mithra. *Arew* ist die Sonne.«

Als wir über das Gelände des Klosters schlendern, stellt sich heraus, dass Stepans eigentliches Fach die Archäologie ist. Über viele Jahre war er Ausgrabungsleiter in der Provinz Schirak.

»Deutsche Bekannte von mir sind auch Archäologen«, sage ich. »Sie sind gerade hier. Kennen Sie vielleicht ein archäologisches Museum? Es befindet sich in der Nähe des Hotels Berlin.«

Stepan horcht auf: »Hamiks Museum?«

Ich kenne keinen Hamik.

Aber Stepan bleibt hartnäckig: »Wie heißen Ihre Freunde?«

»Henry«, sage ich. »Und Professor Furtwängler.«

Sofort greift Stepan nach seinem Mobiltelefon, erreicht jemanden, telefoniert, schaut mich beim Telefonieren immer wieder an und reicht mir schließlich den Apparat.

»Hamik hier«, meldet sich ein mir bis dahin unbekannter Mann, um mir energisch mitzuteilen: »Morgen zwölf Uhr im Museum. Wir werden alle da sein; und die Deutschen kommen auch!«

Mit Marmaschen ist Stepans Tagesplan abgearbeitet: »Was interessiert Sie noch?«

Ich frage ihn nach Gurdjiew. Stepan überlegt einen Moment, bevor er sagt: »Einmal habe ich ein Buch über diesen Mann gelesen, auf Russisch. Und dieses Buch habe ich dann sehr weit weggelegt. Entschuldigen Sie bitte, aber in der Nähe dieses Mannes sind einfach zu viele Menschen gestorben.«

»Wissen Sie vielleicht dennoch, wo das Grab seines Vaters ist?« Kaum hat Stepan genickt, frage ich weiter: »Gurdjiews Vater war ein *aschugh*. Haben Sie noch Zeit, dieses Grab mit mir zu besuchen?«

»Wie gesagt«, erinnert mich Stepan und legt dabei seinen Kopf leicht schräg: »Ich habe alle Zeit der Welt.«

Drei Stunden später – zwischendurch werde ich noch mit Samuel bekannt gemacht – treffen wir uns, zurückgekehrt nach Gjumri, am Alten Friedhof.

Stepan trägt um den Hals eine schwarze Fotokamera. Er möchte bei dieser Gelegenheit noch weitere Gräber von Gefallenen finden.

Das Areal des Friedhofs ist weitläufig. Ein leichter Wind weht über die Steine. Wir steigen durch hohes, vertrocknetes Gras. Einzelne Steine sind aufgestellt, andere liegen. Je weiter wir in den hinteren Bereich des Friedhofs kommen, umso älter werden die Grabsteine. Die ältesten sehen schon aus wie steinerne Särge. Auf einem dieser Steinsärge zeigt mir Stepan eine eingemeißelte Kutsche mit zwei Pferden: »Der Verstorbene ist ein Kutscher gewesen. Verstehen Sie?«

Die Grabstelle des Aschugh Adasch ist mit einem hellblauen schmiedeeisernen Gitter eingezäunt. Die Platte liegt flach auf der Erde. Darauf stehen in kyrillischer Schrift geschrieben: »Iwan Gurdjiew 1834 – 1917« sowie ein Gedicht, das ich mir wie folgt übersetze:

Ich – das bist Du
Du – das bin Ich
Er – ist unser
Über uns – ist seins
Also lassen Sie uns alles sein – für unseren Nächsten

Am Ausgang des Friedhofs gibt es eine Wasserstelle, die ständig fließt. Darunter wäscht sich Stepan gründlich seine Hände und erklärt mir in seiner ernsthaften Art: »Sie müssen sich Ihre Hände dreimal waschen. Wer vom Friedhof kommt, macht das so. Das ist die Tradition.«

Stepan spritzt das Wasser von den Händen weg. Denn man dürfe sich auch nicht abtrocknen. Sagt er.

»Auf dem Friedhof geschieht alles dreimal«, führt Stepan weiter für mich aus. »Zum Begräbnis kommen immer viele Menschen. Die Menschen geben für das Begräbnis, die Feier, das Grab und den Stein hohe Summen aus, auch wenn sie wenig Geld haben. Ich verstehe das nicht. Aber es ist so. Beim Begräbnis wirfst du dreimal Erde auf den Sarg. Vierzig Tage später trifft sich die Familie noch einmal am Grab – zur Seelenmesse, zum Abschied. Das entspricht dem Ritus unserer Armenisch-Apostolischen Kirche.«

Die christliche Kirche glaubt, dass der Tod nicht das Ende des Lebens ist, sondern nur eine Unterbrechung. Christus hat mit seinem Tod den Tod besiegt und durch ihn wird die Macht des Todes auch für seine Anhänger gebrochen. Das irdische Leben wird als eine Vorbereitung auf dieses ewige Leben betrachtet.

Es ist Abend geworden. Stepan schlägt vor, zum Abschluss des gemeinsamen Tages im Alten Hotel noch ein Bier zu trinken, speziell ein Bier der Alexandropol-Brauerei. Wir sitzen am Freiheitsplatz und das Bier schmeckt. Unser Ton ist fast schon familiär geworden, als Stepan mich fragt: »Darf ich offen sein?«

»Natürlich.«

»Ich verstehe die Deutschen nicht: Wie können sie so viele Moslems in ihr Land lassen? Der Islam ist ein völlig anderer Glaube. Eines Tages kann das sehr gefährlich werden. Verstehen Sie?« Wir schauen uns an. »In dieser Region hatten wir sehr viele Kriege. Und dann im Jahr 1915 den Genozid. Übrigens ist damals auch der Vater von Gurdjiew verwundet worden und an den Folgen gestorben.«

Die Grande Dame des Alten Hotels geht von Tisch zu Tisch. Freundlich begrüßt sie auch uns als ihre Gäste.

»Kennen Sie das?«, frage ich Stepan, ziehe das »Guide Book Shirak« aus meiner Tasche, schlage es auf und reiche es ihm. Stepan wirft nur einen kurzen Blick auf die Fotografie mit der mysteriösen Megalithenreihe und meint: »Diese Steine gibt es gar nicht. Das ist eine Erfindung, für die Touristen.«

»Das hier ist ein Foto.«

»Das Foto ist nicht echt.«

Vielleicht ist mein Russisch nicht so gut? Ich frage Stepan noch einmal. Seine Antwort bleibt dieselbe.

Das Bier neigt sich wie unsere gemeinsame Zeit. Und vor unserem Abschied frage ich Stepan Ter-Magarjan endlich, ob ich ihm nicht auch etwas bezahlen sollte, für den Stadtrundgang. Alles andere hatte ich, entsprechend seinen klaren Anweisungen, bereits im Laufe des Tages bezahlt: sowohl Eintritt und Führung im Museum als auch die Fahrt mit dem Taxi.

Aber wie es mit ihm selbst zu handhaben ist, hat er zu keinem Zeitpunkt erwähnt.

Stepan schaut mich offen an, bevor er schlicht antwortet: »Natürlich dürfen Sie mir etwas bezahlen. Oder«, setzt er nach kleiner Pause hinzu, »Sie bedanken sich einfach. Beides ist für mich völlig in Ordnung.«

Tag 7 Lieben

Wir sind auf dem Rückweg vom Kloster Marmaschen, als der Taxifahrer zu mir sagt: »Wenn Sie über uns schreiben, sollten Sie aber auch über die Armut in Armenien schreiben. Schreiben Sie über Samuel! Er ist ein Kollege. Samuel hat sieben Kinder. Und alle wohnen zusammen in einem Raum. Ich rufe ihn an, ja?«

Am Freiheitsplatz erwartet mich Samuel. Er steht neben einem aprikosenfarbenen Taxi, ist Mitte vierzig, wirkt abgehärmt und sieht vor allem traurig aus. Mir kommt der Gedanke, dass seine großen Augen vielleicht extra deshalb so groß sind, damit diese Traurigkeit auch vollständig mit hineinpasst.

Samuel ist nicht sein eigener Chef. Was er verdient, muss er abrechnen. Dafür bekommt er pro Tag eine Pauschale von zweitausend armenischen Dram, umgerechnet um die 3,70 Euro.

Zuerst setzen wir uns ins Taxi und reden. Samuel, der sehr gut Russisch spricht, kommt sofort zur Sache. Er schildert die Situation, ohne zu klagen: »Ich bin verheiratet. Wir haben sieben Kinder. Unser Ältester ist zweiundzwanzig Jahre alt und unser jüngstes Kind ist zehn. Es sind vier Mädchen und drei Jungs. Der Älteste ist schon aus dem Haus. Und zwei der Mädchen wohnen in einem österreichischen Kinderheim, hier in Gjumri. Der Platz zu Hause reicht nicht für alle. Für die Kinder bekommen wir vom Staat zweiundvierzigtausend Dram. Davon müssen wir auch Energie und Wasser bezahlen.«

Da von dem Geld für die Kinder Energie und mittlerweile auch das Wasser zu bezahlen sind, wie Samuel sagt, gehe ich davon aus, dass dieses Geld für die Kinder monatlich kommt. In der Enge des überhitzten Taxis vergesse ich, noch einmal genauer nachzufragen.

Später frage ich Marina. Durch ihre Antwort wird mir das Prinzip aber keineswegs klarer: »Für jedes Kind gibt es pro Monat achtzehntausend Dram, das sind ungefähr dreiunddreißig Euro, bis das Kind zwei Jahre alt ist«, erzählt Marina. »Aber diese dreiunddreißig Euro gibt es nur für ein Kind, dessen Mutter arbeitet. Als Maria geboren wurde, habe ich als Korrektorin bei der Sportzeitung gearbeitet und ich bekam das Geld. Als Arthur geboren wurde, war die Zeitung schon geschlossen und ich bekam nichts mehr. Es ist ein dummes Prinzip. Einmalig gibt der Staat aber noch fünfzigtausend Dram für die Geburt eines Kindes dazu.«

»Was ist Ihr größter Wunsch?«, interviewe ich Samuel weiter. Er schaut mich verwundert an, bevor er antwortet: »Mein größter Wunsch ist, dass wir als Familie zusammenleben können, alle unter einem Dach. Mehr möchte ich nicht.«

»Ich habe gehört: Wer zu Sowjetzeiten zehn Jahre in ein und demselben Betrieb gearbeitet hatte, bekam eine Eigentumswohnung.«

Samuel bestätigt das: »Aber in den 1980er-Jahren habe ich noch gedient, bei der Sowjetarmee. Ich war in Deutschland stationiert, in Merseburg. Merseburg ist nur eine Stunde von Leipzig entfernt. Sie wohnen in Leipzig? In Merseburg habe ich in einem Chemiekombinat gearbeitet. Anschließend kamen das Erdbeben und die Perestroika …«

Plötzlich bricht er seine Ausführungen ab und meint: »Ich denke, es ist besser, Sie sehen das alles mit eigenen Augen. Wir können zu uns nach Hause fahren. Wollen Sie es sehen?«

Wir fahren stadtauswärts, vorbei an den Betonträgern ehemaliger Industrieanlagen, an weiteren Industrieruinen sowie an neu gebauten Wohnhäusern aus rotem Tuff. Am Charles-Aznavour-Platz biegen wir ab. Und je weiter wir uns vom Charles-Aznavour-Platz entfernen, umso enger werden die Straßen und umso niedriger die Häuser. Schließlich parken wir vor Samuels Haus. Auf den ersten Blick sieht das Haus eher wie ein Schuppen aus. Auf den zweiten Blick sehe ich, dass es an sich solide gebaut ist, aus Stein, nur eben außen nicht verputzt. Das Dach ist mit rostigen Blechen gedeckt.

Samuels Frau wirkt mädchenhaft und dem Anschein nach gerade mal wie dreißig. Ich kann kaum glauben, dass sie sieben Kinder zur Welt gebracht haben soll.

Einen Flur gibt es nicht. Wir betreten das Haus durch die Küche. In der Küche stehen neben Herd und Küchenschränken auch ein Bett und ein Tisch: »Hier wohnt mein Vater«, erklärt Samuel und führt mich weiter in den eigentlichen Wohnraum der Familie.

Das Zimmer ist quadratisch und dabei hoch genug, damit auch Samuel aufrecht gehen kann. Entlang der rußgeschwärzten Wände stehen sechs Betten aufgereiht, daneben ein großer Kleiderschrank und vorn am Eingang Fernseher und Esstisch. Der Fernseher läuft. Im Fernsehbild sind lachende Kinder zu sehen. Auf ihre Wangen haben sie kleine Flaggen in den armenischen Farben gemalt – aprikosenfarbig-blau-rot.

Ich schaue mich um. An der Wand gibt es zwar keine Tapete, dafür aber ein Papierbild von Jesus Christus. Daneben hängt, sogar in goldenem Rahmen, das Porträt einer schwarzhaarigen, jungen Frau mit einer roten Rose in der Hand. Samuels Frau bemerkt meinen Blick und lächelt, bevor sie in die Küche geht, um uns einen Kaffee zu machen. Alles ist sauber und geordnet.

In dem Bett in der Ecke bewegt sich jemand murrend unter der Decke.

»Wir stören«, stelle ich fest und bitte flüsternd um Entschuldigung.

»Nein, wir sind das so gewöhnt. Setzen Sie sich!«

Samuel rückt einen Stuhl für mich zurecht. Er selbst setzt sich auf den Hocker neben dem Fernseher. Von der Küche her ist zu hören, dass seine Frau etwas aufschneidet. Gleich darauf bringt sie einen großen Teller mit aufgehäuften Melonenstücken herein: »Greifen Sie zu!«

»Ja, greifen Sie zu!«, bittet auch Samuel. »Fühlen Sie sich wie zu Hause!«

Eine von Samuels Töchtern kommt aus der Schule. Ein Stuhl ist bei uns am Tisch noch frei. Die Zehnjährige aber setzt sich auf eines der Betten.

Beim Umschauen habe ich nirgends einen Heizkörper entdeckt: »Und wie machen Sie es im Winter?«

Samuel zeigt auf ein Loch über sich, oben in der Wand: »Sehen Sie? Dort hindurch geht im Winter das Ofenrohr. Wir stellen den Ofen immer direkt neben den Fernseher.«

Ein alter Mann betritt den Raum, gestützt auf einen Stock.

»Das ist mein Vater«, sagt Samuel und wirkt dabei ein wenig aufgeregt. Die Falten im Gesicht des Vaters sind überraschend tief, wie Furchen. Ich kann meinen Blick nicht von diesen Furchen lösen. Zugleich geht mir, in Anbetracht der Tiefe dieser Falten, die

Idee einer Landkarte nicht mehr aus dem Kopf, Landkarte des Lebens.

Mit weißem Hemd und hellgrauer Hose wirkt Samuels Vater sonntäglich gekleidet.

»Schauen Sie sich diese Frau an«, sagt der Vater, kaum dass er sich auf den letzten freien Stuhl am Tisch gesetzt hat. Er weist auf Samuels Frau. Den Stock hält er aufgestellt vor sich. »Sieben Kinder hat sie zur Welt gebracht. In der Sowjetunion hätte sie dafür einen Orden bekommen. Sie ist eine Heldin. Oder etwa nicht? Jahrelang arbeitet sie hier wie in einem Kindergarten.«

Die Frau verschränkt die Arme und wendet ihren Blick verschämt zur Seite.

»Kennen Sie Anna Seghers?«, fragt Samuels Vater mich. »Mögen Sie Heinrich Heine? Und«, fragt er auch noch: »Lieben Sie Hitler?«

Samuels Vater ist Bauarbeiter gewesen. Immer hat er gelesen. Sein Bett in der Küche wird durch Bretter von der Wand abgesetzt. Die Bretter selbst sind mit einem Teppich verhüllt. Dadurch, dass es ein länglicher Teppich ist, passt er genau in die Ecke. Es ist die Darstellung eines Waldstückes mit Birken und auch mit den Stümpfen von Birken, mit einem Bach und einer Blumenwiese. Das Schönste in dieser Landschaft sind aber zweifellos die Fasane. Während der eine dieser beiden eleganten Vögel sich hinter einem der Bäume versteckt, kommt der andere ohne Scheu direkt auf den Betrachter zu.

Oberhalb des Teppichs hängt, mit großem Freiraum rundum und in goldenem Rahmen, das Bild eines jungen, bärtigen Priesters – ein Bild des großen Komitas.

Vielleicht, denke ich, ist Ter Komitas, Vater Komitas, Priester und Komponist, in seiner Bedeutung für die armenische Nation vergleichbar mit Johann Sebastian Bach für uns.

Geboren im Osmanischen Reich, gilt Komitas als der Begründer der modernen klassischen Musik Armeniens. Nicht zuletzt durch seine Studien in Frankreich und Deutschland besaß er großen internationalen Ruf. Das rettete ihn 1915 letztlich vor dem Todesmarsch, zumindest körperlich. Denn seelisch war er schon verloren. Allein das, was er bis zum Zeitpunkt seiner Rettung erlebt hatte, vermochte seine Seele nicht zu verkraften. Komitas wurde außer Landes gebracht und starb 1935 in einer Nervenheilanstalt in der Nähe von Paris.

Das Jerewaner Konservatorium ist nach ihm benannt – »Komitas«. Der Platz vor dem Konservatorium steht voller Platanen. Und im Zentrum dieses Wäldchens befindet sich das Komitas-Denkmal: Auf einer kreisrunden, flachen Plattform wächst das steinerne Gezweig eines Baumes. Und ein schlanker, bärtiger Priester sitzt auf einem der stärksten Äste. Er sitzt wie in einem Sessel, die Hände auf die Knie gelegt. Er sitzt leicht zurückgelehnt. Mit gesammeltem Blick schaut er vor sich auf die Erde. Es ist, als würde er dort jemanden liegen sehen.

Vor dem Bett des Vaters steht ein gewöhnlicher Holztisch. Der Tisch ist freigeräumt, bis auf ein Buch. Dieses Buch liegt aufgeschlagen. Betrete ich noch einmal das Historische Museum? Dabei ist diese Szene aus dem heutigen Gjumri völlig real; das ist weder Zeitreise noch Inszenierung.

Ich nehme das Buch vom Tisch und beginne darin zu blättern. Es ist auf Armenisch geschrieben und ich kann nichts erkennen.

»Aber es ist ein französischer Schriftsteller«, sagt Samuels Vater, der neben mich getreten ist, den Stock zur Sicherheit immer mit dabei. In diesem Moment entdecke ich den Titel, geschrieben in kyrillischer Schrift: »Wie ein Mensch lebt«.

Später bringt mich Samuel mit dem Taxi nach Hause. Am Schluss versuche ich, ihm das Vierfache einer gewöhnlichen Taxifahrt zu bezahlen, umgerechnet um die 3,70 Euro, sein tägliches Einkommen. Ich glaube genau zu wissen, dass er mehr als das ohnehin nicht annehmen würde. Und auch bei diesem bescheidenen Betrag füge ich – Christas Worte noch im Ohr, nie Geld zu verschenken – rasch noch hinzu: »Das ist für Ihre Kinder!«

In Samuels großen Augen hat immerzu so eine Trauer gelegen. Jetzt aber, allein durch mein Angebot, wird daraus tiefes Leid. Fast verzweifelt wiederholt er immer wieder: »Nein, das geht nicht! Sie sind mein Gast gewesen. Das geht wirklich nicht.«

»Gut«, versuche ich es andersherum, »aber das hier ist ein Taxi. Wie kann ich Taxi fahren, ohne Sie zu bezahlen? Auch das geht wirklich nicht!«

Ergeben nimmt Samuel jetzt wenigstens die Hälfte des ursprünglichen Betrages an. Ich bitte ihn um seine Telefonnummer und seine Adresse. Später versuche ich, ihn anzurufen, um ein Taxi zu bestellen. Aber es ist immer besetzt.

Tag 8 Erfüllen

Ich sitze am kleinen, runden Tisch im Gästezimmer bei Raissa und Artusch und blättere auf die ersten Seiten meines Notizheftes zurück. Durch den Freund eines Freundes hatte ich von Professor Andreas Furtwänglers Vortrag an der Uni Halle erfahren. Thema waren archäologische Ausgrabungen in Armenien. Das Landesamt für Denkmalpflege und Archäologie Sachsen-Anhalt kooperiert mit der Nationalen Akademie der Wissenschaften der Republik Armenien. Das war im Mai dieses Jahres gewesen.

Die Zimmertür zu Raissas Garten hin steht weit offen. Das helle Licht der Sonne fällt auf das Fensterbrett. Mein Notizheft ist ein Schulheft, A5, kleinkariert, beginnt mit diesen Vorlesungsmitschriften und setzt sich inzwischen mit den täglichen Reisenotizen fort. Vielleicht sind auch das Perlen einer Kette oder bildhafte Zeichen in einem orientalischen Teppich?

Bis elf Uhr habe ich Zeit. Spätestens dann muss ich los, um rechtzeitig in Hamiks Museum zu sein. Es ist still im ganzen Haus. Raissa ist bei einer Nachbarin. Auch Artusch ist nicht da. Und die österreichischen Helfer sind schon seit dem frühen Morgen im Invalidenheim.

Professor Furtwängler schien, bei diesem Vortrag vor einem halben Jahr, nicht nur über lang vergangene Zeiten zu referieren, sondern denselben auch selbst entstiegen zu sein: Weißhaarig, bärtig, in hellem Anzug, dazu höchst unterhaltsam, agierte er vorn am Pult des historisch anmutenden Hörsaals der Martin-Luther-Universität Halle-Wittenberg. Er wirkte eher wie ein Abenteurer denn wie ein Wissenschaftler.

Bei diesem Vortrag lernte ich auch Henry Tschörch kennen. Henry war – und ist – mindestens dreißig Jahre jünger als der Professor und ebenfalls Archäologe.

Das Neueste in diesem Hörsaal war zweifellos der Beamer, mit dem Bilder der kargen, nordarmenischen Berglandschaften an die weiße Wand projiziert wurden. Ich versuche, meine damaligen Notizen mit eigenen Worten zusammenzufassen:

»Nahe dem Kleinen Kaukasus ist das Dorf Benjamin bei Gjumri auf der Schirak-Hochebene gelegen, in etwa 1500 Metern Höhe. Nächster Berg ist der Aragats – 4095 Meter hoch, höchster Berg in Armenien, schneebedeckt, und ruhender Vulkan. Tektonisch ist die Landschaft hochaktiv. Die letzten beiden schweren Erdbeben ereigneten sich 1926 und 1988.«

Alles Folgende sind erst einmal nur Stichwörter: »zyklopische Festungen«, »antike Talsperre«, »Satrapen« ... Diese Begriffe wirken auf mich wie Vokabeln aus einer fremden Sprache. Zudem fehlen mir Zusammenhänge. Langsam lese ich mich ein und lese auch noch einmal auf der Internetseite des Landesamtes Sachsen-Anhalt nach.

Bei den Ausgrabungen geht es vor allem um die Mittlere Bronzezeit 1600 bis 1300 vor Christus. Zu diesem Zeitpunkt lebten hier die Menschen vorwiegend als Nomaden. Erst in der Späten Bronzezeit 1300 bis 800 vor Christus wurden, als Rückzugsort bei Überfällen, zyklopische Festungen gebaut. Zyklopische Festungen bestehen aus dicken Mauern, gesetzt aus unbehauenen Steinen.

Später, im Königreich Urartu, kommt es in der Schirakebene zu schweren kriegerischen Auseinandersetzungen. In der Folge wird die Gegend weitestgehend entvölkert – jedenfalls zunächst.

Von Satrapen ist also die Rede, von persischen Statthaltern, die den einzelnen Provinzen vorgestanden haben und in Palastanlagen lebten.

In meinen Aufzeichnungen finde ich auch Henrys Satz wieder, den er in Halle so ganz nebenher gesagt hatte: »Und überhaupt wäre es das Schlimmste, wir suchen und finden nichts.«

Dabei fanden die armenischen und deutschen Archäologen bei den bisherigen Grabungen zumindest schon mal die Überreste von Grubenhäusern, die nach den Auffassungen der Wissenschaftler so um die dreitausend Jahre alt sein dürften. Der Einstieg in diese Häuser erfolgte über eine kleine Öffnung im Dach. Nach demselben Prinzip funktionierte auch ein ausgegrabenes Getreidesilo.

Im Jahr 370 vor Christus zog der griechische Historiker, Politiker, Feldherr und Schriftsteller Xenophon mit seinen Kriegern zwar weiter südlich durch das Land, aber durch eine Gegend mit ähnlichen Lebensumständen. In der »Anabasis« schreibt er dazu:

Die Wohnungen waren unterirdisch, der Eingang gleich einem Brunnenschacht, unten waren sie aber geräumig. Die Eingänge für die Zugtiere waren abgegraben, die Menschen aber stiegen auf Leitern hinunter.

»Das entspricht völlig dem Klima«, meinte auch der Professor und führte in diesem Zusammenhang aus, dass es im Winter in der Region sehr kalt werden könne, bis zu minus vierzig Grad, und im Sommer sehr heiß – bis zu plus vierzig Grad.

Als zentraler Punkt kristallisierte sich für mich bei Furtwänglers Vortrag dann diese mysteriöse Grubenkapelle heraus. Die Kapelle ist wohl nur drei bis fünf Kilometer von der Grabungsstelle Benjamin entfernt und damit fußläufig gut zu erreichen. Der Professor erwähnte darüber hinaus auch eine Wahrsagerin. »Unterirdisch!«, hatte ich mir vielsagend notiert, mit Ausrufezeichen. Vielleicht hätte ich mir besser den genauen Namen des Ortes notieren sollen.

Den Abbildungen nach ist die Grubenkapelle ein großer quadratischer Raum, der sich als eine Art Zimmer unter der Erde offenbart. Eine der vier Wände ist von unten bis oben mit Heiligenbildern dekoriert. Von der Decke her tritt durch eine quadratische Einstiegsluke Licht in den Raum. In der hinteren Ecke steht ein Bett; daneben befinden sich ein Holzofen sowie ein Tisch mit Wachstuchdecke.

Ich vermute, dass die Frau, die als Wahrsagerin gilt, hier auch wohnt. Auf dem Foto, das Furtwängler zeigte, befanden sich auf der einen Seite des Raums drei Frauen, auf der anderen Seite ein Junge und ein Mann. Das Gesicht der korpulenten Dame, die direkt am Tisch mit der Wachstuchdecke sitzt, liegt durch die Lichtverhältnisse im Schatten. Ich nehme an, dass gerade sie die Wahrsagerin ist.

Schließt nicht der christliche Glaube, in Armenien tief verwurzelt, das Wahrsagen eigentlich aus?

Über ihrem Bett hängt, auf dem armenischen Wandteppich, ein großes Kruzifix. Der Professor erzählt, dass sogar aus Jerewan »sehr gebildete Leute« extra hierher zu ihr kommen würden, um sich von ihr die Zukunft vorhersagen zu lassen. Genaueres wisse der Professor nicht. Und überhaupt sei das nicht sein Fach: »Sicher ist das alles sehr interessant. Ich selbst aber habe zu diesen Dingen keinerlei Bezug. Ich halte mich besser an Fakten.«

Im Abschlussteil seines Vortrags kam der Professor noch auf einige der Grabstätten zu sprechen, die bisher im Ausgrabungsgebiet gefunden worden waren. Das heißt, konkret auf Platten-, Kammer- oder auch – benannt nach der spezifischen Form des Grabes – Sockengräber.

»Den Toten«, führte er dabei aus, »wurde nicht immer die beste Keramik mitgegeben. Oft war diese Keramik alt oder kaputt. Das heißt, nicht einmal das Alter des Grabes ist damit zu bestimmen.« Professor Furtwängler beendete seinen Vortrag dann mit jeder Menge Fragen: »Lebte hier ein Völkergemisch? Perser, Armenier ... Wer aber noch? Werden wir es je herausfinden? Kaum!«

Nach dem Vortrag kamen wir kurz miteinander ins Gespräch. Und kaum hatte ich Professor Furtwängler gegenüber meine diesjährigen Reiseabsichten nach Armenien erwähnt, lud er mich schon ein: »Besuchen Sie uns doch!«

»Und wie finde ich Sie in Benjamin?«

»Gehen Sie in Gjumri einfach zum Hotel Berlin«, empfahl er, »und fragen Sie dort nach dem Museum. Also, wenn man das überhaupt ein Museum nennen kann.«

Die Grabungen in der Nähe des Dorfes Benjamin bei Gjumri sind Teil einer komplexen wissenschaftlichen Kooperation: Ganz in der Nähe von Benjamin gibt es noch den Grabungsplatz Azatan. Weitere Projekte befinden sich im Südwesten des Landes, an den Ufern des Sewansees oder an den Grenzen zu Aserbaidschan. Auch das Felsbildareal Sjunik gehört mit dazu.

Beim Blättern im Notizbuch ist die Zeit verflogen. Problemlos bin ich dennoch um kurz vor zwölf Uhr am »Berlin Art Hotel«. Ich betrete das Hotel, fühle mich zwischen den Grafiken und Aquarellen, die hier an den Wänden hängen, sofort wie in einer Galerie und Artusch läuft mir geradewegs in die Arme. Wo hier das Museum ist? Ohne zu zögern verlässt Artusch seinen Posten an der Rezeption, kommt mit nach draußen auf die Straße und zeigt mir den Weg. Drei Querstraßen muss ich weiter, zu Hamiks Museum.

Die hohen Türen des Museums stehen zwar offen, das Museum als solches ist jedoch nicht geöffnet. Tatsächlich ist es, zumindest momentan, eher ein archäologisches Lager, Arbeitsstützpunkt und Versammlungsort in einem. Gleich im ersten Raum rechter Hand stehen drei Schreibtische, auf denen tönerne Scherben liegen, die Einzelteile einer Halskette neben Zeichnungen von Tongefäßen. Dagegen sind die Räume linker Hand voller Regale mit Fundstücken.

Stepan ist offensichtlich die bestmögliche Verbindung hierher gewesen. Denn Hamazasp Chatschatrjan, mit dem Kosenamen Hamik, begrüßt mich verbindlich, lässt sofort einen armenischen Kaffee bringen und reicht mir, was ich in diesem ersten Moment noch nicht zu schätzen weiß, persönlich die Schachtel mit dem Konfekt. »Setzen Sie sich«, sagt er. »Die Deutschen sind noch nicht da. Aber sie werden schon noch kommen.«

Im Raum sind außer Hamik noch zwei weitere Männer und eine Frau. Die drei gehen an besagten Schreibtischen in aller Ruhe ihrer Arbeit nach und Hamik dreht seine Runden.

Der erste Schreibtisch ist abgedeckt mit einer stabilen Plastikfolie. Hier sitzt ein weißhaariger, älterer Herr mit hochrotem Gesicht, Lewon Petrosjan. Ich stutze bei dem Namen. Hieß der erste Präsident der Republik Armenien, nach der Perestroika, nicht auch Lewon Petrosjan und ist nicht auch er Historiker? Später wird sich aufklären: Der ehemalige armenische Präsident Lewon Ter-Petrosjan ist Historiker, dieser Petrosjan hier aber ein Archäologe.

Schweigend sortiert Lewon Keramikscherben. Aus einem archäologischen Schutthaufen, der rechts von ihm liegt, nimmt er ein Stück in die Hand und sortiert es nach links hinüber. Er schaut kaum hin und sortiert dennoch sicher. Einige größere schwarze Tonscherben liegen bereits extra.

Als Hamik auf einer seiner Runden bei Lewon vorbeikommt, nimmt er zwei dieser schwarzen Scherben und setzt sie spielerisch zusammen. Sie passen auf Anhieb. Hamik greift nach dem Pinsel und bepinselt die Bruchstelle mit Leim. Anschließend presst er beide Stücke zusammen. Die zusammengesetzten Teile legt er zum Trocknen zurück auf die Folie und schon dreht er die nächste Runde.

Hamiks Alter ist schwer zu schätzen. Er ist dynamisch und resolut. Den Kaffee, den ihm Larisa gemacht hat, trinkt er nebenher im Stehen. Er ist hier ganz klar der Chef.

Ich sitze und schaue. Auf der runden Wanduhr bleibt es immer fünf vor zwölf. Tatsächlich geht es inzwischen auf eins. Die armenischen Archäologen arbeiten ununterbrochen, obwohl: Es sieht nicht nach Arbeit aus. Jede Bewegung wirkt wie nebenher. Dazu wird geplaudert, gescherzt und gelacht. Und Larisa Jeganjan, die gerade die Einzelteile einer Kette anzuordnen versucht, lächelt vor sich hin. Es wirkt fast meditativ, wie sie die weiße Muschel, dazu aprikosenfarbene Glassteine und hellblau gefärbte röhrenförmige Segmente hin und her bewegt und dabei verschiedene Anordnungen ausprobiert. Wie hatte die Italienerin doch gesagt: »Das Einzelne geht im Gesamten auf ...«

Auch Larisas Alter vermag ich kaum einzuschätzen. Sie trägt ein buntes Sommerkleid und dürfte über fünfzig sein. Zugleich wirkt jede ihrer Bewegungen regelrecht mädchenhaft, überhaupt ihre Ausstrahlung. Dieser Widerspruch fasziniert mich. Das lange, schwarze Haar trägt Larisa im Nacken geknotet, dazu silberne Ohrgehänge mit dunkelgrünen Steinen.

Als sie bemerkt, dass ich sie betrachte, lächelt sie kurz auf und verweist mich sofort weiter auf die einzelnen Teile, die auf ihrem Tisch liegen: »Eine Grabbeigabe! Muscheln, Keramik und Karneol.«

»Und Glas!«, ergänze ich.

»Nein, das ist kein Glas«, sagt Larisa und nimmt den orangefarbenen Stein in die Hand, »Karneol ist ein Edelstein.«

»Gleich kommen die Deutschen!«, kündigt mir Hamik lachend zum x-ten Male an. Fast ist er schon aus der Tür, da dreht er sich noch einmal um, greift nach der nächsten Keramikscherbe und fügt sie bei den beiden bereits verbundenen passend ein. Langsam baut sich die zerbrochene Schüssel wieder auf.

Der Vierte im Bunde malt. Armen Shaparonjan trägt eine Brille, ist drahtig und wirkt eher wie ein Mathematiklehrer. Akkurat zeichnet er mit einem Fineliner Scherben. An sich zeichnet er, was Hamik gegenständlich macht. Die gefundenen Scherben werden in durchgängiger Linie gezeichnet, die fehlenden Teile in gepunkteter Linie ergänzt. Dabei ist das Dekor nicht zu vergessen. Hier dreht sich eine Spirale neben der nächsten und dort umzieht das gesamte Gefäß eine gleichmäßige Wellenlinie.

Auf Armens Schreibtisch stapeln sich zwischen Radiergummi, Zeichendreieck und Taschenrechner die weißen Blätter für die Dokumentation. Daneben liegt eine Kamera.

»Diese Wellenlinie ist Symbol für das Wasser«, erklärt mir Larisa. »Und Armen ist ein großartiger Fotograf. Er dokumentiert nicht nur, Armen ist ein Künstler.«

Inzwischen hat sie das letzte Einzelteil ihrer Kette aufgefädelt. Ihre Hände liegen flach auf dem Tisch, dazwischen liegt die Kette. Larisa schaut eine ganze Zeit auf diese Halskette. Dann sagt sie zu mir: »Komm!«, steht dabei selbst schon auf, nimmt mich bei der Hand und führt mich hinüber in den Raum mit den Fundstücken.

Wir gehen zwischen den Regalen hindurch. Wir schauen uns um. Larisa überlegt, was für mich interessant sein könnte. Sie zeigt mir große Gefäße aus roh gebranntem Ton und erzählt von den alten Bestattungskulten.

»Es wurde ganz verschieden bestattet«, sagt sie. »Als Leiche in einem Tontopf und auf einem Steinfeld, oder in einem Sarg aus Ton, oder in einem Sarg aus Holz. Oder die Leiche wurde verbrannt und dann in ein irdenes oder auch hölzernes Gefäß gefüllt. Noch vor der Leichenstarre wurden die Toten in eine Hockstellung gebracht. Wie ein Embryo! So waren sie vorbereitet für die Wiedergeburt!«

Als wir weitergehen, wechselt Larisa das Thema: »Zuerst wollte ich Schauspielerin werden«, erzählt sie und lacht. »Oder Regisseurin! Meine Eltern waren damit nicht einverstanden. Also studierte ich in Jerewan Philologie. Anschließend arbeitete ich am Museum in Gjumri.«

»Kennst du Stepan?«

»Du kennst Stepan? Das war mein Chef! Wir sind sehr gute Freunde. Durch ihn kam ich überhaupt erst zu den archäologischen Ausgrabungen. Er gab mir diese Möglichkeit.«

Hamik taucht, schon in vertrauter Art, kurz neben uns auf und verschwindet wieder. Wie wir dann in Anbetracht der archäologischen Scherben darauf gekommen sind, weiß ich nicht mehr zu sagen. Aber plötzlich sprechen wir von armenischen Kindern, die während der schrecklichen Massaker von 1915 in nichtarmenische Familien gekommen sind, freiwillig wie unfreiwillig, und die auf diese Art überleben konnten.

Immer mehr Menschen der dritten Generation erfahren, dass sie zwar beispielsweise in der Türkei leben, einen türkischen Namen tragen, aber armenische Wurzeln haben. Jede Geschichte ist anders. Ich denke an das Buch »Meine Großmutter« von Fethiye Çetin.

Wir kommen zu den Schränken mit den Textilien – Blusen, Kleidern, Hemden. Larisa legt mir einen Metallgürtel mit feinsten Ziselierarbeiten in die Hände. Er wiegt mindestens vier Kilogramm. Ich nehme an, solche Gürtel wären sowieso nur für Männer gedacht gewesen. Larisa schüttelt den Kopf.

Wir können schon die Stimmen der anderen hören. »Die Deutschen« sind angekommen. In diesem Moment fällt mein Blick auf ein Plakat an der Wand. Die mysteriösen dreifachen Megalithenreihen begegnen mir hier wieder. Es ist ein großes Foto.

»Was ist das?«, frage ich Larisa, ohne Stepans Antwort schon ins Feld zu führen. »Diese Steine sehen sehr alt aus.«

»Zuerst dachten wir das auch«, meint Larisa. »Deshalb ließen wir den Stein wissenschaftlich untersuchen. Dabei haben wir Spuren gefunden: Der Stein wurde mit Metallwerkzeugen bearbeitet. Das bedeutet für uns: Diese Formation ist neuzeitlich!« Ich verstehe es nicht. Larisa sagt noch etwas von einer Panzersperre. Das verstehe ich erst recht nicht. Gut möglich, dass es an meinem Russisch liegt.

Professor Furtwängler trägt – wie zum Vortrag an der Universität in Halle – wieder seinen weißen Leinenanzug, hier in Armenien dazu aber noch einen hellen Hut aus Stroh. Auch Henry ist da. In Jeans, T-Shirt und mit verbranntem Nacken bleibt er, Assistent, der er ist, im Hintergrund. Hamik und der Professor reichen sich die Hände und fachsimpeln auf Französisch. Ich verstehe kein Wort.

Als ich mit hinzutrete, ist der Professor überrascht: »Entschuldigung, ich habe Sie nicht bemerkt. Sie haben es also wahr gemacht!«, sagt er und begrüßt auch mich. »Wir sehen uns morgen auf dem Feld?«

Am Abend werfe ich noch einmal einen Blick auf die Internetseite des Landesamtes für Denkmalpflege und Archäologie Sachsen-Anhalt:

Etwa 10 km südlich von Gjumri, der Hauptstadt der Provinz Schirak, befinden sich bei der kleinen Ortschaft Benjamin die Überreste zweier Siedlungen und eines Gräberfeldes des 1. Jahrtausends vor Christus. Durch französische Archäologen konnte in Benjamin bereits vor einigen Jahren ein achämenidischer Palast ausgegraben werden, der nun zusammen mit der umliegenden Stadt in einen Gesamtplan aufgenommen werden konnte.

Tag 9 Verletzen

Es gibt keinen Schatten. Alles ist der Sonne ausgeliefert, auch die Archäologen auf freiem Feld. Die Erde verbrennt fast. Und das Gras vertrocknet auf dem weiträumigen Grabungsareal. Silberdisteln und andere Disteln wachsen, darüber hinaus zarte violette und weiße Blümchen in Strohblumenqualität. Und überall liegen Steine.

Einzelne reichen einem bis zur Hüfte, andere passen in die Hand. Es sind Steine in allen möglichen Größen. Die meisten von ihnen wurden mit der Zeit farbig markiert. Was nichts weiter bedeutet, als dass sie mit verschiedenen Moosen bewachsen sind – weißgrau, gelbgrün, rostfarben. Stellenweise liegen sie weit auseinander, dann wieder dicht beisammen. Manchmal bilden sie einen Haufen. Für die alten Jeeps ist es eine Huckelpartie gewesen, direkt an die Ausgrabungsstelle heranzufahren.

Das alles sehe ich. Und natürlich hat nichts davon mit einer »Lüge« zu tun. Zugleich ist es nicht die Wahrheit. Denn spätestens an dieser Stelle liegen die Steine nicht einfach so herum. Die Landschaft wirkt zwar unberührt, ist es aber nicht.

Wenn ich stehen bleibe, mich umschaue und dabei einmal um die eigene Achse drehe, sehe ich vor mir zuerst diesen Berg, aufgebaut über mehrere Hügel, mit Zwischenplattformen. Durch ein schmales Seitental wird er geteilt.

Die Archäologen arbeiten gemeinsam mit den Grabungshelfern an drei verschiedenen Punkten: erstens direkt in diesem Seitental, zweitens an einem der Steilhänge sowie drittens an einem weiteren, etwas seichteren Hang.

Wenn ich in Richtung Gjumri schaue, bekomme ich schon wieder ein ganz anderes Bild: Vor dem Betrachter erstreckt sich eine weite Ebene. Und das Gelb und Grün der verschiedenen Felder hebt sich klar voneinander ab. Über eines der gelben Getreidefelder fährt, das ist sogar von hier aus noch gut zu erkennen, ein Mähdrescher.

Vor den Feldern mäandert eine breite Linie durch das Erdreich. Und in einem beachtlichen Teil dieser Ebene erscheint die Erde insgesamt dunkler.

»Möglicherweise gab es hier ein altertümliches Wasserspeicherbecken«, sagt Professor Furtwängler, der plötzlich neben mir steht, »eine Art antiker Talsperre. Das Wasser wurde gestaut und gesammelt und zur Melioration der Felder verwendet. Manche vermuten ehemals auch einen See.«

Die Archäologen und ihre Helfer sind bis zur Unkenntlichkeit verhüllt. Henry, der mir gerade zuwinkt, ist dabei noch am leichtesten auszumachen. Die Frauen und Mädchen tragen Hüte, spannen darüber weiße Tücher und binden diese im Nacken zusammen. Larisa kann ich nirgends entdecken. Das ist die Wahrheit, obwohl ich gerade Larisa die ganze Zeit über beobachte. Nur weiß ich zunächst nicht, dass sie es ist.

Narek, der Mann mit Cowboyhut, schaufelt unermüdlich. Er gräbt in den Berg des Seitentales hinein. Die Erde schaufelt er hier heraus und dann hinüber zu Ani. Ani schätze ich auf achtzehn. Anders als alle anderen trägt sie kein weißes, sondern ein hellgrünes Tuch um den Kopf gebunden. Sie hockt am Boden, ein Kastensieb in den Händen, und siebt in schier endloser Folge wieder und wieder archäologischen Schutt. Nichts soll übersehen werden – weder das Segment einer Kette oder eines metallenen Gürtels noch eine Keramikscherbe.

Unmittelbar neben Ani steht Lilit, ein neunjähriges Mädchen, und schaut ihr zu. Sie plaudern. Ani ist sehr freundlich zu ihr. Und als sie der Kleinen irgendetwas zureicht – was es genau ist, kann ich durch die Entfernung nicht erkennen –, röten sich die Wangen des Kindes. So schnell, wie das »Fundstück« in der Hosentasche des Kindes verschwindet, ist es offenbar sowieso ein großes Geheimnis. Lilit möchte, wenn sie nur erst einmal erwachsen ist, unbedingt Archäologin werden. Auch ihre Eltern, hier heute nicht mit dabei, sind Archäologen.

An dieser Grabungsstelle arbeitet mit Handschaufel und kleinem Besen auch eine Person, die – ausgenommen die Augen – völlig verhüllt ist. Weißer Kittel, weiße Hose und Schuhe, weißer Hut und darüber wiederum weiße Tücher – das wirkt regelrecht außerirdisch.

Gerade winkt mir die außerirdische Gestalt zu. Sie ruft: »Constanze, komm her!« Und erst jetzt erkenne ich Larisa an der Stimme. Nur zu gern folge ich ihrer Einladung, direkt neben sie zu treten und auf die Grabungsstelle zu schauen.

Aus dem Erdreich wölbt sich eine graue Rundung. Ich denke sofort an einen Totenschädel.

»Es ist ein Krug«, erklärt mir Larisa, während sie das Fundstück fachmännisch freipinselt. »Es ist interessant: Hier befinden sich mindestens zwei Gräber. Vielleicht ist es sogar ein Ehepaar – ein Mann und eine Frau.«

Narek schaut über meine Schulter Larisa bei der Arbeit zu. Er macht irgendeine Bemerkung auf Armenisch. Alle lachen. Das geht mit ihm schon die ganze Zeit so. Und wenn gesagt wird, dass Gjumri eine Stadt mit einem besonderen Humor sei, dann gehört Narek sicher mit dazu. Ich verstehe nie, was er sagt. Aber immer und immer wieder sagt er etwas, was bei den Armeniern zu ausgiebigen Lachanfällen führt. Und dann lacht auch er.

Narek besitzt den Charakterkopf eines Schauspielers – mit übergroßen Augen, einer wirklich großen Nase und dazu, zumindest für einen jungen Mann, ungewöhnlich vollen Lippen.

Aber sosehr er auch für gute Stimmung sorgt, ein Schauspieler möchte er nicht werden. Narek studiert Archäologie. Und auf der Rückseite seines Hemdes steht in aufgebügelten Großbuchstaben eine Aufschrift, die nicht zu übersehen ist: SURVIVAL.

Henry kommt dazu. Unter dem Arm trägt er ein Zeichenbrett mit eingespanntem Papier, in der Hand Stift und Maßband.

»Henry!«, ruft Ani, als sie ihn sieht. Sie hält ihm eine rötliche Perle entgegen. Daraufhin zieht Henry ein Plastiktütchen aus der Hosentasche, versenkt das Fundstück hinter Plastik und beschriftet alles mit Datum und Fundort: 12. August 2014, Armenien, Benjamin …

»Hast du Lust, mir zu helfen?«, fragt er mich gleich darauf.

»Worum geht es?«

»Ich zeige es dir.«

Mit Henry komme ich zur zweiten Grabungsgruppe. Sie sind gerade dabei, an dem sanfteren der beiden Hänge einen Steinkreis freizulegen.

»Ich möchte diesen Kreis zeichnen«, erklärt Henry. »Und dazu brauche ich die Größenangaben der einzelnen Steine.«

Seine Idee ist es, dass ich die Steine für ihn vermesse. Aber wie vermisst man einen unregelmäßigen Stein? Die Grabungshelfer schaufeln weiter, während sich aus meinen Nachfragen rasch eine ganze Diskussion mit Henry ergibt. Schließlich entscheide ich es wieder anders: Ich möchte doch lieber weiterhin einfach nur schauen, als irgendetwas zu vermessen. Im selben Moment muss Henry feststellen, dass sich durch das Auftauchen neu ausgegrabener Steine sämtliche Positionen im Kreis sowieso gleich wieder verändert haben.

»Dann zeige ich dir jetzt eben mal das Gelände«, schlägt er vor. Wir sprechen Deutsch. Wie auch immer bekommt Hamik unser Gespräch mit. Streng meint der nun auf Russisch zu mir: »Was soll er Ihnen schon zeigen? Henry ist erst drei Tage hier. Wie kann er sich auskennen? Es ist besser, ich zeige Ihnen alles selbst!« Letztlich steigen wir gemeinsam hinauf. Auch Professor Furtwängler schließt sich an.

Von der oberen Plattform dieses Berges aus ist weder das Dorf Benjamin noch überhaupt eine Siedlung zu sehen. Was ich von hier oben aus aber gut erkenne: Die Steine liegen nicht einfach so herum, sondern viele von ihnen liegen in Kreisen. Ich kann größere und kleinere Steinkreise ausmachen.

Sind es Grabstellen? Sind es Kultplätze?

»Und dort vorn«, weist Hamik jetzt auf eine Art Terrasse, »sehen Sie die Festung, die Zitadelle.«

Auf die Entfernung von zwanzig oder mehr Metern kann ich auch da erst einmal nichts als einen Haufen Steine sehen. Wir nähern uns. Freigelegt, unterhalb der Erde, befindet sich dann tatsächlich eine ganze Wohnanlage. Die Mauerreste markieren wie auf einem Grundriss die einzelnen Räume. Und da ist auch das unterirdische Getreidesilo in natura, das Professor Furtwängler bereits bei seinem Vortrag in Halle erwähnt hatte.

Mit der unterirdischen Festung und dem Getreidesilo erinnere ich mich an die Grubenhäuser überhaupt und – schließlich auch wieder an die Grubenkapelle.

»Was denken Sie«, frage ich Hamik, »war es immer so, dass die Gräber sich unten befanden, im Tal, und die Siedlungen oben? Vielleicht waren ja die Kultstätten immer oben, bei den Siedlungen?«

»Das weiß keiner genau«, meint er. »Auf jeden Fall gibt es hier überall diese Steinkreise. Und diese Kreise markieren etwas. Aber es ist gut möglich, dass sie immer etwas anderes markieren.«

»Das kann ich nur bestätigen«, schließt Professor Furtwängler an dieser Stelle an und berichtet von einem zentralen Steinkreis, um den sich weitere Steinkreise reihen: »Wir haben gegraben, fanden aber keine Skelette. Gerade mal ein Messer haben wir gefunden, und auch einen Ring. Aber was das bedeutet, ist schon wieder offen. Befand sich hier ein Kultplatz? – Ich meine: Man müsste diese Gegend insgesamt besser erfassen, vor allem als Siedlungsgebiet. Aber die Armenier möchten etwas finden. Deshalb gehen sie immer zu den Gräbern. Dazu erklären sie: ›Ihr gebt uns schließlich das Geld für die Ausgrabungen. Da müssen wir am Ende auch etwas vorzeigen können.‹«

Henry meint: »Und überhaupt arbeiten die Armenier ganz anders.«

»Sie arbeiten mehr mit Intuition?«, vermute ich.

»Ja«, bestätigt Henry und gibt gleichzeitig zu bedenken: »Aber das ist doch nicht automatisch auch wissenschaftlich.«

»Sie wissen vielleicht, wo sie graben müssen. Schließlich kennen sie sich hier aus«, hake ich weiter nach.

»Ach«, wird abgewunken, »oft ist das einfach nur Zufall.«

Larisas Gruppe ist inzwischen immer tiefer in den Berg hineingekommen. Der Krug ist tatsächlich nur ein Zeichen gewesen. Mittlerweile ist die erste Grabkammer gefunden und provisorisch bereits wieder verschlossen. Wie ich erst hier erfahre: eine archäologische Bewahrungsmethode. Gerade arbeitet sich Larisa in der zweiten Grabkammer vor.

Später meint sie, die ganze Sache sei nicht ungefährlich gewesen. Das will ich gern glauben, nachdem ich mal sie, mal Hamik mit dem ganzen Körper im jahrhundertealten Grab habe verschwinden sehen.

»Aber um etwas zu finden«, meint Larisa gleich darauf, »müssen wir ja tief genug in den Berg hinein.«

Hamik und Larisa arbeiten fieberhaft. Selbst Narek darf jetzt nicht mehr in den Berg, nur noch die beiden.

Ich gehe von einer Grabungsstelle zur anderen und schaue. Dennoch fühle ich mich durch die pralle Sonneneinstrahlung zunehmend erschöpft.

Ein alter, klappriger, aber zugleich mehrfach funktionstüchtiger Kleinbus ist der zentrale Punkt für alle drei Grabungsgruppen. Der Bus steht offen. Innen befindet sich ein großer Wassertank. Daneben steht ein Schöpf- und Trinkbecher, ein einziger für alle.

Zur Mittagspause versammelt sich die Grabungsgesellschaft am Bus. Einige setzen sich im Schatten auf die bloße Erde und lehnen sich an ein Rad oder an die Karosserie. Andere bleiben stehen. Die Frauen und Mädchen steigen in den Bus ein, um sich auf den wenigen Sitzplätzen zu verteilen. Innen ist es zwar drückend heiß, dafür aber schattig.

Kaum hat das Mittagessen begonnen, avanciert jeder zum Gastgeber. Der eine bewirtet mit dem Pfirsich, den er aufgeschnitten hat, der nächste mit Scheiben von Schafskäse. *Lawasch* wird gleich von mehreren Seiten gereicht. Gegen Ende der Mittagspause zieht Narek unter dem Fahrersitz noch einen Propangaskocher hervor. Es wird Kaffee gekocht – im Bus.

Nach der Mittagspause mache ich mich auf den Weg zur dritten Grabungsgruppe. Sie arbeitet am steilsten der Hänge, direkt unterhalb der Zitadelle. Unterwegs finde ich neben einer der Silberdisteln einen verrosteten Metallbehälter. Nach Form und Größe zu urteilen, könnte er eine Schatulle für ein Buch sein. Schließlich wurden Bücher in Zeiten der Gefahr immer wieder als Schätze in der Erde vergraben. Für ein Buch allerdings wiegt der Behälter wiederum viel zu schwer in meiner Hand. Die beiden Hälften sind miteinander verschmolzen.

Als ich dann Henry frage: »Hast du auch diese Schatulle gesehen?«, winkt der bloß ab: »Das interessiert doch nicht! Das ist auf jeden Fall Neuzeit.«

»Teure«, ruft Hamik schon von Weitem, als er mit ausgebreiteten Armen genau in diesem Moment auf mich zukommt, »haben Sie jetzt noch einen Wunsch?«

»Hier ganz in der Nähe«, sage ich, ohne groß zu überlegen, »soll es eine Grubenkapelle geben.«

»Teure«, sagt Hamik, schlagartig äußerst streng, bedeutungsschwer, mit einem auf der Stelle erloschenen Charme: »Es gibt in Armenien mehr Kirchen als Menschen: Grubenkirchen, Höhlenkirchen, verfallene Kirchen, neu gebaute Kirchen ... Die können Sie sich jederzeit ansehen. Aber das hier, heute, unserer Ausgrabungen, die sind einmalig. Wenn ich Ihnen einen Rat geben darf ...«

Ich sage schnell Verschiedenes, um ihn wieder etwas freundlicher zu stimmen. Etwas in ihm scheine ich tief getroffen zu haben.

Schaufeln, Spaten, Kastensieb und alle anderen Gerätschaften werden um Punkt siebzehn Uhr zu den Autos gebracht. Dazu – zwei große Wassermelonen. Narek balanciert auf jeder Hand eine. Ani läuft ihm lachend entgegen, nimmt ihm eine der beiden ab und reicht diese wiederum weiter an Lewon. Mit einem großen Messer viertelt der nun die Melone, mehr oder weniger freihändig, und schneidet sie auf. Die Stücke reicht er in die Runde. Und wieder wird geredet, gegessen, gelacht ... Woher kommt diese ganze Energie? Professor Furtwängler sitzt bereits im Jeep. Er ist müde. Und ich bin es auch.

Larisa hat sich völlig abgesondert. Sie ist auf den Berg gestiegen, der in Richtung Gjumri liegt, sitzt, schaut dort und wartet.

»Madame!«, ruft mir Hamik nach dem großen Melonenessen zu, öffnet mir dabei schon die Tür und winkt mich zu seinem Jeep. Sein Ärger scheint verflogen zu sein. Für den Rückweg ergibt sich eine Kolonne von vier Fahrzeugen. Das Schlusslicht macht der Bus mit dem Wassertank.

»Und, meine Teure?«, kommt Hamik unterwegs noch einmal auf die Geschichte mit der Grubenkapelle zurück. »Wie war es für Sie heute? Wäre eine Grubenkapelle wirklich interessanter gewesen?« Dabei wartet er meine Antwort nicht ab, sondern fragt gleich weiter: »Wohin darf ich Sie bringen?«

»In mein Quartier, Nähe Charles-Aznavour-Platz.«

»Aber«, Hamik ist jetzt deutlich verblüfft, »haben die Deutschen Sie denn nicht zum Abendessen eingeladen?«

»Ich denke, der Professor und Henry sind sehr müde«, sage ich. »Es war ein harter Tag. Vom Stadtzentrum komme ich gut auch allein weiter mit der *marschrutka*.«

Unterwegs steigt Hamik aus, um mich in ein Taxi zu setzen. Wir verabschieden uns mit Handschlag, kurzer Umarmung und als Freunde.

Als das Taxi vor dem Haus von Raissa und Artusch ankommt und ich bezahlen möchte, stellt sich heraus: Hamik hat schon bezahlt.

Später sitze ich noch ein bisschen im Garten von Raissa und Artusch. Ich sitze auf dem Bänkchen unter dem Birnbaum, schaue in die weißen, roten und auch rosafarbenen Rosen. Hinter den Wipfeln der Apfel- und Aprikosenbäume geht die Sonne langsam unter.

Mein Mobiltelefon klingelt. Larisa ist am Apparat: »Wollen wir uns nachher noch treffen? Ich denke, nach so einem Tag sollten wir beide nicht allein sein.«

Kurz darauf sitzen wir am Alten Hotel. Die Kellnerin lächelt, als sie uns sieht.

»Was für eine gute Idee«, sage ich zu Larisa. Vor uns stehen schon bald darauf die Gläser mit dem kühlen Bier; wieder Bier der Marke Alexandropol. Ich schaue Larisa an und meine: »Du musst müde sein!«

»Nach so einem Tag bin ich immer müde«, gesteht sie. »Aber – wir beide sind nicht jeden Tag zusammen! Hinter dir liegt eine weite Reise. Du bist unser Gast. Und wir können nicht wissen, ob wir uns jemals wiedersehen. Unsere Begegnung braucht ihren Abschluss.«

Die Stunde, die wir im Alten Hotel miteinander verbringen, reicht uns, um mehrfach miteinander anzustoßen – darauf, dass wir uns kennengelernt haben, auf die Archäologie, auf den Frieden in der Welt und – auf Stepan.

»Er ist wirklich ein sehr guter Freund von mir«, versichert Larisa noch einmal.

Als wir später schon neben dem Wardan-Mamikonjan-Denkmal stehen, um uns zu verabschieden, muss Larisa noch etwas loswerden. Und sie sagt: »Weißt du: Wenn die Deutschen sagen, siebzehn Uhr ist Feierabend, dann meinen sie das auch so. Unsere Leute aber müssen immer erst noch zusammensitzen, Melonen essen oder etwas trinken. Manchmal stört mich das schon.«

Tag 10 Gefallen

Er ist jung, rotblond, trägt einen Dreitagebart und sitzt zwischen zwei deutlich älteren Männern am Bus- und Taxiplatz. Mir ist nicht klar, worauf diese Männer warten. Als ich an sie herantrete, schauen alle drei zugleich auf. Der Jüngere könnte mein Sohn sein. Also frage ich ihn, wo die *marschrutka* nach Sarnaghbjur abfährt.

»Sarnaghbjur?« Er steht auf, führt mich drei Schritte von den anderen weg und bietet mir an, dass er mich fährt. Das überrascht mich. An einen persönlichen Fahrer hatte ich nicht gedacht. Aber kaum ist der Kontakt entstanden, bleibt der junge Mann dran. Er beginnt zu verhandeln. Darin liegt inniges Bitten, fast schon Betteln. Ich zögere. Schließlich einigen wir uns auf fünftausend Dram, nach Sarnaghbjur, hin und zurück. Umgerechnet sind das knapp zehn Euro – das Zehnfache einer Fahrt mit der *marschrutka*. Aber was soll es: Die Geschichte mit Edgar hat bereits begonnen.

Sein Auto ist blaugrau und das vielleicht älteste aller Automobile, mit denen ich hierzulande bisher gefahren bin. Der Wagen wirkt sehr gepflegt. Nur der Motor hat es schwer. Auch die Zündung macht Probleme. Aber immerhin springt der Wagen noch an. Von Gjumri nach Sarnaghbjur sind es etwa dreißig Kilometer. Es geht in Richtung Jerewan und damit in den Süden der Provinz Schirak.

Edgar als Vorname überrascht mich. Das klingt nicht armenisch. Dabei ist es, wie ich später nachschlage, ein angelsächsischer Name. Und Angelsächsisch gehört zum Indogermanischen, genau wie Armenisch.

Mit dem Vornamen Edgar und Armenien ist bei mir sofort Edgar Hilsenrath präsent. Edgar Hilsenrath, 1926 geboren, wie ich in Leipzig, ist selbst zwar kein Armenier, hat aber als deutschsprachiger, jüdischer Autor mit seinem Roman »Das Märchen vom letzten Gedanken« den Armeniern ein poetisches Denkmal gesetzt. Edgar Hilsenrath erzählt in der Form eines orientalischen Märchens über die unfassbaren Ereignisse von 1915:

Auf einer benachbarten Blume saß ein ehemaliger armenischer Priester. Der sah, wie Anahit, die Mutter Armeniens, ihren verlorenen Sohn gefunden hatte. Hajk wird fruchtbar werden und viele Nachkommen haben, dachte er. Und die Kinder Hajks und ihre Kindeskinder werden das Land bevölkern, das für immer für sie bestimmt war. Und er dachte diesen Gedanken sehr lange. Und alle anderen Gedanken hörten die Stimme seines Gedankens und dachten dasselbe.

Edgar schweigt, während er fährt. Manchmal frage ich etwas auf Russisch und Edgar antwortet auf Englisch. Aber wenn es sprachlich so hin und her geht, mal Russisch, mal Englisch, komme ich schnell durcheinander. Also bitte ich Edgar und fortan bleiben wir beim Russischen.

Edgar fährt die nächste Tankstelle an. Bevor er aussteigt, bittet er mich um zweitausend Dram. Er sagt, ich solle nun auch aussteigen. Das verstehe ich nicht. Er meint, es gehe um den Geruch. Ich rieche nichts. Warum soll ich aussteigen? Abseits steht eine Holzbank unter einem Baum. Dort setze ich mich. Einen Moment lang habe ich den Gedanken, dass Edgar nicht wiederkommen könnte.

Nach einer knappen halben Stunde ist er jedoch wieder da. Er fährt bei mir an der Holzbank vor und ich steige ein. Erst sehr viel später erfahre ich, dass die Autos hier in Armenien mit Gas fahren und dass sie beim Betanken deshalb grundsätzlich zu verlassen sind.

»Ich möchte alles gut machen«, sagt Edgar. »Sie sollen nichts Schlechtes über mich schreiben können.« Damit hat er vieles gesagt. Denn an sich spricht Edgar wenig. Auf mich wirkt er verkapselt, ernst, ja fast schon hoffnungslos. Ich bekomme kein Gefühl für ihn. Über lange Strecken hin schweigen wir. Es geht in Richtung Jerewan. Ich erkenne Gebäude, die aussehen wie stillgelegte Industrieanlagen. Sofort denke ich an Larisa und Hamik, an Henry und den Professor. Schließlich ist das auch der Weg zum archäologischen Grabungsgelände. Es folgen Plattenbauten, jeweils vier Stockwerke hoch. Und dann verlassen wir die Stadt.

Wenn Edgar so schweigt, baut sich im Innenraum des Autos Bedrückendes auf. Immer wieder neu versuche ich das Gespräch:

»Sie kommen aus Gjumri?«, frage ich.

»Ja, aber heute lebe ich in Jerewan. In Gjumri arbeite ich nur.«

Wir fahren weiter, schweigen wieder, das Bedrückende baut sich erneut auf.

»Sie arbeiten als Taxifahrer?«, frage ich.

»Ich bin kein echter Fahrer«, antwortet Edgar. »Das ist ja auch kein echtes Taxi. Aber mein Bruder ist gestorben. Er war dreiundzwanzig Jahre alt. Er arbeitete in Russland. Gerade auf dem Weg von Gjumri nach Russland hatte er einen Verkehrsunfall. Ich brauche das Geld für seinen Grabstein. Ein Grabstein ist bei uns sehr teuer.«

»Was für ein Schicksal!«, sage ich. »Mit dreiundzwanzig Jahren!«

Edgar sagt daraufhin lange nichts. Dann sagt er: »Danke.« Und wird kurzzeitig fast schon redselig: »Normalerweise trage ich keinen Bart. Aber wenn ein Mensch in der Familie stirbt, tragen alle Männer vierzig Tage lang einen Bart. Das ist die Tradition. Er war mein Bruder.«

Ich registriere, dass die Zahl vierzig immer wiederkehrt. Tatsächlich mussten die Armenier, die sich auf den Musa Dagh gerettet hatten, dort über fünfzig Tage ausharren bis die französischen Kriegsschiffe nahten. Franz Werfel entschied sich für vierzig Tage. Vierzig Tage ist die Dauer einer krankheitsbedingten Quarantäne. Und obwohl die Vierzig mehrfach in der Bibel auftaucht – die vierzig Tage und Nächte der Sintflut, Jesus ist vierzig Tage in der Wüste und wird dort versucht – ist das keine Zahl, die allein im Christentum ihre Bedeutung hat. Im Islam steht die Vierzig für Verwandlung und Tod. Und auch hier ist es die Tradition, vierzig Tage nach dem Tod des Verstorbenen seiner zu gedenken. Die Zahl vierzig gilt als das Symbol für eine Prüfung, Bewährung oder Initiation.

Edgar fährt gut. Aber er schweigt schon wieder. Diesmal frage ich, bevor sich das Bedrückende aufs Neue aufgebaut hat: »Haben Sie Kinder?«

Und erstmals lächelt Edgar. Er dreht sich sogar kurz zu mir nach hinten, damit ich sein Lächeln gut sehen kann.

»Ich habe eine Tochter«, erzählt er strahlend. »Natalja ist acht Monate alt. Sie wohnt mit meiner Frau in Jerewan. – Aber wissen Sie«, sagt Edgar plötzlich, »ich bin hungrig. Sie auch? Was essen Sie gern?« Nach wie vor ist Kebab mein Renner. An der nächsten Straßenecke hält Edgar an.

Er kommt mit einer Portion frisch zubereitetem Kebab zurück und reicht sie mir nach hinten. Sofort riecht es im ganzen Wagen nach gebratenem Hackfleisch, Knoblauch und Kräutern.

Ich beginne, den Kebab zu teilen. Edgar wehrt streng ab: »Ich kann nichts annehmen, was eine Frau bezahlt hat.«

In seinem Auto, direkt über dem Armaturenbrett, ist ein kleines Bild von Jesus Christus angeheftet. So sind wir unterwegs.

Als wir eine knappe Autostunde später Sarnaghbjur erreicht haben, kümmert sich Edgar dort um alles: Als mein Fahrer wird er wie automatisch Gastgeber und Reiseführer.

Gegenüber der Höhlenkirche steht ein Haus. Edgar klingelt. Ich warte an der Kirche, im roten Fels. Die massive Kirchentür, in eine gemauerte Wand gesetzt, ist doppelt verschlossen: durch das Tür- wie durch das Vorhängeschloss. In die Holztür ist ein Kreuz geschnitzt. Edgar kommt mit diesen dünnen gelben Kerzen zurück, die es in jeder Kirche für die persönliche Andacht gibt. Er hat sie bei der Frau gekauft, die uns jetzt auch die Kirche öffnet. Für jeden von uns sind es drei Kerzen.

Wir betreten die Höhle, Edgar bekreuzigt sich sehr schnell, insgesamt dreimal. Anschließend drehen wir die Kerzen in den Sand. Wir zünden sie an. Edgar wirkt unverändert traurig. Er schaut in die Flammen. Ich bin mir sicher, dass er an seinen Bruder denkt.

Gleich rechts neben dem Eingang fließt eine Quelle. Es heißt, Gregor der Erleuchter hat sie geweiht. Frauen, die keine Kinder bekommen können, sollen in diesem Wasser baden.

Das Fließen des Wassers ist zu hören. Und als Edgar mit seinem Mobiltelefon in die Nische leuchtet, kann ich es auch sehen. Erst trinken wir aus unseren geöffneten Händen; dann verlangt Edgar nach meiner Plastikflasche. Er füllt sie mit dem Heilwasser: »Für Sie!«

Im Innenraum der kleinen Höhlenkirche hängt alles voller Heiligenbilder, nicht allein entlang der Tafel, sondern auch darauf, darüber, davor und sogar darunter. Die lange Tafel ist mit einem seidigen Tuch bedeckt. Das weiße Tuch hängt weit über und glänzt im flackernden Licht der Kerzen.

Manche dieser Heiligenbilder sind golden eingerahmt, andere sind einfach aus Papier. Immer wieder ist Jesus Christus zu sehen, immer wieder die Muttergottes und immer wieder das Letzte Abendmahl. Unter der langen Tafel steht eine aus durchsichtigen Kunststoffplatten zusammengesetzte Kopie einer Kirche. Da immer wieder mit Erdbeben zu rechnen ist, ist die Erstellung solcher Kopien eine alte Tradition. Im Falle des Falles wird die Kopie zum Modell für den Wiederaufbau. Edgar weiß nicht zu sagen, wohin diese Kirchkopie hier gehören könnte.

Und auch die vielen Kruzifixe möchte ich erwähnen, die überall an den unebenen Höhlenwänden hängen. Es sind mindestens zwanzig, drei davon sogar als dreifach übereinandergesetzte Kreuze. Einer der Gekreuzigten hat sein Kreuz, auf welche Art auch immer, verloren. Nun lehnt er, frei gekreuzigt, an der Wand. Davor steht ein Strauß künstlicher weißer Blumen.

In der Höhlenkirche von Sarnaghbjur verliert sich allmählich die Anspannung zwischen Edgar und mir. Vielleicht hat das dieser Ort vermocht. Jedenfalls kommen wir, inzwischen schon auf dem Rückweg nach Gjumri, phasenweise regelrecht ins Plaudern. Und auch die Grubenkapelle kommt an dieser Stelle für mich wieder mit ins Spiel.

»Wo ist sie?«, fragt Edgar sofort nach, kaum dass ich sie erwähnt habe.

»In der Nähe des Dorfes Benjamin«. Mehr weiß ich nicht. »Sie ist unterirdisch!« Edgar beginnt, nach den Ortsschildern zu schauen. Benjamin möchte er jetzt nicht übersehen. Automatisch schaue ich auch.

Unterwegs zeigt ein Wegweiser nach Ani. Ani ist eine der alten armenischen Hauptstädte. An sich ist es *die* Hauptstadt. Es heißt, wie Edgar jetzt zu erzählen beginnt, Ani sei die schönste unter allen armenischen Städten gewesen.

Die Straße, die in Richtung Ani abzweigt, wird von zwei armenischen Militärposten bewacht. Kein einziges Auto befährt diese

Straße, dabei ist sie breit und tadellos. Ani liegt heute in der Türkei.

Anahit war die Tochter des Aramazd, des armenischen Göttervaters. Ihr Haar war golden und jeder, der sie nur sah, kam nicht umhin, sie »Die Schöne!« zu nennen. Im Mittelalter wurde Ani, gelegen in der Nähe von Kars, armenische Hauptstadt: »Die Schöne!« Auch bekannt als die »Stadt der tausendundeins Kirchen«. Hier gab es Kuppeln, Tempel und herrliche Gärten. Und unter der Stadt war alles miteinander durch unterirdische Gänge verbunden. Diese Stadt glich in ihrer Schönheit dem Spiegelbild von Anahit. Durch ein schweres Erdbeben wurde sie fast restlos zerstört.

Edgar kurbelt seine Scheibe herunter. Jeden, der uns in Benjamin entgegenkommt, spricht er an. Ich kann nicht verstehen, wonach er im Einzelnen fragt. Drei junge Frauen beschreiben uns mit großer Sicherheit einen Weg.

Edgar parkt sein Auto am Fuß eines steilen, hohen Berges. Zügig steigen wir hinauf, Hunderte von Metern, und betreten ganz oben, in Erwartung der Grubenkapelle, eine schmale Kirche. Das Kirchlein besitzt eine Größe von geschätzt sechs Quadratmetern und verfügt über keinerlei unterirdischen Raum.

Mitten in der Kirche steht ein großer, verwitterter *chatschkar*, ein Kreuzstein, aus schwarzem Gestein. Er reicht einem fast bis zu den Schultern.

Es macht den Eindruck, die Kirche wurde um den *chatschkar* herum gebaut und dieser *chatschkar* ist das Zentrum. Dabei ist er sehr einfach, ohne jede Verzierung. Nur ein großes Kreuz ist eingemeißelt.

Alles andere in dieser kleinen Bergkirche wirkt eher wie Beiwerk. Auf dem *chatschkar* steht noch das Modell einer weiteren Kirche, und dahinter hängt erneut ein Bild vom Letzten Abendmahl. Wie heißt es in der Bibel?

Und am Abend setzte er sich zu Tisch mit den Zwölfen. Und da sie aßen, sprach er: Wahrlich, ich sage euch: Einer unter euch wird mich verraten. Und sie wurden sehr betrübt und hoben an, ein jeglicher unter ihnen, und sagten zu ihm: Herr, bin ich's? Er antwortete und sprach: Der die Hand mit mir in die Schüssel getaucht hat, der wird mich verraten. Des Menschen Sohn geht zwar dahin, wie von ihm geschrieben steht; doch weh dem Menschen, durch welchen des Menschen Sohn verraten wird! Es wäre ihm besser, dass derselbe Mensch nie geboren wäre. Da antwortete Judas, der ihn verriet, und sprach: Bin ich's, Rabbi? Er sprach zu ihm: Du sagst es.

Auf der Bergspitze ist hinter dem Kirchlein ein übermannshohes, weißes Kreuz errichtet, von der Rückseite her mit einem Metallkreuz stabilisiert. Kein Sturm kann es umreißen. Denke ich.

»Was ist das Besondere an dieser Kirche, die Sie suchen?«, fragt mich Edgar erst jetzt, da wir sie nicht gefunden haben.

Und ich antworte: »Dass sie in die Erde hineingebaut ist.« Mehr sage ich nicht. Denn plötzlich habe ich erneut das Gefühl, dass diese Wahrsagerin und der christliche Glaube nicht zusammengehören könnten.

Der Abstieg wird deutlich schwieriger. Dadurch, dass der Berg verhältnismäßig steil ist, werden die Schritte zunehmend schneller. Der Berg ist vor allem mit Gras bewachsen. So haben wir weichen Boden unter den Füßen. Einzelne Steine dazwischen geben die nötige Stabilität.

Als ich dennoch einmal umknicke, halten wir inne und schon kommt wie aus dem Nichts ein Mann mit offener Hand auf uns zu. Edgar weist ihn ab. Ich gebe dem Mann trotzdem etwas. Er bedankt sich nicht.

»Sind Sie verheiratet? Haben Sie Kinder?«, fragt mich Edgar. Zwei junge Frauen kommen uns mit zwei Mädchen entgegen. Auch sie wollen zu der kleinen Kirche hinauf. Eines der Mädchen hält einen Strauß Blumen in der Hand. Edgar fragt die jungen

Frauen. Aber auch sie wissen nichts von so einer unterirdischen Kapelle.

Und als Edgar unten im Dorf einen Mann sieht, erneut den Wagen stoppt, herausspringt und zu dem Mann hinüberläuft, möchte ich eigentlich die Grubenkapelle schon gar nicht mehr sehen. Der Mann bittet Edgar in eines der Gebäude. Von außen sieht es eher aus wie ein Stall. Aber ich bemerke noch rechtzeitig das Kreuz an der Tür. Die beiden winken mich nicht mit dazu. Das passt mir.

Als Edgar zurück ist und wir wieder weiterfahren, gehen wir schon über zum Du. Und ich schlage Edgar vor: »Weißt du was? Wir lassen jetzt diese Grubenkapelle und fahren besser an einen Ort, den *du* wichtig findest. Sicher gibt es so einen Ort, wo du sagst: Den sollte Constanze unbedingt einmal gesehen haben!«

»Ja«, meint Edgar sofort. »Es gibt da ein besonderes Tal.«

Wir fahren ein ganzes Stück und kommen nach etwa zwanzig Minuten Fahrt an einem großen Friedhof mit Blumenladen vorüber. Edgar stoppt den Wagen am Straßenrand und bittet mich um etwas Geld: »Für Blumen!« Gleich darauf kommt er mit weißen Lilien zurück.

Schließlich fahren wir nordöstlich an Gjumri vorüber und erreichen hier, in zehn Kilometer Entfernung von der Stadt, das Tal Jajur. Es ist eine Weidefläche, die unglaublich grün ist. Und das, obwohl wir Mitte August haben und die Temperaturen täglich bei brennender Sonne auf über dreißig Grad Celsius steigen. Eine Herde von Kühen weidet hier, fünfzig Tiere oder mehr. Nur eine einzige Kuh ist schwarz-weiß gefleckt, alle anderen sind weiß oder dunkelbraun. Ein breiter Weg führt in das Tal hinein, biegt in eine Kurve und verliert sich hinter dem Berg, entzieht sich unserem Blickfeld.

Edgar führt mich die Anhöhe hinauf, zu einem Denkmal aus rotem Stein, und verweist mich an dieser Stelle auch auf die weißen Lilien, die ich bei mir habe. Ich lege die Blumen nieder. Edgar berichtet, dass in diesem Tal im Jahr 1915 dreitausend Menschen umgebracht worden sind. »Es waren nicht allein Männer, die die

Türken getötet haben«, sagt Edgar, »es waren auch Frauen dabei, und sogar Kinder. Das gesamte Dorf Jajur wurde getötet.«

Ich stehe vor dem Denkmal und sehe, in den roten Tuffstein geschlagen, eine ganze Geschichte. Die Basis dieses Reliefs bilden der große und der kleine Ararat. Das ist der Urgrund, auf dem – oder aus dem – ein überdimensionaler Baum wächst, mit breitem Stamm und mächtigen Ästen. Der Baum ist voller Blätter und Früchte. Es sind Granatäpfel. Oben werden die Zweige des Granatapfelbaumes dünner, wodurch sie aber auch biegsamer werden. Jedenfalls ist es möglich, im Bild, dass sich die beiden obersten Zweige dieses – vielleicht – Stammbaumes mit der Spitze des christlichen Kreuzes verflechten können.

In den Baum eingewoben ist darüber hinaus auch der Adler. Unterhalb des Kreuzes breitet er seine Flügel weit aus, während er gleichzeitig mit beiden Krallen ein Schwert trägt. Die runde Scheibe darunter wirkt auf den ersten Blick wie das Schild, das zum Schwert gehört. Zugleich wirkt es auf mich wie eine Sonnenscheibe, mit fünfzehn kreisförmig eingebrachten, dazugehörigen Planeten. Auf dem Schild gibt es, wodurch auch immer, zwei Einschusslöcher. Von Larisa erfahre ich später, dass dies ebenfalls ein Denkmal für die Gefallenen in Karabach ist. Und da mich der Adler beschäftigt, der doch immer wieder auftaucht, lese ich im Buch über die armenischen Felszeichnungen nach, einem Buch auch über armenische Glaubensvorstellungen:

Eines der Symbole der Sonne war der Adler, der König der Lüfte, der aber zugleich die Macht und die Pracht des Himmels versinnbildlichte. Er galt als mutig und unbesiegbar. Er war/ist einer der wichtigsten Totems der Armenier.

Erst später bemerke ich im Tal Jajur das mannshohe Kreuz. Es ist aus schwarzem Stein gefertigt und steht gleich oberhalb des durch die Ereignisse beschwerten Tales. Dieses Kreuz ist nicht bloß schön, sondern besitzt auch eine ungewöhnliche Ausstrahlung. Es erzeugt – Ruhe.

Das ist unwahrscheinlich!, sage ich mir. Probehalber schaue ich weg und hin zu Edgar, zum Tal oder auch zu den Kühen. Kaum aber schaue ich wieder zurück, zu dem schwarzen Kreuz, entsteht sie aufs Neue in mir – Ruhe.

Das Relief auf dem Steinkreuz ist voller Linien, die sich verbinden und nach allen Seiten hin immer wieder in Rundungen übergehen – vielleicht in Rundungen von Blättern, vielleicht von Blumen, vielleicht von Früchten. Im Detail wurde das nicht herausgearbeitet. Das Herzstück bildet, in der Mitte des christlichen Kreuzes, ein blütenblättriges Sonnenrad.

Sehr viel später, wir sind schon wieder zurück in Gjumri und stehen vor dem Haus von Raissa und Artusch, erzähle ich Edgar, noch im Wagen sitzend, jetzt auch von diesen mysteriösen dreifachen Megalithenreihen. Inzwischen traue ich ihm.

»Dorthin kann ich dich morgen fahren, wenn du willst«, schlägt er vor. Mittlerweile habe ich meine Geldbörse hervorgeholt, suche das Geld zusammen – es ist das letzte, was ich jetzt noch bei mir habe – und gebe Edgar die noch ausstehenden dreitausend Dram. Edgar schaut mich überrascht an. Stimmt etwas nicht? Hat er mehr erwartet? Ich erinnere ihn an die zweitausend Dram an der Tankstelle. »Und«, füge ich hinzu, »meine Geldbörse ist leer. Gott hat entschieden!« Darauf sagt Edgar nichts mehr. Aber als wir uns die Hände reichen, fragt er: »Morgen?«

Tag 11 Weinen

Am nächsten Morgen verlassen wir Gjumri in Richtung Nordosten. Kurz hinter der Stadt müssen wir warten. Ein Militärposten blockiert unseren Weg. Zügig rollen Panzer heran und überqueren die Straße. Es sind mindestens dreißig.

»Sie fahren nach Karabach?«, frage ich.

»Nein«, sagt Edgar fest. »Sie fahren nicht nach Karabach. Sie fahren woandershin. Das ist nur ein Manöver.« Und schnell fügt er hinzu: »Ich möchte dich heute zu uns nach Hause einladen. Dann lernst du auch meine Frau und meine Tochter kennen.«

Ich nehme es als Floskel, sage aber dennoch: »Oh, vielen Dank!«

Vor mir habe ich die Landkarte der Provinz Schirak. Im Norden der Provinz erstreckt sich der Nationalpark Arpi Litsch. Bei dieser Gelegenheit kriege ich mit, dass es im Gebiet von Armenien neben Pelikanen auch Bären und Präriehunde gibt.

Die Megalithen befinden sich laut der Broschüre ›Guide Book Shirak‹ irgendwo zwischen den Dörfern Hartaschen und Musajeljan. Merkwürdigerweise sind sie auf der dazugehörigen Karte aber nicht eingezeichnet. Edgar bittet mich um die Karte und ich reiche sie ihm nach vorn.

Entlang der Straße mäandert ein Flüsschen. Auf dem Feld dahinter wird gearbeitet. Wendige Mähdrescher ernten das Getreide, gefolgt von Traktoren mit Strohballenpackmaschinen. Das restliche Stroh harken Feldarbeiter zusammen.

Auf der Straße kommen uns zwei Männer entgegen. Sie tragen Sensen über der Schulter. Edgar stoppt und fragt sie nach dem Weg. An sich verstehe ich nicht, wodurch es so kompliziert wird, diese Megalithen zu finden. Aber immerzu fragt Edgar nach – Frauen, die durch ein Dorf laufen, ein Kind auf einem Fahrrad, zwei Männer, vielleicht Vater und Sohn. Jeder von ihnen gibt uns eine Antwort. Wir kommen immer weiter. Ob wir dabei näher an unser Ziel herankommen, bleibt für mich offen. Schließlich erreichen wir eine weitere der heiligen Quellen, von denen es in dem geografisch gesehen kleinen Armenien – sage und schreibe – siebenhundert geben soll.

Wir stehen an der Quelle von Lusaghbjur. Das Wasser entspringt aus einem Felsen. Mit flüssigem Wachs wurden auf den Stein christliche Kreuze aufgetragen, dazu ein Kreis mit einem Kreuz innen und damit wieder eines der alten Zeichen für die Sonne.

Eine Gruppe von Männern sitzt dabei. Und sie nennen uns nicht allein den Namen dieser Quelle, Lusaghbjur, sondern wissen auch den Weg zu den Megalithen. Kurz darauf können wir die Megalithenreihen sehen. Edgar lenkt seinen beanspruchten Wagen über einen steinigen Feldweg. Mittlerweile vermeidet er es schon, den Motor abzustellen, denn zunehmend gibt es diese Probleme mit dem Anlasser. Bisher aber sind wir immer noch weitergekommen.

Der Platz mit den Megalithen befindet sich direkt hinter dem Dorf, zugleich vor den Bergen. Es ist eine weite Ebene. Die dreifachen Megalithenreihen verlaufen parallel zueinander und mit geschätzt jeweils drei Metern Abstand zueinander. Insgesamt ergibt sich so ein offenes Dreieck. Immer wieder geht es um die Zahl drei:

Nach der Vorstellung der prähistorischen Armenier bestand die Welt aus drei Teilen: dem Himmel (dem himmlischen Ozean), der Erde und der Unterwelt (dem schwarzen Ozean) ...

Demzufolge lebten die Menschen auf der Erde, die Toten in der Unterwelt und die Seelen im Himmel, in den Sternen weiter. Daher sind die Sterne die Lichter der Seelen.

Dieses großflächige Dreieck in der Landschaft bleibt insofern offen, als nur zwei der Seiten durch die Reihungen selbst gebildet werden, die dritte Seite ergibt sich dann in natürlicher Weise, eben durch den angrenzenden Berg. Edgar hebt einen kleinen Stein auf, meint, dass das Basalt sei, und legt ihn mir in die Hand: »Zur Erinnerung.« Die Oberfläche des Steines ist rau und wirkt auf schmutzige Art rot und grau. Das Schönste für mich sind an sich die graugrünen Flechten, die sich mit der Zeit angelagert haben. Auch auf anderen Steinen sehe ich Flechten – aprikosenfarben, grau, olivgrün.

»Das ist ein magischer Ort«, erklärt Edgar. Ich verstaue den Stein in meiner Tasche. Im Innern des Dreiecks wächst Gras und liegen Steine. Ich verstehe immer noch nicht, was hier mitten in der Landschaft so eine, von Larisa in diesem Zusammenhang ebenfalls erwähnte, dreieckig angelegte Panzersperre ausrichten könnte. Die Anlage ist von Menschenhand erschaffen. Das ist sicher. Aber wozu?

Armenische und deutsche Archäologen haben im Jahr 2010 auf diesem Areal archäologische Grabungen durchgeführt, alles untersucht und so gut als möglich erforscht. Larisa war dabei übrigens die armenische Forschungsleiterin. Das erfahre ich aber erst, als ich in den Veröffentlichungen 64/2011 des Landesamtes für Denkmalpflege und Archäologie Sachsen-Anhalt lese. In diesen Veröffentlichungen heißt es:

Die Vermessung und Beschreibung der Steinreihen erfolgte in Bezug zur Topografie des Ortes und den umliegenden Strukturen. Dabei wurde deutlich, dass sie Teil eines neuzeitlichen militärischen Schanzsystems waren. Ob dies ihrer primären Funktion und Datierung entspricht, ist fraglich.

Unter den veröffentlichten Materialien finde ich auch eine Luftaufnahme. Ich finde es phänomenal, wie schnurgerade die Megalithenreihen verlaufen. Auf dieser Aufnahme sehe ich auch eine Art Weg, der die Steinreihen schräg schneidet. Das ist, wie ich aus dem Begleittext entnehmen kann, ein künstlicher Schnitt, im Zuge der archäologischen Grabungen. An dessen Ende befindet sich ein rundes Areal. Die Archäologen stellten fest, dass es sich hierbei um einen künstlich errichteten Hügel handeln müsse. War es nun ein Kurgan, also ein Grabmal? Grabbeigaben allerdings wurden keine gefunden. Gut möglich, dass diese schon entwendet worden waren. Da auf diesem Areal mehrere solcher möglicher Kurgane gefunden wurden, war es ursprünglich also möglicherweise insgesamt eine Begräbnisstätte? Oder doch eher eine Kultstätte? Vielleicht auch beides?

Ganz in der Nähe soll es noch weitere solcher mysteriösen Steinreihungen geben. Bis heute bleiben sie für die armenischen und deutschen Wissenschaftler ein Rätsel:

Eine Umnutzung alter, möglicherweise bronzezeitlicher Anlagen ist generell nicht auszuschließen.

Merkwürdig ist auch: Wenn es sich um eine vorchristliche oder zumindest alte Steinformation handeln sollte, müsste es doch alte Legenden geben, die davon erzählen. Die Archäologen fanden nichts dergleichen. Sollte es sich andernfalls um eine neuzeitliche Formation handeln, müsste es wiederum in den umliegenden Dörfern Zeitzeugen geben, alte Menschen, die davon wissen und darüber berichten könnten. Aber nichts! Und auch wir haben ja ewig suchen müssen, bevor wir an dieser heiligen Quelle dann endlich jemanden gefunden haben, der den Weg zu diesen Megalithenreihen kennt und weiß, dass sie überhaupt existieren. Jede Menge Fragen also, und zu jeder Antwort gehört ein Vielleicht.

Zurückgekehrt nach Gjumri, gibt es nicht nur Probleme mit Edgars Auto, sondern auch wieder mit dem Geld. Edgar möchte jetzt, für mich überraschend, plötzlich das Vierfache des vereinbarten Preises: »Der Weg war schwierig«, begründet er es. »Und es war gefährlich für das Auto.«

Ich fühle mich überrumpelt, kann nicht klar denken, schaue aber, wie gehabt, in mein Portemonnaie. Und was »sagt« es heute? Ich habe das Geld, und zwar genau in dieser Höhe. Der Gott des Schicksals Tir hat entschieden? Klar überlegen kann ich sowieso nicht mehr. Ich diskutiere auch nicht, sondern gebe Edgar einfach das Geld. Er könnte dein Sohn sein!, sage ich mir noch einmal. Und ja: Unser Weg war viel länger als gedacht; es ging über Berg und Tal ...

So rede ich mir zu. Ein Rest schlechter Stimmung bleibt.

Kaum hält Edgar das Geld in den Händen, lächelt er entspannt und verkündet feierlich: »Und nun möchte ich dich zu uns nach Hause einladen.«

»Heute?«, frage ich erstaunt.

»Ja, heute!«, sagt Edgar. Er stoppt den Wagen an einem Supermarkt. Ich warte im Auto. Voll bepackt, kommt Edgar nach einer ganzen Weile wieder zurück und der Rest meiner schlechten Stimmung verfliegt auf der Stelle. Ich weiß es ja längst: Den Gast muss man bestens bewirten.

Seine Frau Lilit ist eine hübsche, zierliche Frau Mitte zwanzig. Gemeinsam mit der kleinen, acht Monate alten Natalie wohnt die

Familie in der obersten Etage eines Plattenbaus am Stadtrand von Gjumri. Sie wohnen zur Miete. Lilit zeigt mir alles: Wohnzimmer, Schlafzimmer, Küche, Bad und Flur. Sämtliche Räume sind mit Luftballons und Girlanden geschmückt. Lilit bemerkt sofort meinen Blick: »Das ist für Natalie«, erklärt sie mir. »Jeden Monat feiern wir ihren Geburtstag! Und jeden Tag sind wir glücklich, dass es sie gibt.«

Der Tisch ist schnell gedeckt mit Kaffee, Kuchen und Eis. Als wir zusammensitzen, fragt sie: »Was ist los, Edgar? Du bist so traurig!« Lilits Lächeln ist einfach bezaubernd.

»Ich bin nicht traurig«, meint Edgar und lächelt sofort.

Die kleine Natalie ist sehr still. Sie sitzt im Kinderstühlchen, gibt keinen Ton von sich und erwidert weder das Lächeln ihres Papas noch meins. Aber sie schaut mich an; mehr noch: Ihr Blick fixiert mich. Als Edgar sie herzt und küsst, schiebt sie ihren Kopf an ihm vorbei, nur um mich nicht – bei allem Herzen und Küssen – aus dem Blick zu verlieren.

Verlegen, vorsichtig scherzend, sage ich zu den beiden: »Vielleicht hypnotisiert sie mich?«

Mein Scherz scheint fehlzugehen. Bröckchenweise schiebt Lilit der Kleinen Kuchen in den Mund. Natalies Blick zu mir hin ist ruhig, gefasst und auf erwachsene Art ernst. Und genauso erwidere ich schließlich diesen Blick. Nicht noch einmal versuche ich, ihn lächelnd aufzulösen.

»Ich habe in Jerewan am Fremdspracheninstitut studiert«, erzählt Lilit beim Kaffee. »Französisch und Englisch waren uns als Sprachen immer lieber als Deutsch. Ehrlich gesagt: Fast keiner wollte bei uns Deutsch lernen. Wenn einer Deutsch spricht, klingt das nach Krieg. Das haben wir uns immer gesagt. – Wie lange bleiben Sie in Gjumri?«

»Morgen fahre ich zurück nach Jerewan«, sage ich.

»Wir auch!«, meint Lilit sofort. Es klingt erfreut. »Wir können Sie mitnehmen.«

»Und was kostet es?«, frage ich mit Blick auf Edgar.

»Tausend Dram«, sagt Edgar. Das wäre weniger als die Fahrt mit der *marschrutka*. Und diesmal hält er Wort.

In Frankreich gibt es fünf Monate später einen Terroranschlag auf das Satiremagazin »Charlie Hebdo«. Wenige Tage später bricht der achtzehnjährige russische Soldat, Valeri P., der auf der Militärbasis der Russischen Föderation in Gjumri stationiert ist und der für diese Nacht beschlossen hat zu desertieren, in aller Herrgottsfrühe in ein Wohnhaus ein, um, wie er später sagt, Wasser zu trinken und sich Zivilsachen zu besorgen. Im Haus wohnen sieben Personen und alle schlafen. Unter diesen sieben Personen sind auch ein zweijähriges Mädchen und ein sechs Monate alter Säugling.

Als Valeri P. das Haus dieser armenischen Familie betritt, hört ihn der Hausherr, steht auf und schaut nach. Es kommt zu einer Auseinandersetzung. Daraufhin tötet Valeri P. zuerst den Hausherrn und anschließend die gesamte Familie. Er schießt aus seiner Kalaschnikow und sticht mit dem Bajonett zu. Nur der Säugling überlebt. Durch die Bajonettstiche schwer verletzt, kommt das Kind ins Krankenhaus.

Einige Tage später verliest die Nachrichtensprecherin, eine junge Frau von Lilits Statur, im armenischen Fernsehen die Nachricht, dass nun auch dieses Baby, trotz aller Bemühungen der Ärzte, gestorben ist. Die Nachrichtensprecherin möchte es nicht, während des Sprechens kämpft sie immer wieder dagegen an, kann letztlich aber nichts dagegen machen – sie weint.

Franz Werfel schreibt in seinem Roman »Die vierzig Tage des Musa Dagh«:

Nur verfolgte und unterdrückte Völker sind so gute Stromleiter des Schmerzes. Was einem Einzelnen geschieht, ist allen geschehen.

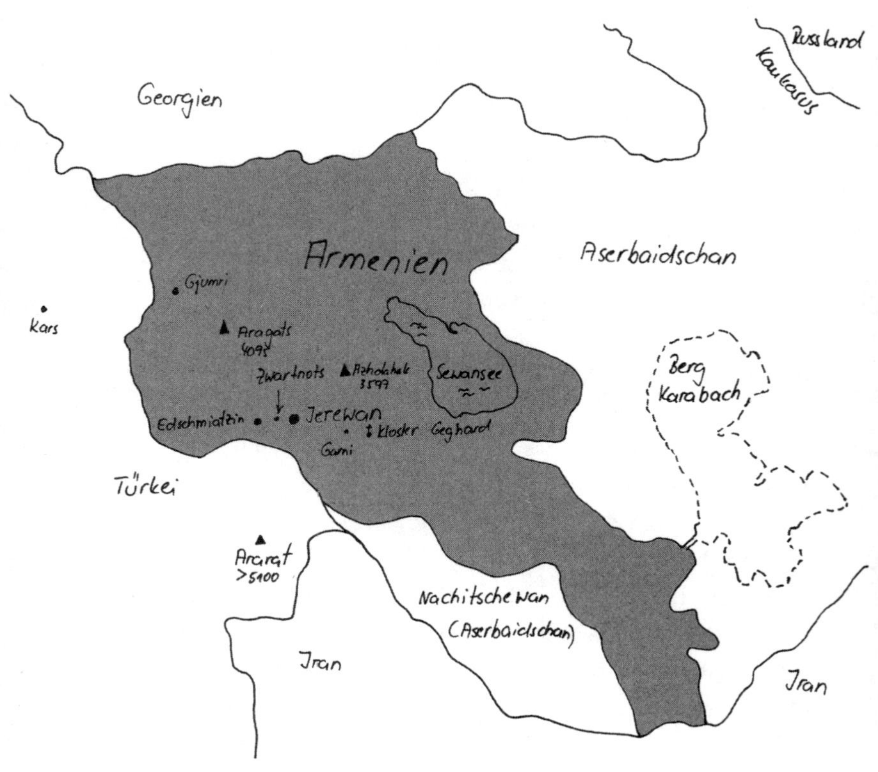
Russland
Kaukasus
Georgien
Armenien
Aserbaidschan
Gjumri
Kars
Aragats
4095
Zwartnots
Azhdahak
3597
Sewansee
Berg
Karabach
Edschmiatzin
Jerewan
Kloster Geghard
Garni
Türkei
Ararat
>5100
Nachitschewan
(Aserbaidschan)
Iran
Iran

KARABALA IST DAS ALTE JEREWAN

Jerewan:
Denkmal Karabala und
Alexander-Tamanjan-Denkmal
Höhlenkloster Geghard
Ruinen der Kathedrale Zwartnots
Denkmal Musaler
Edschmiatzin als Sitz des obersten
Katholikos
der Armenisch-Apostolischen Kirche

Tag 12 Kaufen

Karabala ist klein und bärtig. Er steht vor einem Jerewaner Modegeschäft. Schicke Schaufensterpuppen tragen Hemden, Hosen, Anzüge zu fünf- bis sechsstelligen Preisen. In dieses Geschäft wird er nie im Leben kommen. Denn er verkauft Blumen. Und eine Rose kostet hundert Dram, oder noch weniger.

Ausgerechnet auf der Abowjan steht er, nahe der Kreuzung Puschkinstraße, zwischen der Tumanjan und dem Platz der Republik, mitten im inzwischen hochgestylten Zentrum Jerewans. Aber was soll Karabala seinen Platz ändern? Er stand schon immer auf der Abowjan. Man müsste ihn wegtragen.

Die Jerewaner kennen ihn seit hundert Jahren. Und sie lieben ihn. Jedem, der an Karabala vorübergeht, hält er die kleine Heckenrose entgegen. Er macht keine Unterschiede zwischen den Menschen. Karabala ist das alte Jerewan.

Entweder wächst sein Mantel, war schon immer zu groß oder er selbst wird immer kleiner. Die Ärmel sind hochgeschlagen. Und die Miniaturausgabe einer Wodkaflasche steckt tief in seiner Tasche. Er ist eben, wie er ist, denn inzwischen ist er ein Denkmal – aus Bronze. Seine Hände wirken schon fast wie Gold, so oft, wie ihm hier von Passanten die Hand gegeben wird.

Tatsächlich ist Jerewan ein Hamsterrad geworden, zumindest das Zentrum der Stadt. Und wer über die gerade neu entstandene Nordallee läuft, kommt an hohen Tuffsteinhäusern vorbei. Die Nordallee führt schräg durch den historischen Stadtkern, von der Oper hin zum Platz der Republik.

Dass Karabala aus Bronze gefertigt ist, das ist die Ausnahme. Jerewan ist zwar eine Stadt voller Denkmäler, die meisten aber sind aus Stein. Armenien ist und bleibt das Land der Steine. Davon erzählt noch immer die Legende. Und Karabala ist eine Legende für sich. Wahram hat mir von ihm erzählt, auch Marina und ihr Vater. Jeder erzählt von ihm in eigener Art. Ein Taxifahrer setzt noch einige »Neuigkeiten« hinzu.

Niemand weiß, woher Karabala gekommen ist oder wo er gewohnt hat. Morgens war er immer schon da, und abends immer noch. Manche erzählen, dass er aus einer reichen Familie gekommen sei, die während der Revolution 1917 alles verloren habe. Seine Frau hätte ihn daraufhin verlassen und er wäre allein zurückgeblieben – ohne Familie, ohne Wohnung, ohne Geld. Am Punkt null begann er neu, heißt es. Und wer kein Geld hatte, aber trotzdem Blumen brauchte – zu einer Hochzeit oder auch zu einer Beerdigung –, dem schenkte er sie. Mit den jungen Frauen trieb er gern seine Späße: »Gibst du mir einen Kuss, bekommst du die Blumen umsonst.«

Karabala – das ist ein türkischer Name. Niemanden in Jerewan scheint das zu wundern. Bisher hat es mir jeder so erzählt, nicht allein die Babajans. *Kara* bedeutet im Türkischen Schwarz und *bala* bedeutet Kind. Karabala, das heißt schwarzer Junge. – Eine andere Version seiner Geschichte beginnt so:

Jeden Tag stand Karabala auf der Abowjan, verkaufte Blumen und verdiente sich sein Geld. Er hatte Frau und Kinder. Jeden Tag kam eine Schauspielerin bei ihm vorbei, eine sehr schöne Frau. Und jeden Tag schenkte er ihr eine Rose. Aber es gab einen Mann in Jerewan, den das sehr eifersüchtig machte. Eines Tages ging dieser Mann mit einem Messer auf ihn zu. Karabala wehrte sich und tötete dabei den Angreifer. Der Blumenverkäufer kam ins Gefängnis. Es heißt, er wäre genau in die Zelle gekommen, in der auch der Dichter Jeghische Tscharenz saß. Am Ende schrieb, wie die Legende weiter erzählt, Tscharenz über Karabala ein Gedicht:

Er sitzt auf einem Regenmantel
aus lauter Fetzen
und vor sich die Blumen
Ich weiß nicht:
Ist er ein Künstler,
der Blumen anbaut ...
Oder ist es Karabala selbst?

Von Karabala an der Abowjan geht es über die Nordallee quer durch das Stadtzentrum, an der Oper vorbei, bis zur Kaskade. Die Kaskade ist bei den Jerewanern ein beliebter Treff- und Aussichtspunkt. Vor der Kaskade, wo eine breite Treppe hundert Meter nach oben führt, gibt es eine Parkanlage. Neuerdings ist sie mit skurrilen Plastiken belebt. Eine dicke Riesenkatze aus Metall sitzt zwischen den Rosenbeeten und streckt die Zunge heraus. Drei metallisch glänzende Turmspringer demonstrieren im selben Moment oberhalb der Kaskade, auf einer der Zwischenplattformen, ihre Gelenkigkeit.

Das älteste der Denkmäler dürfte hier zweifellos das von Alexander Tamanjan sein. Tamanjan ist dargestellt als ein übermannshoher bärtiger Mann. Sein Aussehen erinnert mich an das von

Stepan Ter-Magarjan aus Gjumri. Tamanjan ist eine historische Gestalt. In den 1920er-Jahren war er der Stadtplaner von Jerewan, später auch von Leninakan als dem heutigen Gjumri, von Gawar und Edschmiatzin. Im Denkmal stützt er sich mit beiden Händen auf die Steinplatte seines Arbeitstisches. Der Stadtplan liegt in steinerner Ausführung direkt daneben.

Während ich warte, habe ich Zeit mich umzuschauen. Jeden Moment müsste Dr. Hrajr Bagramjan auftauchen. Wir sind verabredet. Inzwischen ist es Mitte September und der zweite Teil meiner Reise im Jahr 2014 beginnt. Seit wenigen Stunden bin ich wieder in der Stadt. Es sind die goldenen Tage des Jahres. In Armenien wird erst mit dem Regen der Herbst beginnen, also Mitte Oktober, vielleicht sogar erst Anfang November.

Vor zehn Jahren lernte ich Hrajr als Reiseleiter kennen. Von Hause aus ist er Linguist. Hrajr ist eine charismatische Person, authentisch und sehr mit seinem Land verbunden. Darüber hinaus spricht er ausgezeichnet Deutsch.

Als er kommt, ist er wie immer sorgfältig gekleidet und trägt ein hellblaues Hemd zur anthrazitfarbenen Hose. Seine Gesichtszüge sind fein. Sobald ich in der Stadt bin, treffen wir uns auf diese eine Tasse Kaffee: »Und wie geht's?«

Hrajrs Vater war Bauingenieur, die Mutter Ärztin. Sie ist früh gestorben. Hrajr hat noch zwei Geschwister. Zusammen mit dem Vater lebt er in einem der Plattenbauten im Zentrum, unweit des Wardan-Mamikonjan-Denkmals. Eine eigene Familie hat Hrajr bisher nicht.

»Und die deutsche Linguistik ist schon immer dein Traum gewesen?«, frage ich, scherzend, mit Blick auf die Riesenkatze. Inzwischen haben wir Platz in einem der Cafés direkt an der Kaskade gefunden. Hrajr schüttelt lächelnd den Kopf. Und ich weiß es ja selbst: Sein erster Traum war die Diplomatie.

»Doch als ich mich bewerben wollte, wurde die Fakultät gerade geschlossen. Also wurde ich kein Diplomat. Das Germanistikstudium an der Staatlichen Universität war alles andere als geplant. Es war ein Zufall! Und der führte dann zum nächsten Zufall: Eines Tages wurde ich als Reiseleiter angefragt. Heute ist das meine Arbeit.«

»Jerewan verändert sich«, sage ich. »Wo sind im Zentrum die alten Häuser geblieben, das alte Jerewan? Was hältst du davon?«

»Damals, in den 1920er-Jahren«, beginnt Hrajr und holt auf diese Art weit aus, »waren Grünanlagen und Waldgebiete Teil von Tamanjans genialer Idee. Und um das näher zu erklären: Jerewan liegt auf einer Höhe von ungefähr tausend Metern. Und auf dieser Höhe liegt die Stadt wiederum im Kessel. Dadurch, dass Tamanjans Idee tatsächlich umgesetzt worden war, gab es in der Folge praktisch keinen Smog über Jerewan. Denn jeden Abend strömte bei relativ stabilen Windverhältnissen vom Norden her, vom Sewansee, frische Luft durch zwei breite, unbebaute Schluchten, direkt in die Stadt hinein. Im gleichen Zug wurde die verbrauchte Luft aus Jerewan hinausgeschoben, in Richtung Süden und damit in die Industriegebiete.

Mein Vater und ich, wir leben ja schon immer genau in der Stadtmitte. Zu Sowjetzeiten war das für uns jederzeit angenehm. Es gab kaum Hochhäuser, höchstens fünfgeschossig. Die Häuser des alten Jerewan, aus dem 18. und 19. Jahrhundert, waren maximal dreigeschossig. Jerewan war eine Stadt, ganz aus Tuffstein gebaut. Das war ein sehr schönes Bild.

Nach dem Zusammenbruch der Sowjetunion haben wir eine wilde Entwicklung gehabt. Viele Grünanlagen verschwanden. Diese Hochhäuser an der Nordallee wurden gebaut, und auch andere. Die beiden Schluchten für die Frischluftzufuhr sind inzwischen so gut wie zugebaut. Man kann heutzutage viele Blumen in Jerewan sehen, aber nicht mehr so viele Bäume. Die Luft in der Stadt ist schlecht geworden. Das hängt natürlich auch mit den Autos zusammen. Zu Sowjetzeiten haben wir vierundsechzigtausend Autos in ganz Armenien gehabt. Heutzutage gibt es etwa fünfmal so viele Autos allein in Jerewan, konzentriert im Stadtzentrum. Viele fahren ohne Katalysator.

In der Sowjetzeit gab es kaum ein Café. Es war eine strenge Gesellschaft, die arbeiten sollte. Heutzutage ist es eine lebendige Stadt mit sehr vielen Cafés. Der Großteil der armenischen Bevölkerung kann das zwar alles sehen, kann es sich aber nicht leisten. Touristen sind natürlich sehr begeistert, wenn sie unsere Stadt besuchen. Die Probleme der Stadt können sie kaum sehen. Uns ist wichtig, dass sich unsere Gäste wohlfühlen. Und ich hoffe auch, dass wir mit der Zeit wieder vernünftigere Architekten bekommen, damit unser Leben möglichst wieder gesünder wird.

Dadurch dass ich meine Arbeit gern mache, bin ich als Mensch in diesen Augenblicken sehr offen. Zuerst gab es nur wenige Gruppen, die Armenien besucht haben. Aber sie waren begeistert von der Natur, von der alten Architektur und der bewegenden Geschichte – eine fünftausendjährige Geschichte –, vom Essen und von den gastfreundlichen Menschen. Früher sind viele auch nach Israel gefahren, Syrien, in den Libanon, wo die alte christliche Kultur ebenso zu finden ist. Heutzutage leider, durch die Unruhen und kriegerischen Auseinandersetzungen, meidet man diese Regionen. Alternativen sind Armenien und der Kaukasus.

Was halte ich von dieser Entwicklung, diesem Aufschwung, aktuell vor allem in Jerewan? Nun, wir verlieren unsere Energie, vergessen, mit welchen Werten wir gelebt haben, was wir geschaffen haben. Wir zerstören, was wir hatten, versuchen neue, pompöse Sachen zu bauen, um unser Geld, unsere Pracht zu zeigen. Die Welt aber überraschen wir damit nicht. Dabei könnten wir in unserer Bescheidenheit Sachen schaffen, die in ihrer Andersartigkeit die Welt tatsächlich begeistern könnten. Dort würde man die saubere Seele finden. In der Stadt wird es langsam schwierig. Aber je weiter man in Richtung der Berge fährt, der Dörfer, desto sauberer werden die Menschen. Desto einfacher leben sie. Desto gläubiger sind sie. Und so wollen sie auch weiterhin leben, ohne andere Menschen für Geld über den Tisch zu ziehen, sondern eher geben und schenken ...

Ich versuche mit Absicht die Situation zu dramatisieren. Heutzutage gibt es natürlich Aufschwung in Jerewan. Aber diese Situation muss man sich genauer anschauen: Wir haben komplizierte Nachbarschaft. Jederzeit besteht die Gefahr, dass wir wieder gezwungen sein könnten, unsere Heimatgrenzen zu verteidigen.

In den 1990er-Jahren gab es Armut. Die Menschen hatten kein Geld, kein Essen. Und sie saßen in dunklen Räumen. Aber sie haben versucht einander zu helfen, zusammen die Republik zu verteidigen, die gerade wieder unabhängig geworden war. Heutzutage haben viele vieles – Geld, Reichtum, Frauen, Autos, Häuser usw. Aber viele haben auch nichts. Jetzt, wenn es zu einer Situation kommen wird, dass wir wieder unsere Heimat verteidigen müssen: Für welche Werte können wir diese Heimat verteidigen? Dafür, dass neunzig Prozent der Bevölkerung arm ist, vierzig Prozent davon unter der Armutsgrenze lebt, weil zehn Prozent gut leben wollen? Wofür sollten wir dieses Land verteidigen? Für die saubere Luft, die wir nicht haben? Für die schönen Parkanlagen, die wir nicht haben? Oder für die Häuser, die uns nicht gehören? Für wen sollen wir dieses Land verteidigen? Für Menschen, die später, nach den 1990er-Jahren, so reich geworden sind und dabei damalige Freiheitskämpfer unterdrückt haben, Freiheitskämpfer, die heute in Armut leben? Menschen, wegen denen wir heutzutage keine Gerechtigkeit mehr in Armenien haben?

Damals wussten wir: Das hier ist deine Heimat und dein Land. Und du wirst kämpfen für die Zukunft des Landes, damit deine Kinder bleiben können und du ihnen ein Paradies schaffen kannst.

Aber heutzutage, wo wir zum Schein vieles haben, verlassen die Menschen das Land, egal ob reich oder arm, weil sie Rechtlosigkeit sehen. Und weil sie sehen, wie alles auf einmal nicht mehr uns gehört, sondern nur bestimmten Familien. Und wenn die Erde, das Wasser nicht mehr dir gehört, dann bekommst du auch von der Erde und dem Wasser keine Energie mehr. Und nur dank dieser Energie wird es dir möglich sein, das Wasser und diese Erde zu verteidigen.

Das Ganze ist ein bisschen kompliziert. Und es ist auch kompliziert, darüber zu sprechen. Aber es sind Werte verloren gegangen, wofür man ein Land verteidigen könnte und wollte. Dafür sind Menschen auch gestorben. Und diese Menschen sind nicht dafür gestorben, damit fünf Prozent oder zehn Prozent prachtvoll leben können und der Rest ignoriert wird als Mensch. Auch die Kirche ist heutzutage mit Problemen beschäftigt.

Es geht um Werte. Und das ist das Problem der Gesellschaft, was man heutzutage nicht richtig erkennen kann. Geld hat den Menschen blind gemacht. Und das zerstört die Gesellschaft allgemein. Man versucht zwar immer wieder Rettungsmaßnahmen zu ergreifen, aber zum Teil zu spät, zum Teil auch einfach nur zum Schein.«

Tag 13 Glauben

Geghard ist das Lieblingskloster von Dr. Hrajr Bagramjan. Und als er gestern hörte, dass ich heute hierherfahren würde, meinte er noch: »Zum ersten Mal war ich dort als Kind. Das war für mich ein wunderschöner Ausflug. An unser Auto aus Sowjetzeiten kann ich mich noch gut erinnern, nicht aber daran, dass Geghard ein Kloster in einer Höhle ist. Vielleicht hört sich das merkwürdig an. Aber erst durch eine Gruppe von Architekturstudenten und den Professor Hartmut Hofrichter aus Kaiserslautern, einen sehr guten Menschen, habe ich die armenische Baukunst überhaupt schätzen gelernt. Momentan versuche ich, ganz für mich, das alles neu zu sehen. Aber wenn man zum ersten Mal ein Kloster sieht, noch dazu als so kleines Kind, wie ich es damals gewesen bin, selbst wenn dieses Kloster in Höhlen gebaut ist, wird man das Besondere nicht erkennen können. Man braucht den Vergleich.« Anschließend erzählt er mir noch einmal die Legende von der Entstehung des Klosters Geghard:

Gregor der Erleuchter gründete an einer heiligen Quelle, gelegen am Fluss Azat, das Höhlenkloster, auf Armenisch: Ajriwank. Dieses Kloster wurde auch Kloster der sieben Kirchen genannt, oder Kloster der vierzig Altäre.

Vom Kloster des Heiligen Thaddäus, einem armenischen Kloster im Nordiran, wurde die heilige Lanze hierher gebracht, ins Kloster Geghard, seitdem also: Kloster zur heiligen Lanze. Ein römischer Soldat soll mit dieser Lanze den gekreuzigten Jesus durchstochen haben, um zu prüfen, ob Jesus noch am Leben sei. – Zunächst wurde die Lanze im Kloster Geghard aufbewahrt, später im Museum von Edschmiatzin.

Hrajr und ich hatten unseren Kaffee bezahlt und standen schon draußen, wieder neben Tamanjan. Es war Abend geworden, Nacht, die Stadt war ein einziges Lichtermeer und voll von Menschen, die, wenn sie nicht in einem der vielen Cafés saßen, einfach spazieren gingen.

»Es ist kaum vorstellbar«, redete sich Hrajr mit dem Gedanken an das Höhlenkloster Geghard noch einmal in Schwung, »wie die Steinmetze es geschafft haben, im Laufe vieler Jahre in die Felsen hinein dieses Kloster zu bauen: mit mehreren Kirchen, mit Zellen für die Mönche, zahlreichen Altären und Reliefs. Das Kloster Geghard ist in ganz Armenien einmalig! Es ist ein Meisterwerk.«

Die Berge am Kloster Geghard bestehen zumeist aus kahlem, schroffem Fels, teilweise sind sie dicht bewaldet. Gras und Blätter sind noch erstaunlich grün. Nur stellenweise färbt sich das erste Laub rot.

Ein junges Pärchen tritt auf den Platz vor dem Portal. Das Mädchen bückt sich und sammelt kleine Steine vom Weg, nach ihr der Junge. Jeder sammelt für sich drei Steinchen und legt sie sich auf die flache Hand. Anschließend steht das Mädchen direkt vor dem Fels, nimmt Schwung, zielt und wirft. Erst jetzt bemerke ich die Kämmerchen in der Wand. Insgesamt ist es ein mächtiger Fels, in den das Kloster geschlagen worden ist und der das Kloster selbst weit übersteigt. Nachdem das Mädchen alle drei Steinchen geworfen, dabei aber nicht getroffen hat, zielt der Junge. Wer trifft, dessen Wunsch geht in Erfüllung. Sie treffen beide kein einziges Mal. Lachend gehen sie weiter.

Das Portal ist umkränzt von einem steinernen Flechtwerk. Da sind symmetrisch exakte Blumen- oder Sonnenmotive, auch zwei Vögel, vor allem aber Granatäpfel und Trauben. Alles kommt zusammen. Und es ist schon hier für mich zu fühlen, was ich, erst recht angesichts dieses Berges, wenig später im Buch über die armenischen Felszeichnungen lese:

Jede frei gewordene Seele konnte demnach in Menschen, Tieren oder auch Naturelementen aufgehen und umgekehrt, wodurch eine Seelenverbundenheit zwischen Menschen, Tieren und der Natur entstand, eine untrennbare Schicksalsgemeinschaft. Folglich besaß alles in der Natur Vorkommende Geist. Wo ein Geist war, da gab es auch übernatürliche Gaben. Deshalb schrieb man auch den Tieren, Bäumen, Pflanzen, Bergen, Meeren übersinnliche Kräfte zu. Das führte zur Verehrung der in der Natur befindlichen »lebenden« Elemente, es entstand der Totemismus ...

Einer der bedeutenden Totems der Armenier war der Berg.

Die dunkelgraue Muttergotteskirche steht zentral im Klosterhof. Der Himmel darüber ist strahlend blau. Jetzt, Mitte September, ist es eine deutlich angenehmere, sommerliche Wärme als noch im August. Ich steige eine Treppe hinauf und betrete das Innere des Felsens. Es ist tatsächlich phänomenal: Neben- sowie übereinander ist ein Labyrinth aus Kirchen, Kammern, Nischen und Altären in den mächtigen Fels geschlagen. Der eine Raum geht in den nächsten über, genau wie vorhin die steinernen Fäden im

Flechtwerk am Eingangsportal. Der russische Schriftsteller Andrej Bitow beschreibt es in seinen »Armenischen Lektionen«:

Es gab in dieser Kirche keine einzige Abstützung. Die Kirche hatte bereits im Fels gesteckt, das Gestein musste nur verflüchtigt werden. Maschinen hätten das nicht gekonnt. Nur mit den Händen, nur mit den Fingernägeln, nur Staubkorn für Staubkorn herauskratzen konnte man diese Kirche. Kein Fehler, kein störender Riss konnte in diesem Fels sein, denn dort war die Kirche. Keine Zeichnung, keine Berechnung war nötig, denn dort war eben diese Kirche, diese Formen und diese Umrisse.

Inzwischen befinde ich mich in einer der oberen Kirchen. Etwas bewegt sich am Boden. Das ist richtig und zugleich falsch wahrgenommen, wie ich bald darauf bemerke. Denn dadurch, dass sich im Boden Löcher befinden, bewegt es sich eher *unter* dem Boden. Und das sind die Besucher im unteren Raum.

Im Dämmer der unteren Räume treffe ich auf eine Gruppe von Menschen. Sie stehen an. Sie warten auf etwas. Ich reihe mich mit ein. In Abständen rücken wir einen Schritt vor. Wir sprechen nicht miteinander. In der Ferne rauscht ein Wasser.

Schließlich ist mein Vordermann an der Reihe. Er tritt nach vorn, setzt den Fuß auf einen Stein, der, wie ich erst jetzt erkennen kann, im Wasser liegt. Das Wasser kommt aus dem Fels. Und das ist die heilige Quelle. Der Mann trinkt. Anschließend verneigt er sich kurz vor dem Fels wie dem Wasser, bekreuzigt sich schnell und gibt mir gleich darauf den Platz frei.

Nun trete ich selbst vor, neige mich zur Quelle, lege meine geöffneten Hände zusammen, fange das Wasser auf und trinke. Das Wasser ist kalt, frisch und schmeckt am ehesten nach einem flüchtigen Wort.

Mein Wort sind mehrere Wörter zugleich. Eines davon ist das Wort *lawasch*. Das Höhlenkloster Geghard gehört seit dem Jahr 2000 zum materiellen Unesco-Weltkulturerbe, und seit 2014 gehört *lawasch*, und übrigens auch die *chatschkare,* zum immateriellen Unesco-Weltkulturerbe dazu.

Als mir Melanja damals, im Jahr 2000, Fahrer und Auto für einen Tag zur Verfügung gestellt hatte, damit ich den Sonnentempel und eben auch das Höhlenkloster Geghard sehen könne, ergab sich für mich gleich auch noch die Sache mit dem *lawasch*. *Lawasch* ist nicht nur einfach ein spezielles, sondern für die Armenier auch ein heiliges Brot. Ist der Teig fertig, wird mit der Handkante das Kreuz markiert. *Lawasch* wird, wie mir wiederum Marina erzählt hatte, beim Gottesdienst als Hostie verwendet und hält sich, trocken aufbewahrt, vom Herbst bis zum Frühjahr. Bespritzt mit etwas Wasser, kann es jederzeit gegessen werden. Es wird gesagt, *lawasch* besitze heilende Kraft. Das Backen von *lawasch* ist Ritual und Gebet zugleich. Es wird ausschließlich von Frauen gebacken. Das Feuer im Tonir aber macht ein Mann.

Auf dem Weg nach Garni war im Jahr 2000 Armen unser Fahrer. Auch Wahram war – wie damals immerzu und überall – als mein armenischer Gastgeber mit dabei. Auf dem Hinweg bog Armen plötzlich von der Hauptstraße ab. Wir kamen in ein Dorf: »Das ist mein Dorf!«, verkündete er stolz und fuhr uns zum Haus seiner Familie. Seine Mutter – eine kleine, alte Dame, schwarz gekleidet –, trat wie zufällig genau in diesem Augenblick hinaus auf die Straße und die beiden besprachen irgendetwas. Dabei gestikulierte Armens Mutter immer mal wieder heftig, schaute zwischendurch auch zu uns herüber, bis sie schließlich wie ergeben innehielt.

Als wir weiterfuhren, erzählte uns Armen: »Nachher werden Mutter und die Nachbarinnen Ihnen zeigen, wie bei uns das *lawasch* gebacken wird. Oder haben Sie das schon einmal gesehen?« Nein, das hatte ich noch nie.

Bis heute weiß ich nicht, wie es diese Frauen damals hinbekommen haben, in einer Zeit von zwei, drei Stunden alles so schnell vorzubereiten: Der Teig braucht seine Zeit, das Feuer ... Als wir nach den

Besichtigungen von Garni und Geghard in das Dorf zurückkamen, war jedenfalls alles schon fertig.

Im Backhaus war im Boden ein runder Ofen eingelassen, der Tonir. Im Tonir brannte Feuer. Hitze stieg auf. Auf dem steinernen Fußboden standen zwei Aluminiumschüsseln bereit, gefüllt mit dem Teig, und rund um den Tonir drei flache Holzbänkchen. Die drei Frauen, die backen würden, betraten den Raum, dazu auch einige Nachbarinnen sowie Armens Mutter. Die Nachbarinnen und auch die Mutter unseres Fahrers schauten allem zu. Die Szene erinnerte mich an Franz Werfels Roman »Die vierzig Tage des Musa Dagh« und an Ter Haigasuns Wissen, das historische wie psychologische Wissen des Priesters, um sein Volk:

... Der armenische Bauer und Handwerker fühlt sich in einer Welt nicht zu Hause, wo es keinen Tonir gibt. Vielleicht kommt das daher, weil der Tonir einst der Altar der Feueranbetung gewesen ist, weshalb ihn auch heute noch die Gefühle eines göttlich gesicherten Heimwesens umschweben mögen. Ter Haigasun strebte nichts tatkräftiger an, als seinen Gemeinden hier in der Wildnis und Todesumschlungenheit das Bewusstsein zu schenken: Wir sind zu Hause.

Eine rundliche Frau, die erste der drei Bäckerinnen, hielt Plastikplanen in der Hand, breitete eine nach der anderen auf dem Boden aus und ließ sich dann auf einem der niedrigen Holzbänkchen nieder. Neben ihr stand die Schüssel mit dem Teig. Die Rundliche griff in den Teig, um die erste Portion zu nehmen. Ihre rechte Hand war das passende Maß. Sie formte den ersten Kloß, warf ihn nach oben, fing ihn wieder und legte ihn auf einem runden Blech ab. Dieses Blech stand zwischen ihr und der zweiten der Frauen, einer in Schwarz Gekleideten.

In der Backstube wurde es langsam eng, denn drei Schulkinder samt Schultaschen waren noch dazu gekommen, zwei Mädchen und ein Junge.

Die Schwarzgekleidete war zuständig für den nächsten Schritt: Sie bestäubte ein kreisrundes Brett mit Mehl, nahm den ersten der Teigklöße vom Blech und rollte den Teig aus. Ebenso vorsichtig wie flink zog sie den kreisrunden, dünn gewalzten Teig vom Holzbrett wieder ab, wedelte ihn artistisch zwischen Hand und Unterarmen hin und her und reichte ihn der Dritten.

Die Dritte saß da mit hochrotem Gesicht. Sie übernahm den Teig, indem nun sie ihn mit Händen und Unterarmen jonglierend hin und her wedelte. Dabei dehnte sich der Teig so sehr, bis er auf den Stempel passte. Nie ergab sich im gedehnten Teig ein Riss.

Dieser Stempel war oval, breit und ellenlang, gepolstert sowie mit einem sauberen Leinentuch bezogen. Mit fließenden Bewegungen beugte sich die Hochrote nun über den Tonir und stempelte den Teig an dessen heiße Innenwand. Sekunden später war das Brot gebacken.

Armens Mutter stand neben mir und erzählte mir bedächtig die Geschichte vom jungen König Aram und davon, wie ihm das *lawasch* einst das Leben gerettet hätte.

Der junge König Aram wurde im Kampf gegen König Nebukadnezar gefangen genommen. Der Gegner unterbreitete ihm einen Vorschlag: »Zehn Tage lang lasse ich dich einsperren und hungern. Am elften Tag messen wir uns dann beim Bogenschießen. Wenn du gewinnst, bist du stärker als ich. Dann lasse ich dich frei.«

Nach der ersten Nacht bat ihn König Aram: »Ich möchte mich ein wenig auf den Wettkampf vorbereiten. Bitte lasst mir von den Unseren ein echtes armenisches Schild bringen!«

König Nebukadnezar entsprach der Bitte und ließ bei den Gegnern das Schild holen, hinter dem die Armenier aber das lawasch für Aram versteckt hatten. Brot in dieser Form war damals unbekannt.

»Das Schild, das mir gebracht worden ist, war nicht das richtige«, erklärte König Aram am nächsten Tag und bat um ein anderes. Auf diese Weise erhielt er täglich eine Ration lawasch. Als am elften Tag der Wett-

kampf im Bogenschießen stattfand, gewann König Aram und kehrte als freier Mann nach Hause zurück.

Armens Mutter tippte mich, kaum hatte sie geendet, an, um mich nun auf ihre Knie zu verweisen: »Es geht nicht mehr«, sagte sie, beugte sich vor und hob, ohne dabei auf die Knie zu gehen, das fertige Brot von der Plastikfolie am Boden auf. Armens Mutter trug den ersten Stapel *lawasch* hinüber ins Haus. Ich folgte ihr. Dort, im Haus, standen auf dem Küchentisch schon mehrere Teller bereit – mit Schafskäse, Wurst und hartgekochten Eiern.

»*Lawasch* wird mit der Liebe der Frauen gebacken«, erklärte mir bei dieser Gelegenheit Armens Mutter. »*Lawasch* sieht auch nie ein Messer. Und wir machen es hier so«, sagte sie und riss ein Stück vom Brot ab, belegte es mit zwei schmalen Scheiben Schafskäse, einem Stück Wurst und einem halben Ei. Das alles wickelte sie fest ein und reichte es mir: »Das isst du jetzt! Bleib gesund, Kindchen! Du kannst in Deutschland von uns erzählen.«

Tag 14 Hoffen

Gregor der Erleuchter ging über die Erde. Plötzlich erschien ihm eine Schar von Engeln. Gregor war wach, als er diesen Traum hatte, und er verstand das Zeichen. – Sie kennen den Unterschied zwischen Cherubinen und Seraphen?«, fragt Professor Chatschik Gazer in die Runde. Ein dunkelblauer Kleinbus mit einer Gruppe der Deutsch-Armenischen Gesellschaft ist unterwegs auf der tadellosen M5. Nach ihrer Jerewaner Tagung »Über hundert Jahre deutsch-armenische Beziehungen« sind die Teilnehmer heute, zum Sonntag, auf dem Weg nach Edschmiatzin, mit Zwischenstation in Zwartnots. Zwartnots ist das Ruinenfeld der Kathedrale von Gregor dem Erleuchter, die nach diesem seinem Traum zuweilen auch die »Kathedrale der wachen Engel« genannt wird.

Professor Gazer setzt fort: »Die Cherubinen sind hochrangige Engel mit vier Flügeln, mit Tierleib und Menschengesicht. Und

Seraphe besitzen sogar sechs Flügel: Mit zweien bedecken sie ihre Augen, denn sie dürfen Gott nicht sehen, mit zwei weiteren bedecken sie ihre Füße, und mit zwei der Flügel fliegen sie.«

Frau Professor Armenuhi Drost-Abgarjan, die Chefin und Organisatorin dieser Jerewaner Tagung, kenne ich seit meiner ersten Armenienreise im Jahr 2000. Wir sind Freundinnen, die wenig Zeit miteinander haben. Armenuhi ist Professorin für Orientalistik und Armenologie an der Martin-Luther-Universität Halle-Wittenberg. Und selbst als Professor Herrmann Goltz noch lebte, ebenda tätig, und sie so etwas wie seine rechte Hand war, gab es für Treffen kaum freie Zeit. Wir treffen uns eher bei Gelegenheiten wie dieser Tagung. Genau wie die Tagungsteilnehmer wohne ich auf der Maschtotsstraße, im Gästehaus der Universität Jerewan.

»Komm doch mit uns mit!«, hatte Armenuhi mir die gemeinsame Fahrt nach Zwartnots und Edschmiatzin vorgeschlagen.

Auf halber Strecke sehen wir rechter Hand, unweit der Hauptstraße, etwas erhoben, zunächst den roten Stein des Musaler-Denkmals im Licht der Sonne leuchten. Das gleichnamige Dorf befindet sich – genau wie der Flughafen Zwartnots – auf der gegenüberliegenden Seite, also südlich der M5. Musaler, ein Dorf, angelegt zur Erinnerung an den Berg Musa Ler, wird auch Musa Dagh genannt. Es ist eine Erinnerung an diese Geschichte der Selbstbehauptung und des Widerstandes.

Knapp zehn Kilometer weiter biegen wir nach links ab, um die Ruinen von Zwartnots zu besichtigen. Genau wie Edschmiatzin gehören diese Ruinen zum Unesco-Weltkulturerbe.

Die Zwartnotser Ruinen sind Reste einer christlichen Kathedrale, gebaut auf einer vorchristlich heiligen Stelle. Und womöglich befand sich hier, wie ich im Buch über die Felszeichnungen las, die Kultstätte ausgerechnet für Tir, den armenischen Gott der

Literatur, Wissenschaft, Kunst, des Schicksals und der Traumdeutung.

Darüber hinaus behauptet eine weitere Legende sogar, dass hier in Zwartnots auch der lang gesuchte Heilige Gral vergraben sei. Und als wir kurz darauf aussteigen und über das Ruinengelände laufen, schnappe ich es erneut im Vorübergehen von einer Deutsch sprechenden armenischen Reiseleiterin auf: Rundum herrscht Mangel. Und dennoch besitzt das armenische Volk eine schier unerschöpfliche Quelle der Lebenskraft. Diese Legende ist selbst als Legende sehr umstritten. Aber wenn es der Heilige Gral nicht ist: Wo entspringt diese Lebenskraft dann?

Ich separiere mich etwas von meiner Gruppe auf Zeit und laufe allein weiter über das Ruinenfeld. Unweit von hier, entlang des Flusses Aras, verlief über mehrere Jahrhunderte eine Fernhandelsroute. Zugleich war das auch der Korridor, durch den die rivalisierenden Truppen einst gezogen sind. Die Geschichte der Völkerschaften und ihrer Auseinandersetzungen ist wechselhaft. Um konkreter und historisch tatsächlich exakt zu sein, mangelt es oft an historischen Quellen. Dieser Umstand öffnet wiederum den Raum für all diese Legenden.

Den Forschungen nach, und modellhaft im kleinen Museum Zwartnots dargestellt, soll diese Kathedrale eine dreistufige Rundkirche gewesen sein, fast vierzig Meter im Durchmesser und fünfundvierzig Meter in der Höhe. Die Last verteilte sich dabei auf fünfunddreißig tragende Säulen.

Im 7. Jahrhundert wurde die Kathedrale erbaut. Hundert Jahre später war sie fertiggestellt, brach aber im 10. Jahrhundert plötzlich in sich zusammen. Die Ursache ist bis heute unklar. Vielleicht zerstörte ein Erdbeben die Kathedrale? Oder feindliche Araber entfernten tatsächlich, entsprechend einer weiteren Legende, unbemerkt tragende Steine aus dem Mauerwerk? Die dritte der Hypothesen ist nun mit Sicherheit eine Legende. Die junge, energische Reiseführerin, die vorhin die Geschichte vom

Heiligen Gral erzählt hat, berichtet den ihr anvertrauten Reisenden:

Und eines Tages geschah es, dass eine dieser fünfunddreißig Säulen nicht länger bereit war, die Last mitzutragen. Sie sagte sich: »Wer bin ich schon? Das Ganze trägt auch ohne mich. Keiner wird es merken.« Nach außen hin ließ sie nichts davon verlauten, sondern fiel daraufhin einfach in sich zusammen. Doch genau in diesem Moment hatten auch alle weiteren vierunddreißig Säulen denselben Gedanken gehabt und das Bauwerk stürzte insgesamt ein.

Anfang des 20. Jahrhunderts gruben Archäologen die Ruinen von Zwartnots aus. Heute stehen wir vor dem Rest einer breiten Außenmauer, vor den Stufen sowie einem doppelten Ring an Säulen. Nur wenige dieser Säulen sind noch so gut erhalten wie die mit dem Adlerkapitell.

Geht Chatschik über das Ruinenfeld, streicht er sich bisweilen den grauen Vollbart. Oder er rückt seine Brille zurück. Fast immer lächelt er still vor sich hin. Einmal faltet er, wie zum Gebet, auch seine Hände. Um den Hals hängt ihm eine große Kamera. Und schon im nächsten Augenblick schaut er durch die Kamera in Richtung Ararat. Doch wie so oft sind die beiden Gipfel des Ararat im Dunst nur zu erahnen. Auf meinen beiden Reisen im Jahr 2014 habe ich ihn bisher überhaupt noch nicht gesehen.

Hacik Rafi Gazer, gesprochen: Chatschik Gazer, ist Professor für Geschichte und Theologie des christlichen Ostens an der Friedrich-Alexander-Universität Erlangen-Nürnberg. Er fotografiert in den Dunst hinein. Ich schaue ungläubig. Er aber meint: »Vielleicht ist der Ararat wenigstens auf dem Foto zu sehen. Ich möchte es versucht haben. So oft bin ich nicht hier. – Sie kommen aus Leipzig?«, wechselt er das Thema. »Ich weiß von mindestens hundertzwanzig armenischen Studenten, die im 19. Jahrhundert in Leipzig studiert haben. Leipzig war ein überaus wichtiger Ort!

Zuerst, ab den 1830er-Jahren, gingen die armenischen Studenten nach Dorpat, ins Baltikum. Aber seit den 1890ern gingen sie eben nach Deutschland ... Ich selbst hätte nie im Leben gedacht, dass auch ich eines Tages nach Deutschland komme! Ich bin Armenier, müssen Sie wissen, und wurde in der Türkei geboren. Es war immer mein größter Wunsch, Priester zu werden, Priester unserer Armenisch-Apostolischen Kirche, ein im Zölibat lebender Priester! Als Kind habe ich Priester gespielt. Unsere zölibatär lebenden Priester tragen Kapuzen. Und so eine habe ich mir selbst gemacht, aus einem Handtuch vom Wickeltisch. Es war für mich klar, dass ich ein *wardapet* werden würde. *Wardapet* ist die höhere Stufe der Mönchspriester. Das sind die Gelehrten. Jetzt bin ich zwar ein Gelehrter geworden, aber nicht als ein zölibatär lebender Priester.«

Professor Gazer lacht freundlich. Zugleich zuckt er, bedauernd die Schultern: »Es ist anders gekommen. Aber das hat auch viel Gutes: Nun habe ich eine Frau und dazu meine Kinder. Darüber hinaus bin ich, beruflich gesehen, immer in der Nähe der Priester geblieben.«

»Sie wurden in der Türkei geboren?«, frage ich nach, um darüber mehr zu erfahren.

»Ja, meine Großeltern kommen aus Mittelanatolien«, bestätigt Chatschik, »aus der Stadt Yozgat. 1915 wurden sie deportiert. Damals war mein Großvater, Jahrgang 1881, schon verheiratet und hatte eine Tochter. Männer und Frauen holten sie getrennt voneinander ab. Großvater konnte sich verstecken und hat überlebt. Noch im Jahr 1915 fand Großvater seine kleine Tochter wieder; seine Frau aber hat er nie wiedergefunden. Er heiratete ein zweites Mal. Die Familie versuchte in Yozgat zu bleiben. Auf Dauer ging das nicht gut. Inzwischen hatten er und seine zweite Frau vier Kinder. Im Jahr 1928 wanderten sie nach Istanbul aus. In den zwanziger Jahren gab es dort, in Istanbul, insgesamt achtzehn Flüchtlingsstationen. Meine Großeltern landeten in solch einer

Station. Hier überlebten sie die nächsten Jahre, und ihre Kinder wuchsen dort auf, auch mein Vater.«

Der Professor hält kurz inne, bevor er seine Hände erneut wie zum Gebet zusammenlegt, sich leicht verbeugt und meint: »Vielleicht noch eins: Sie wissen vom Dorf Musaler? Sie kennen den Roman von Franz Werfel? Und Sie wissen auch vom Denkmal auf der anderen Seite der Straße? Ich bin gestern dort gewesen, in der Gedenkstätte. Das ist ein wichtiger Ort. Vielleicht machen wir heute auf dem Rückweg dort Station.«

In einer der ersten Szenen von Franz Werfels Roman »Die vierzig Tage des Musa Dagh« besucht der Hauptheld Gabriel Bagradjan den bejahrten Türken Agha Rifaat Bereket, Freund seines Vaters und dessen Familie. Dieser Mann ist nicht allein Moslem, sondern auch ein Weiser. Gabriel Bagradjan spürt, dass etwas gegen die Armenier im Gange ist. Keiner weiß etwas Genaues. Vielleicht, dass dieser Mann etwas weiß und ihm gegenüber auch darüber spricht?

Franz Werfel, als der Gestalter der Szene, lässt Bereket in Vorahnung kommender Ereignisse dem jungen armenischen Familienvater, Ehemann einer Französin, Offizier des osmanischen Heeres, eine silberne Münze schenken. Tausend Jahre zuvor wurde diese Münze unter dem armenischen König Aschot Bagratuni geprägt, König der Dynastie der Bagratiden. Es heißt, der weise Bereket habe genau diese Münze als Geschenk gewählt, wegen des Gleichklangs der Namen – Bagradjan und Bagratuni. Die Inschrift auf der Münze lautet: »Dem Unerklärlichen in uns und über uns.«

Wir fahren weiter in Richtung Edschmiatzin. Mich beschäftigt der Gedanke, dass die Ruinen von Zwartnots etwas zu tun haben könnten mit dem Dorf Musaler. Am Rückspiegel des Fahrers hängt ein kleines, hölzernes Kreuz. Hastig schaukelt es hin und her. Der Kleinbus wirkt wie neu und erreicht eine respektable Geschwindigkeit.

»1963 wurde ich in der Türkei geboren, in Istanbul«, erzählt mir Chatschik unterwegs seine Geschichte weiter. »Als ich achtzehn Jahre alt war, gab es in der Türkei für mich keine Möglichkeit, Theologie zu studieren. Aber die Theologie war mein Wunsch. So bin ich 1981 in die Bundesrepublik Deutschland gekommen, mit einem Stipendium vom Diakonischen Werk der EKD. Aber als ich in Tübingen 1993 über die ›Akademie in Edschmiatzin‹ promoviert habe, bekam ich Schwierigkeiten mit dem türkischen Staat. Mein Pass wurde mir entzogen. Auch mit dem türkischen Geheimdienst hatte ich zu tun. Unter bestimmten Bedingungen hätten sie mich einreisen lassen. Aber ich war mit den Bedingungen, die damit verbunden gewesen wären, nicht einverstanden, sodass ich in der Folge meinen Pass nicht zurückbekam. Das hat mein ganzes Lebenskonzept geändert. Meine Lehrer meinten: ›Wenn du nicht zurück kannst, dann musst du dich hier so qualifizieren, dass du im akademischen Bereich etwas werden kannst!‹ Und so bin ich diesen Weg gegangen. Ab 1993 lehrte und arbeitete ich an der Universität Halle-Wittenberg bei dem von mir hochgeschätzten Herrn Professor Herrmann Goltz, gemeinsam am Lehrstuhl auch mit Armenuhi. Anschließend hatte ich das große Glück, an die Universität nach Nürnberg-Erlangen berufen zu werden.«

Inzwischen sind wir kurz vor Edschmiatzin. Bereits seit zehn Uhr findet hier in der großen Kathedrale die vierstündige Messe statt, wie an jedem Sonntag. Chatschik Gazer weiß, dass heute darüber hinaus noch fünfzehn Priester geweiht werden: »Das ist immer ein sehr bewegender Augenblick!«

Unsere kleine Reisegesellschaft der Tagungsteilnehmer ist auserlesen. Jeder kennt Armenien auf seine Art. Es sind Deutsche und es sind Armenier.

Armenuhi Drost-Abgarjan sitzt gleich vorn beim Fahrer. »Ich glaube, Armenuhi schläft nie«, meint Chatschik. »Es ist unglaublich, was diese Frau leistet. Für uns ist sie eine ganz wichtige Gestalt.« Armenuhi hat es gehört, dreht sich zu Chatschik um und strahlt.

Edschmiatzin war vom 2. bis zum 4. Jahrhundert die Hauptstadt Armeniens. Der Ort selbst heißt Wagharschapat. Edschmiatzin ist die theologische Bezeichnung für den Ort und bedeutet: »Hinabgestiegen ist der einzig Geborene«. Und diesmal ist es Armenuhi, die uns noch vor unserer Ankunft die Legenden vergegenwärtigt.

Dass König Trdat III. so erbarmungslos gegenüber Gregor gehandelt und ihn im Kloster Chor Wirap in das unterirdische Verlies gesperrt hatte, hatte seinen tieferen Grund, denn Gregor war der Sohn des Prinzen Anak. Und Prinz Anak ermordete einst den Vater von König Trdat III. Anschließend floh er mit der Familie ins Exil nach Kappadokien. Dort wurde Gregor im christlichen Glauben erzogen.

Während der dreizehn oder fünfzehn Jahre, die Gregor im Kerker hausen musste, herrschte König Trdat III. auf grausame Art. Dazu gehörte die Ermordung der christlichen Nonne Hripsime und deren Äbtissin Gajane.

Der König erkrankte daraufhin schwer und allein Gregor vermochte ihn zu heilen.

Der nächste Schritt – hin zum Christentum als Staatsreligion – war die Errichtung eines christlichen Tempels. Dazu beriet sich der König mit Gregor. Im Traum sah Gregor Jesus Christus mit dem goldenen Hammer auf die Erde niedersteigen und den Ort der zukünftigen Kirche markieren.

Die Bauarbeiten begannen. Kaum war das Fundament errichtet, brach alles in sich zusammen. In der kommenden Nacht erschien Gregor erneut der Gottessohn. Mit dem goldenen Hammer klopfte Jesus Christus dreimal auf die Erde. Es hieß: Genau auf dieser Stelle befand sich unter der Erde ein dreifacher und bösartiger Knoten. Das Klopfen aber hätte den Knoten aufgelöst. An ebendieser Stelle steht heute der Altar.

Von da an wurde die Kathedrale Etschmiatzin ohne weitere Zwischenfälle – »Hinabgestiegen ist der einzig Geborene« – errichtet.

»Der Ausbau dieses Ortes begann Anfang des 4. Jahrhunderts«, führt Chatschik weiter für mich aus. »Seither ist Edschmiatzin für die Armenier so etwas wie der Vatikan oder wie Jerusalem geworden. Seit 1441 ist es der Hauptsitz des Obersten Patriarchen, des Katholikos aller Armenier. Dort werden die Geistlichen ausgebildet. Dort werden dann, im späten Mittelalter bzw. in der Neuzeit, Bücher gedruckt. Dort wird auch das Myron-Öl geweiht. Das ist ein ganz wichtiger liturgischer Akt, dass dort das heilige Öl geweiht wird, mit dem die Kinder und alle Täuflinge gesalbt werden. Es ist auch Verwaltungszentrum der armenischen Kirche, also geistiges und administratives Zentrum.«

Neben der Kathedrale gibt es in Edschmiatzin die Kirchen St. Gajane sowie St. Hripsime, den getöteten Nonnen geweiht.

Im Jahr 2001 kam Papst Johannes Paul II. nach Edschmiatzin, zum Jubiläum »1 700 Jahre Christentum als Staatsreligion in Armenien«. Der Papst war damals schon sehr alt und auch schwach. Die Armenier sind ihm noch heute dankbar, dass er damals dennoch zu ihnen gekommen ist. Mit ihm kam erstmals in der Kirchengeschichte ein römisch-katholischer Papst nach Armenien. Auf dem neu errichteten, offenen Altar in Edschmiatzin zelebrierte er einen katholischen Gottesdienst.

Das Eingangstor, die Hauptkathedrale, das Refugium, das gesamte Gelände liegen nun vor uns. Und wir betreten es. Die verschiedenen Gebäude in Edschmiatzin sind aus rotem oder grauem Tuffstein gebaut. Insgesamt wirken sie als Ganzes.

Aus der Ferne ist Gesang zu hören, zuerst nur Männerstimmen, dann auch die Stimmen der Frauen. Unsere kleine Gruppe beschleunigt und kommt immer zügiger voran. Der Professor mahnt der Priesterweihe wegen zur Eile.

Zu Sowjetzeiten war die armenische Teilrepublik in drei Diözesen aufgeteilt, heute gibt es zehn. Gegenwärtig sind in Armenien, einschließlich der Diaspora, etwa zweihundertfünfzig Priester tätig.

Die Menschen in der Kathedrale stehen dicht gedrängt. Viele Frauen bedecken ihr Haar mit einem seidigen Schal, weiß oder auch farbig.

Die Empore erscheint im Kirchenraum wie eine Bühne. Hinter einer halbhohen Balustrade stehen, ja, drängen sich sowohl Gläubige als auch Besucher, viele mit Kameras und Fotoapparaten. Nur direkt an der Empore gibt es einige Sitzplätze. Die Menschen verfolgen die Liturgie, bekreuzigen sich, wenn es an der Reihe ist, knien nieder, beten, stehen wieder auf, bekreuzigen sich erneut. Es ist ein Kommen und Gehen.

Sieben junge Männer knien vor dem Katholikos. Sie tragen lange, blaue Gewänder, mit breiten, goldumrandeten Kragen. Auf dem Rücken ist jeweils ein goldenes Kreuz aufgestickt. Alle weiteren Priester, die gerade im liturgischen Dienst stehen, tragen Weiß oder Rot. Einer von ihnen geht zügig auf und ab. Dabei schwenkt er kräftig das Weihrauchfass. Erst singt er allein, dann singt auch der Chor. Der liturgische Chor steht seitlich der Empore. Mit dem Segen sind die sieben Priester geweiht. Die nächsten kommen an die Reihe.

Wer Blau und Schwarz trägt, ist ein geweihter und zugleich verheirateter Priester. Wer zum Zeitpunkt der Weihe nicht verheiratet ist, lebt fortan im Zölibat. Die im Zölibat lebenden Priester gehen in Violett und Schwarz und tragen eine Kapuze. Beim Katholikos ist das nicht anders. Er unterscheidet sich allein durch das Kreuz auf seiner Kapuze.

Vor der Kathedrale laden schattige Wege zum Spaziergang ein und Sitzbänke zum Ausruhen. Viele junge Paare kommen mit ihren kleinen Kindern.

Ich setze mich neben drei Frauen auf eine Bank. Alle drei haben dunkles Haar, schöne Gesichtszüge, sind gut gekleidet. Eine zieht eine Tüte mit Nüssen aus ihrer Handtasche. Die Nüsse werden herumgereicht und kommen auch zu mir.

»Ich komme ursprünglich aus dem Iran«, erzählt mir meine Banknachbarin. Sie spricht Englisch. »Im Iran gibt es für uns Christen viele Repressionen. Seit sieben Jahren lebe ich in Jerewan. Hier ist es freier. Dafür hatte ich im Iran Arbeit und hier nicht.«

Kaum sind die drei aufgestanden und wieder weitergegangen, kommt ein junges Paar. Der Mann geht mit seiner Frau eng umschlungen. Mit einem Mal löst sich die Frau, kommt auf mich zu, stellt sich neben mir in Positur, legt mir ihre Hand auf die Schulter und ihr Mann fotografiert uns.

»Danke!«, sagen sie noch und schon sind sie wieder davon.

»Das war eine Iranerin«, erklärt mir eine Englisch sprechende Armenierin, die meine Verwunderung mitbekommen haben muss. »Die Iranerinnen lassen sich gern mit den Europäerinnen fotografieren.«

Wie lässt sich das erklären? Hrajr, den ich später danach frage, meint: »Ich denke, das hat psychologische Hintergründe. Für manche kann das eine Statusfrage sein, eine Frage des Stolzes. Mit dem Foto kann man seinen Bekannten zeigen, dass man es geschafft hat. Man freut sich, man ist stolz. Es ist auch eine schöne Erinnerung für die, die ein Foto mit einem Fremden haben, als ob der Fremde einen kennt. Das ist schwierig zu verstehen? Nun, warum lassen sich Menschen vor einem teuren Auto fotografieren, das ihnen nicht gehört? Ich denke: aus demselben Prinzip.«

Die Sonne hat inzwischen ihren höchsten Stand erreicht. Wenn man am Eingang zur Kathedrale steht, weht einem der Geruch von Weihrauch entgegen. Es wird gesungen. Das Gemisch ergibt einen eigenen Dämmerzustand.

Das Vordach zur Kathedrale ist farbenprächtig verziert – Gold, Blau, Rot. Und zwischen Blütenornamenten und Vögeln sind rund um das Zentrum auch acht Seraphen angeordnet, Seraphen mit goldenen Flügeln; weiter außen gibt es noch vier weitere. Kein einziger Seraphim verdeckt, wie angekündigt, seine Augen.

Am Gemäuer unter dem Vordach lehnen junge Männer. Sie tragen graue Kittel. Ich schätze diese Burschen auf höchstens sechzehn. Es sind Seminaristen der Theologischen Akademie.

»Bei ihnen war ich gestern«, sagt Chatschik, der plötzlich wieder neben mir steht.

Die Theologische Akademie von Edschmiatzin feiert ihr 140. Jubiläum. 1874 wurde sie gegründet, 1915 geschlossen und erst nach dem Zweiten Weltkrieg wieder eröffnet. Chatschik schrieb 1993 seine Doktorarbeit über die Akademie. In dieser Zeit bekam er dann auch die Probleme mit dem türkischen Staat. Seine Arbeit wurde bald darauf ins Armenische übersetzt.

»Für mich war das gestern bei den jungen Seminaristen sehr bewegend«, erzählt Chatschik. »In der Akademie herrscht ein strenger Geist. Die Studenten haben sich einer klaren Hierarchie unterzuordnen. Dazu gehört auch diese Kleiderordnung. Alle sind grau gekleidet. Warum dürfen sie keine Alltagskleidung tragen? Die Antwort, die ich gestern bekam, lautete: ›Das ist bei uns eben so üblich.‹ Dabei gab es schon vor hundert Jahren einen Vorschlag, diese Kleiderordnung dahingehend zu ändern, dass sowohl die Seminaristen als auch die Studenten ihre Hauskleider tragen dürfen. – Und überhaupt würde ich die Akademie gern ermutigen, die Dinge ein bisschen individueller anzugehen. – Die Studenten möchten gern Deutsch lernen. Vielleicht kann ich helfen? Ich sehe die deutsche Sprache als eine führende Sprache an, gerade was die Theologie und theologische Literatur betrifft, sowohl im 18. und 19. Jahrhundert als dann auch im 20. Jahrhundert. Sprache ist ein Schlüssel, um sich eine neue Welt zu erschließen. – Es bewegt mich jetzt gleich wieder, wenn ich Ihnen von diesen jungen Männern berichte. Ich glaube, diese Rührung hängt durchaus mit diesem meinem frühen Wunsch zusammen, selbst einmal Priester zu werden. – Und außerdem war gestern in Edschmiatzin noch eine sehr wichtige Versammlung: Daran nahm ich teil – als Vertreter der armenischen Diözese in Deutschland. Heute leben auf allen fünf Kontinenten Armenier und gibt es armenische Gemeinden. Man möchte da nach 1991 einheitliche und rechtlich verbindliche Strukturen schaffen. Und so kamen gestern aus der ganzen Welt die Kirchenleute hierher nach Edschmiatzin. Ich durfte mit dabei sein.«

Auf dem Rückweg ist es sehr still in unserem kleinen dunkelblauen Bus. Chatschik und ich sitzen, um besser erzählen zu können, wieder nebeneinander. Aber soviel er mir heute erzählt hat – jetzt schweigt auch er. Erst als linker Hand der Straße das Denkmal von Musaler erneut an uns vorüberzieht, gebaut aus diesem leuchtend roten Tuffstein, sagt einer der Tagungsteilnehmer in die Stille hinein: »Die Juden im polnischen Getto haben sich gegenseitig vor allem das 5. Kapitel von Franz Werfels Roman immer wieder vorgelesen. Das hat ihnen Kraft gegeben.« Armenuhi vertröstet uns für den Besuch des Denkmals von Musaler auf ein nächstes Mal. Die Mehrzahl der Gruppenmitglieder hat Konzertkarten für einen Abend mit armenischen Tänzen und Liedern. Für heute ist es entschieden.

»Ganz gleich, wo wir Armenier geboren sind«, meint Chatschik. »Armenien ist unser Mutter- und Vaterland. Aber Männer besuchen ihre Mütter viel zu selten.« Spontan schlägt er mir vor, ihn auf eine Reise in den Süden zu begleiten, mit Hajk, einem seiner jungen Doktoranden. Ich bin sofort einverstanden.

In Umrissen taucht die Stadt vor uns auf. Über der Silhouette hängt der Dunst. Halb Jerewan scheint an diesem frühen Sonntagabend unterwegs zu sein. Die Stadt brütet in der nachhaltigen Hitze. Aber die Klimaanlage im Wagen funktioniert.

Tag 15 Entscheiden

Der Titel des 5. Kapitels im ersten Teil von Franz Werfels Buch »Die vierzig Tage des Musa Dagh«, von dem während unserer Fahrt vorbei am Denkmal Musaler die Rede gewesen ist, lautet: »Zwischenspiel der Götter«.

Der deutsch-böhmische, jüdische Schriftsteller Franz Werfel wurde in Prag geboren. Im Jahr 1929 war er neununddreißig Jahre alt und heiratete Alma Mahler, die Witwe des Komponisten Gustav Mahler. Mit ihr zog er sich einerseits aus der Öffentlichkeit zurück, andererseits reisten sie viel.

1929 reisten sie gemeinsam über Kairo nach Jerusalem und dann weiter nach Damaskus. Alma Mahler-Werfel schrieb später über diese Reise: »Wir mussten einige Male die syrische Grenze passieren; immer wurde der ganze Wagen inspiziert, und die Pässe wurden bestempelt. Es ging ziemlich feindlich zu. Eines aber blieb in Franz Werfels Seele haften: das Unglück der Armenier. Er skizzierte noch während der Reise die Romanidee. Unser Freund, der Gesandte Graf Clauzel, sandte Werfel auf seine Bitte hin alle Berichte über die türkischen Gräuel aus dem Pariser Kriegsministerium, und Werfel schrieb später von 1932 bis 1933 den Roman ›Die vierzig Tage des Musa Dagh‹ nieder.«

Und besagtes 5. Kapitel beginnt:

Zwischenspiel der Götter: Die homerischen Helden kämpfen um das skäische Tor, und jeglicher von ihnen wähnt, dass Sieg oder Niederlage seinen Waffen anheimgegeben sei. Der Kampf der Helden aber ist nur eine Spiegelung des Kampfes, den über ihren Häuptern die rufenden Götter führen, um das menschliche Los zu entscheiden. Doch selbst die Götter wissen nicht, dass auch ihr Streit nur den Kampf spiegelt, der längst ausgetragen ist in der Brust des Höchsten, aus dem die Ruhe und Unruhe quillt.

Kaum war das ausgesprochen, ließ der Schriftsteller den Pfarrer Johannes Lepsius sich auf den Weg zu Enver Pascha machen, dem, wie Werfel schrieb, »Kriegsgott des ottomanischen Reiches«.

Und wenig später schrieb Franz Werfel möglicherweise auch von sich selbst, als er mit Bezug auf Johannes Lepsius formulierte:

Seit den Tagen Abdul Hamids, seit den Metzeleien von 1896, seit seiner ersten Reise ins Innere, seit dem Beginn seines Missionswerkes, fühlt er sich gesandt zu diesen Unglückseligen. Sie sind seine irdische Aufgabe. Und sofort sieht er einige ihrer Gesichter. Und alle schauen ihn aus ihren großen Augen an. Solche Augen haben nur Wesen, die den Kelch bis zur Neige leeren müssen. Jesus am Kreuz hat wohl ähnliche Augen gehabt. Und vielleicht liebt Lepsius darum dieses Volk so sehr.

Und schließlich kommt es zum Treffen zwischen dem deutschen Pfarrer Lepsius und Enver Pascha. Franz Werfel lässt Johannes Lepsius an dieser Stelle sagen:

Es handelt sich hier nicht um den Schutz vor einem inneren Feind, sondern um die planvolle Ausrottung einer anderen Nation ...

Sie wollen ein neues Reich gründen, Exzellenz. Doch der Leichnam des armenischen Volkes wird unter seinen Grundmauern liegen. Kann das Segen bringen? Lässt sich vielleicht noch ein friedlicher Weg finden?

Tag 16 Erzählen

Hermine Navasardjan ist Poetin, Mitte vierzig, und eine zurückhaltende Frau. Nicht nur dass sie Gedichte schreibt, sie arbeitet auch im Haus der Schriftsteller Armeniens, im Ressort der internationalen Kontakte.

Das rote Tuffsteinhaus befindet sich im Zentrum der Stadt, nahe der Kaskade. Für einen Moment bin ich allein in Hermines Büro. Hermine ist in die Küche gegangen, um Wasser für den elektrischen Kocher zu holen. Inzwischen lese ich in Hermines Gedicht »Für den Frieden«:

Das Wasser hört
das christliche, buddhistische,
das muslimische Gebet
und reinigt sich ...

Während das Wasser dann kocht, räumt Hermine auf ihrem Schreibtisch die Papiere zur Seite. Sie macht Platz für den Teller mit dem Gebäck und dem mir schon gut bekannten Grand-Candy-Konfekt. Daneben platziert sie unsere beiden Tässchen mit dem Kaffee.

Hermine und ich lernen uns erst kennen. Zunächst sind es Höflichkeiten, die wir austauschen. Aber schon nachdem wir unsere Tässchen geleert haben, ist die Verbindung hergestellt und Hermine erzählt mir von einer Frau: »Ich weiß nicht, warum sie mir jetzt gerade einfällt.« Diese Frau sei in der Türkei geboren, lebe inzwischen in Deutschland, sei gerade jetzt aber in Jerewan. Hier in Armenien suche sie nach ihren Wurzeln.

»Möchtest du sie kennenlernen?«

»Aber natürlich, gern!«

Und schon spült Hermine unsere Tassen. Gleich darauf verschließt sie die Tür zum Büro.

Wir laufen quer durch das spätsommerlich aufgeheizte Jerewaner Zentrum. Songül hat sich eine kleine Wohnung gemietet, in der Sajat-Nowa-Straße, einer Straße parallel zur Tumanjan.

Songül ist eine schöne Frau Anfang vierzig. Noch stehen wir bei ihr in der Wohnungstür. Hermine stellt sie mir vor: »Songül lernt bei mir Armenisch. Mit den ›Geschichten des Herrn K.‹ von Bertolt Brecht hat sie Deutsch gelernt. Jetzt unterrichte ich sie mit Gedichten von Howhannes Tumanjan. Songül ist eine sehr gute Schülerin.« Das sagt Hermine als die Lehrerin. Ihre Schülerin lächelt bescheiden.

Im Wohnzimmer sitzen wir uns gegenüber – Hermine und ich auf dem Sofa und Songül in einem Sessel. Der Sessel ist mit einem sandfarbenen Stoff bezogen. So wie Songül darin sitzt, wird dieser Sessel zu einer Art Thron. Die kräftigen Arme der jungen Frau ruhen auf den Lehnen. Um den Kopf trägt sie ein rotes, in sich geknotetes Tuch. Das Rot betont ihre großen, dunklen Augen. Wenn sie lächelt, strahlen diese Augen mit.

Gleich wird Songül Kaya-Karadag erzählen. Hermine hat angerufen, gefragt, ob wir kommen dürfen, und Songül hat keinen Moment gezögert: »Natürlich könnt ihr kommen!« Aufrecht sitzt sie nun vor uns, dabei uns als den Zuhörern leicht zugeneigt. Wir schauen uns an. Und schließlich beginnt Songül ihre Geschichte zu erzählen:

»Der Vater meines Vaters war Armenier. Als Kind hat er die Massaker von 1915 überlebt. Die Mutter meines Vaters war eine kurdisch-alawitische Frau. Also würde ich sagen, dass mein Vater eine kurdisch-armenische Identität hat. Meine Mutter war Kurdin. 1991 ist sie gestorben. Über die armenische Identität des Vaters haben wir in der Familie kaum gesprochen. Das war ein Tabuthema. Erst nach meiner Einreise nach Deutschland habe ich klare Fragen stellen können und dürfen. Obwohl mein Onkel ganz am Anfang davon nichts hören wollte, hat mein Vater es nicht länger geleugnet.«

Songüls Vater achtete sehr darauf, dass alle seine vier Töchter studieren: »Das ist wichtig!«, hatte er immer wieder gesagt. Schon als sie noch ein Mädchen war, vermittelte er Songül das Gefühl, etwas Besonderes zu sein. Waren Gäste da, rief der Vater und stellte ihr vor den Gästen Fragen. Songül antwortete, so gut sie konnte.

»Unsere Gäste hatten es sich wieder einmal in unserem Wohnzimmer schön gemütlich gemacht. Auch mein Onkel war dabei, als mein Vater mich mit dazurief. Er stellte mir die erste Frage: ›Was möchtest du einmal werden?‹

Ich antwortete: ›Eine Lehrerin.‹

›Was ist, wenn du dann zum Beispiel die Enkelkinder deines Onkels unterrichtest? Würdest du dich um diese Kinder extra kümmern, weil sie unsere Verwandten und Bekannten sind?‹

Ich sagte: ›Nein.‹

›Warum nicht?‹

Und dann erzählte ich ihnen die Geschichte von den beiden Bauern, die jeden Tag beim Morgengrauen auf ihre Felder gehen und arbeiten: Einer sieht nur auf die Sonne und denkt dabei: ›Wann geht eigentlich die Sonne unter, damit ich endlich nach Hause gehen kann?‹ Der zweite Bauer aber achtet nicht auf die Sonne, sondern allein auf das Feld. Er konzentriert sich auf die Arbeit. Dieser Bauer, der sich auf seine Arbeit konzentriert, kommt immer schon vor dem Sonnenuntergang nach Hause. Der andere bleibt lange auf seinem Feld, spielt den fleißigen und zuverlässigen Bauern, kommt aber nicht wirklich voran. – Also, ich als Lehrerin, in der Zukunft‹, sagte ich, ›werde mich nicht auf die Sonne, sondern auf meine Arbeit konzentrieren. Und meine Arbeit ist es nicht, meinen Verwandten und Bekannten Privilegien zu schenken, sondern alle Kinder richtig und fair zu erziehen.‹ Das alles sagte ich zu ihnen. Ich glaube, Vater schätzte das sehr.«

Als Songül erwachsen war, wurde sie auch politisch tätig. Der Vater unterband das nicht. Zugleich achtete er auf ihre Distanz zur Familie. Denn er meinte: »Das wird sonst zu gefährlich für uns.« In der Türkei politisch verfolgt, kam Songül vor einigen Jahren nach Deutschland.

Zwei Stunden lang erzählt sie uns. Ab und an unterstreicht sie das Gesagte mit einer Handbewegung. Gebannt hören wir zu. Wir wagen es nicht, Songül zu unterbrechen. Die Zeit verfliegt. Nach genau zwei Stunden aber erhebt sie sich, als hätte sie die Uhr gestellt, geht in die Küche und kommt kurz darauf zurück mit drei Glaspokalen voller Sahneeis.

»Unter jedem Stein habe ich eine Erinnerung« heißt das Buch, an dem Songül gerade arbeitet: Ein armenischer Mann, der in Deutschland lebt, hat von seinem Vater und Großvater vieles über den Genozid erfahren. Eines Tages bat er Songül, diese Geschichten für ihn aufzuschreiben: »Mit diesem Wissen möchte ich nicht ins Grab gehen«, hatte er zu ihr gesagt.

Darüber hinaus interessiert sich Songül für die Beziehungen zwischen türkischen und armenischen Intellektuellen in der Zeit von 1908 bis 1915 in der Türkei.

»Armenier«, sagt Songül, ihr Eis löffelnd, »sind fleißig, ehrlich, rechtschaffen und sehr sorgfältig. So habe ich sie zumindest kennengelernt. Sie schließen sogar den obersten Knopf am Hemd, genau wie mein Vater.« Und nach einer kleinen Pause fügt sie hinzu: »Ich weiß einfach nichts von meinen Wurzeln. Nun bin ich hier. Ich möchte sie finden. Und eines Tages möchte ich meine Wurzeln fühlen können.«

Am Ende kommen wir auf den 23. April zu sprechen. Der 23. April wird in der Türkei als internationaler Kindertag gefeiert. Hermine meint: »Vielleicht haben sie das Datum gewählt, weil sie den Schmerz der Kinder verstehen. Der 24. April ist der Tag, an dem der Völkermord begann und viele armenische Kinder starben.«

Und ich erinnere mich an dieser Stelle unseres Gesprächs sofort an Marina, die mir das Folgende erzählt hatte: »Arthur sollte per Kaiserschnitt zur Welt kommen. In der Klinik hatten sie mir den 24. April als Termin gegeben. Aber ich habe zu ihnen gesagt: Bitte nicht am 24. April; geben Sie mir besser den 25. April! Zum Glück war das möglich.«

Wir stehen schon eine ganze Weile im Flur, bevor wir uns tatsächlich von Songül verabschieden. Immer gibt es noch etwas zu sagen. Und Songül schließt ab:

»Diese Suche nach den Wurzeln treibt mich um. Oft bin ich grundlos tieftraurig. Und schon im nächsten Moment fühle ich mich wieder so stark. Mein Therapeut hat einmal gesagt: ›Vielleicht akzeptieren Sie es endlich: Sie sind nicht normal!‹«

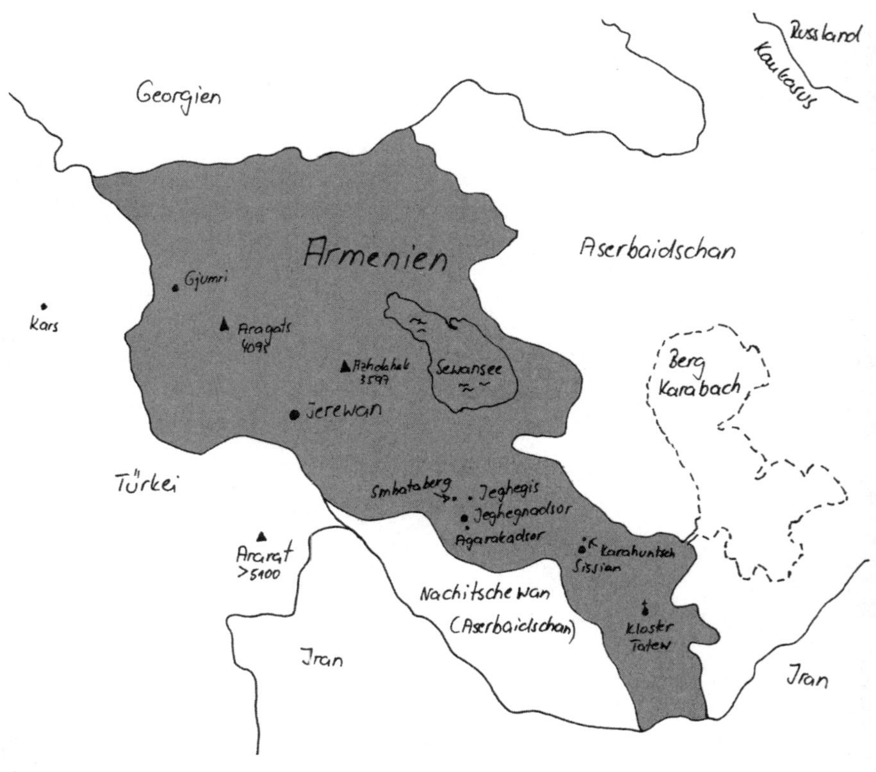
Russland
Kaukasus
Georgien
Armenien
Aserbaidschan
Gjumri
Kars
Aragats
4095
Azhdahak
3597
Sewansee
Berg
Karabach
Jerewan
Türkei
Smbataberg
Jeghegis
Jeghegnadsor
Agarakadsor
K
Karahuntsch
Sissian
Ararat
>5100
Nachitschewan
(Aserbaidschan)
Kloster
Tatew
Iran
Iran

DAS IST ALLES SCHÖPFUNG UND GABE DER SCHÖPFUNG

Provinz Wajots Dsor
Eine der Höhlen von Areni
Dorf Agarakadsor
Festung Smbataberd
Jüdischer Friedhof in Jeghegis
Karahuntsch
Kloster Tatew

Tag 17 Beten

»Ararat, Ararat!«, klingt das Lied aus dem Autoradio.

»Ararat, Ararat!«, singt Roman mit.

Roman Nersisjan ist unser Fahrer, körperlich ein Hüne, und das Lied klingt sentimental. Wenn Roman mit mir spricht, dann läuft das immer über Hajk als Dolmetscher.

»Worum geht es denn in diesem Lied?«, frage ich also nicht Roman direkt, sondern Hajk Martirosjan, nicht zuletzt Doktorand von Professor Gazer, mit dem wir nun in den Süden unterwegs sind. Hajk erklärt mir in gutem Deutsch: »Es geht darum, eines Tages den Ararat zu besteigen, mit der armenischen Fahne in der Hand.«

Roman bemerkt mein Interesse und dreht das Radio noch ein bisschen lauter: »Ararat, Ararat!«

Hajk und Roman sind Anfang dreißig, geboren in den Bergen der Provinz Wajots Dsor, im Dorf Agarakadsor. Kaum haben wir den dichten Verkehr der Hauptstadt Jerewan hinter uns, startet Roman seinen neuen, silbergrauen Geländewagen auf den frisch asphaltierten Straßen durch und ich schnalle mich an.

»In Armenien musst du dich nicht anschnallen«, erklärt Hajk.

»Ja, ich weiß«, sage ich.

»Roman fährt sicher«, meint Hajk.

»Das ist gut«, bestätige ich, bleibe aber angeschnallt.

Wir kommen an einer Plantage mit Aprikosenbäumen vorbei. Bauern haben an der Straße ihre Stände aufgebaut. Einer der Männer sitzt ein wenig extra, auf einem Schemel, vor sich Eimer mit Tomaten, Gurken, Pfirsichen. Auch Kürbisse und Melonen liegen dabei.

Nach knapp hundert Kilometern verlassen wir die Provinz Ararat und erreichen mit Wajots Dsor die nächste.

Areni ist ein großes Dorf und bekannt für seinen hochwertigen Wein. Dieser Wein wird hier, auf über tausend Metern Höhe, parzellenweise angebaut. Wir fahren über die Hauptstraße, den Fluss Arpa entlang, durch das Dorf. Rechter Hand geht es zum Kloster Norawank. In meiner Erinnerung sehe ich sofort wieder diese acht Kilometer lange Schlucht vor mir, die hier beginnt und an deren Ende das Kloster erscheint, wie ausgestellt auf einem frei stehenden Fels, in rotem Gestein. Wir überlegen kurz, Kloster Norawank zu besuchen. Aber auch Chatschik kennt es bereits: »Norawank ist wunderschön«, sagt er. »Zugleich gibt es noch so viel Neues in diesem Land kennenzulernen!«

Roman ist schon wieder am Durchstarten, als mir dieser Schuh einfällt – der älteste Lederschuh der Welt. Über fünftausendfünfhundert Jahre soll er alt sein. Ich habe ihn im Historischen Museum in Jerewan gesehen: Das Leder wirkte zwar grau, verwittert und ausgedünnt, aber – es war zweifellos ein Schuh! Der Schuh war in einer Höhle in Areni gefunden worden. Inzwischen ist Areni – neben dem guten Wein – also auch für den ältesten Lederschuh der Welt bekannt.

Die Höhle liegt direkt an der Straße und ist leicht zugänglich. Ein Wächter arbeitet hier im Auftrag der Akademie der Wissenschaften Armenien, Institut für Archäologie und Ethnologie, genau dem Institut also, zu dem auch Hajk gehört. Persönlich kennen sie sich nicht. Sofort aber steht das Tor aus Maschendraht für uns weit offen.

Quadratweise sind die Ausgrabungsbereiche mit Schnüren überspannt. Vorbei an Geröll, zerbrochenen Krügen und einzelnen Scherben gelangen wir durch einen Felsspalt in die eigentliche Höhle. Mitten im Karstgestein wurde ein altes Vorratslager gefunden. Tongefäße, so groß wie Fässer, sind in der Erde eingelassen.

»In dieser Höhle lebten einst Menschen«, erzählt der Wächter. »In den Vorratstöpfen wurden noch Reste von Wein gefunden, Reste von Getreide sowie von Aprikosen. Der Lederschuh ist fünftausend Jahre alt. Der Wein, das Getreide und die Aprikosen waren es auch. Fünftausend Jahre! Alles hier besitzt diese Energie!«

Die Höhle vervielfältigt sich weiter im Fels. Die hinteren Bereiche sind abgesperrt. Im Gestein über uns entdeckt Chatschik eine kleine, schwarze Fledermaus, die aus ihrer eigenen, winzigen Höhle zu uns herunterschaut. Ihre kleinen Augen glänzen wie schwarze Stecknadelköpfe. Und was soll das mit dieser Energie? So wie der Wächter das Wort »Energie« ausgesprochen hat, wirkt das erhebend.

»Es ist ein heiliger Ort?«, frage ich vorsichtig nach.

Der Ethnologe überlegt kurz und sagt dann: »Vielleicht.«

Ein ganzes Stück weiter durchfahren wir die ersten Bergdörfer der Provinz Wajots Dsor. Die Häuser ducken sich zwischen den Bergen, abgedeckt mit Wellblech. Dazu gibt es Buden, Büdchen, bunt zusammengestückelt, haltbar verbunden, Drahtverhaue und Schuppen.

»Wajots Dsor heißt: Tal der Tränen«, erklärt Hajk. »Waj, Waj! heißt so viel wie: Oje, oje! Auslöser des Wehklagens sind die Erdbeben, die es hier immer wieder gegeben hat, dazu Vulkanausbrüche, zuletzt im 9. Jahrhundert.«

An dieser Stelle kommt Hajk auf die Altarmenier und die Neuarmenier zu sprechen, die in dieser Gegend wohnen. Altarmenier und Neuarmenier? Diese Begriffe sind mir neu.

»›Der Schah hat uns mitgenommen und Gribojedow hat uns zurückgebracht‹, sagt man bei uns«, beginnt Hajk damit, es auf meine Nachfrage hin auszuführen. – »Im Zuge der kriegerischen Auseinandersetzungen mit den osmanischen Truppen ließ der Schah über vierhunderttausend Armenier nach Persien deportieren. Das war im 17. Jahrhundert. Fast die Hälfte kam unterwegs um. Bei diesen Deportationen wurden vor allem die Menschen aus den Tälern verschleppt. Sie konnten nur schwer in die Berge fliehen. Diejenigen, denen es unter diesen Umständen gelang, dennoch in den Dörfern zu bleiben, nennen wir heute die Altarmenier. Zweihundert Jahre später wurde 1828, nach dem Russisch-Persischen Krieg, ein Vertrag geschlossen. Ein Vertragspunkt war, dass die Armenier, die im 17. Jahrhundert nach Persien deportiert worden waren, nun nach Armenien zurückkehren durften. In dieser Zeit stand Armenien unter russischer Herrschaft. Und weil diesen Vertrag Gribojedow unterschrieben hatte, sagen wir noch heute: ›Der Schah hat uns mitgenommen und Gribojedow hat uns zurückgebracht!‹ Meine Urväter sind Neuarmenier. Sie sind mit Gribojedow hierher zurückgekommen. Ihre Sprache ist ziemlich speziell. Deshalb gibt es in unserem Dialekt auch viele persische Wörter.«

Alexander Sergejewitsch Gribojedow war, erfahre ich weiter, Diplomat und Dramatiker in einem. Während er in Armenien bis heute ein Name ist – aufgrund seines Beitrags bei den Friedensverhandlungen mit Persien –, ist er in Russland bis heute berühmt für seine Komödie »Verstand schafft Leiden«, eine Satire, durch die er seinerzeit Probleme mit der Zensur bekommen hatte. Infolgedessen kehrte er nach Tbilissi zurück. Schon als junger Mann war er einige Jahre als Sekretär der russischen Gesandtschaft in Georgien tätig gewesen. Diesmal aber ging es speziell um einen Plan zur Neustrukturierung von Wirtschaft und Kultur in Transkaukasien. Als Berater des Gouverneurs von Georgien, Graf Paskewitsch, nahm er an den Friedensverhandlungen nach dem Russisch-Persischen Krieg teil.

Inzwischen zieht sich entlang der Straße, über die wir fahren, ein kilometerlanger Erdwall. Ich schätze ihn auf drei Meter Höhe. »Was ist das?«, wundere ich mich.

Ich erfahre vor allem, dass ich keine Angst haben müsse. Das sei nur eine Vorsichtsmaßnahme, falls von der anderen Seite geschossen werde. Bevor es aber tatsächlich gefährlich werden würde, wäre die Straße sowieso gesperrt.

Ich suche meine Übersichtskarte Armenien heraus. Ich mag keine Karten und verwende sie nur selten.

Die Provinz Wajots Dsor liegt direkt zwischen Bergkarabach und der aserbaidschanischen Exklave Nachitschewan. Wir durchfahren gerade eine Art Korridor. Im Süden grenzt Wajots Dsor an die armenische Provinz Sjunik.

Roman fährt rasant. Romans Wagen ist schneller als jeder andere auf der Straße. Irgendwann ruft Hajk plötzlich: »Dort!« Das ist ein Ausruf der Freude: »Hinter den Bäumen befindet sich unser Dorf! Und dort oben, dieser Felsen, das ist der Honigfelsen. Vielleicht gibt es da Bienen, vielleicht auch nicht. Aber ich denke schon, dass es dort Bienen gibt. Warum sollte der Felsen sonst so heißen? – Und dahinter gibt es eine alte Brücke, aus dem 13. Jahrhundert. Darüber hat einst die Seidenstraße geführt. – Das Dorf Agarakadsor wurde im 5. Jahrhundert, mit Beginn der armenischen Geschichtsschreibung, erstmals erwähnt. Die Erwähnung unseres Dorfes geschah im Zusammenhang mit dem Katholikos

Howsep Wajotsdsoretsi. Der Name sagt es: Der, der aus Wajots Dsor kommt. Im Zusammenhang mit den Ereignissen um das Jahr 451 und die große Schlacht von Awarajr im Persisch-Armenischen Krieg wurde er gefangen genommen. Er starb als Märtyrer.«

Schließlich erreichen wir, hundertzwanzig Kilometer von Jerewan entfernt, das Dorf Agarakadsor und damit auch den paradiesischen Garten von Hajks Vater. Wir können den Garten nur durch den Weinlaubgang betreten. Wir schreiten regelrecht hindurch und sehen über uns sowie rechts und links im Weinlaub die prallen, reifen Trauben hängen.

Am Ende des Weinlaubgangs kommen wir auf die Streuobstwiese – Äpfel, Birnen, Quitten ... Hajks Vater, Murad Martirosjan, begleitet uns. Er ist der Schöpfer dieses Gartens. Und er war es auch, der das Mosaik aus weißen und schwarzen Steinen gesetzt hat, mit dem Kreuz in der Mitte und dazu der Jahreszahl 1988. 1988 war das Jahr des Erdbebens und zugleich das Jahr, in dem Murad seine Arbeit als Agronom hatte aufgeben müssen.

»Er hatte mehrere Herzinfarkte«, erzählt Hajk. »Von nun an durfte Vater einerseits keine Hochzeiten mehr besuchen und sich andererseits auch keine Horrorfilme oder ähnlich aufregende Filme ansehen. Es ging um die Gefühlslage. Die Gefühlslage sollte in Zukunft ausgeglichen bleiben und in keine Richtung schwanken. Auch mit dem Rauchen sollte er aufhören. Aber Vater raucht bis heute.«

»Wunderschön!«, sagt Chatschik immer wieder und schüttelt dabei in seiner Bewunderung auch wieder und wieder den Kopf. »Danke, Hajk, dass wir das alles sehen dürfen. Wunderschön!«

Der weißhaarige Murad ist sonntäglich gekleidet: Über der weiten hellgrauen Hose trägt er ein schneeweißes Hemd. Lächelnd führt er uns weiter, zeigt uns hinter dem Haus den Sportplatz und die Dorfschule.

»Für mich war es eine gute Schule«, meint Hajk. »Wir hatten auch einen sehr guten Deutschunterricht. Bis zur 4. Klasse ging ich hier zur Schule, danach in der Stadt, in Jeghegnadsor. Überhaupt ist es in meiner Familie immer wichtig gewesen, zu lernen und später etwas zu studieren. Es war klar, dass ich eines Tages an die Universität gehen würde. Das war nie eine Frage. Die Frage war eher, *was* ich studieren sollte. Zuerst wollte ich Jura studieren. Dann habe ich mich für Orientalistik entschieden, Fachbereich Turkologie, an der Staatlichen Universität in Jerewan.«

Murad ist kurz im Haus verschwunden gewesen. Jetzt ist er wieder bei uns und hält in den Händen vier Gläschen, unter dem Arm eine Flasche Selbstgebrannten. Jeder von uns bekommt eines der Gläschen. Murad füllt sie randvoll. Schon stehen wir da und warten auf seinen Trinkspruch.

»Ich liebe Robin Hood!«, beginnt er schließlich. »Lew Tolstoi liebe ich auch! Und erst recht Fußball. So bin ich. – Kommen Sie!«, sagt er und gibt uns das Zeichen, ihm zu folgen. An der Längswand seines Hauses stoppt er schließlich wieder. Erst schaut er stolz und zufrieden auf die Gemüsebeete mit Zwiebeln, Knoblauch, Paprika, Gurken, Möhren, Auberginen und auch Brechbohnen. Dann schaut er hinauf in den blauen, wolkenlosen Himmel.

»Dort ist Osten«, sagt er. »Und jeden Morgen, noch vor dem Essen, noch vor der Arbeit, stehe ich hier und bete. Dann halte ich, genau wie jetzt, ein Glas Wodka in der Hand, schaue zu den Bergen, schaue zur aufgehenden Sonne und danke Gott dafür, dass ich auch an *diesem* Morgen wieder aufgewacht bin. Ich danke ihm für den Tag. Für diesen Tag danke ich sowohl ihm als auch Jesus Christus, der Heiligen Mutter Maria, allen Heiligen und allen Engeln. Und dann«, Murad erhebt nun sein Glas zu den Bergen, zur Sonne und stößt mit jedem von uns an, »und dann trinke ich!« Murad leert sein Glas in einem Zug.

Tag 18 Begrüßen

Es ist später Nachmittag. Auf dem Weg zur Festung Smbataberd fahren wir durch Dörfer. Was für mich einfach ein Weg ist, ist für alle anderen ein Ereignis. Murad sitzt mit vorn im Wagen, zwischen Roman und Hajk. Jedem, an dem wir vorüberkommen, winkt er zu und umgekehrt jeder ihm. Murads Erscheinen löst allgemeine Freude aus.

Auch Romans silbergrauer Geländewagen löst Freude aus und natürlich größte Bewunderung. Roman hält sein Fenster extra offen. So kann er im Vorüberfahren besser grüßen, genau wie Hajk. An sich geht es zu wie bei einem Staatsempfang, nur ein wenig herzlicher vielleicht, und damit freier.

»Hier kennt jeder jeden!«, kommentiert Hajk.

Im nächsten Dorf ist die Freude schließlich besonders groß. Mir ist nicht klar, wer wen jetzt nach welch langer Zeit nicht gesehen hat. Aber auf einen Zuruf hin bremst Roman und steigt aus. Hajk und sein Vater folgen ihm. Die Männer begrüßen sich. Es sind zwanzig oder mehr, die auf dem Dorfplatz zusammenstehen – wie immer, sobald der Tag sich neigt.

Ich sitze und schaue. Die Männer schütteln sich die Hände, umarmen sich und beklopfen einander kräftig die Schultern. Selbst Chatschik, der hier keinen kennt, hat seine Fensterscheibe heruntergekurbelt, lächelt nach draußen und winkt freundlich, gerade wie es sich ergibt.

Schließlich geht es weiter. Wir wollen zur Festung Smbataberd hinauf. Die Dörfer liegen hinter uns und der Berg mit der Festung direkt vor uns. Der Weg bergauf ist schmal und liegt voller Geröll. Schaue ich nach rechts, blicke ich in einen Abgrund. Je höher wir kommen, umso mehr vermeide ich den Blick nach unten. Roman lenkt langsam und überlegt. Schon gestern hatte er mich augenzwinkernd gebeten, ich solle doch auch etwas über meine Gefühle in seinem Auto schreiben. Darüber hatte ich gestern nur gelacht. Heute aber möchte ich wirklich etwas dazu sagen: Trotz der Anspannung fühle ich mich in seinem Auto sicher. Denn das Auto ist neu, der Fahrer gerade jetzt ausgezeichnet und – wir sind alle zusammen.

Aufwärts fahrend, stoppt Roman immer mal wieder den Wagen, verändert dabei die Höhe des Fahrgestells, bevor es weitergeht.

Schließlich erreichen wir wohlbehalten die Festung auf einer Höhe von über zweitausend Metern. »Habe ich es nicht gesagt?«, meint Hajk. »Roman ist ein guter Fahrer!«

»Und auch das Auto ist – gut!«, sagt Roman, für uns überraschend, jetzt sogar auf Deutsch. Alle atmen durch, endlich angekommen, außer vielleicht Murad. Der bleibt nach wie vor absolut gelassen.

In bester, fast euphorischer Stimmung laufen wir das letzte Stück in Richtung Festung. Auf unsere Art haben wir Smbataberd erobert. Murad ist uns ein wenig voraus, lächelt dabei wissend und raucht.

Die Festung wurde für die Herren der armenischen Fürstendynastie Orbeljan errichtet. Sie umfasst ein Gelände von 6,5 Hektar. Die Festung galt als uneinnehmbar. Es soll eine unterirdische Wasserleitung gegeben haben. Die Ruinen einer Zitadelle wurden gefunden, Reste von Militärbaracken, Wasserbassins und Wohnungen. Für mich bleibt ein Alltagsleben von über hundert Menschen auf dieser Höhe unvorstellbar.

Das Tageslicht nimmt rasant ab. Das zaubert auf den Himmel mystische, blaue Farbtöne: »Wunderschön!«, sagt Chatschik, der seine Hände wieder faltet und hinüber in die Berge schaut. Das Einzige, woran ich gerade denke, ist unser Rückweg. Ich registriere die Schönheit des Himmels mehr, als dass ich sie sehe und mich darauf einlassen kann. Ich dränge in Anbetracht des schmalen, unbefestigten Weges auf die Abfahrt.

Auch am Fuße dieses Berges gibt es eine heilige Quelle. Roman fordert meine Plastikflasche, gießt das Wasser, das noch darin gewesen ist, in die Landschaft und füllt die Flasche neu. Es dämmert bereits, als wir Jeghegis erreichen, den jüdischen Friedhof.

Zu diesem Friedhof aus dem 13. Jahrhundert kommt man auf dem letzten Stück des Weges nur zu Fuß. Einer hinter dem anderen laufen wir über eine schmale Hängebrücke. Hajk trägt plötzlich einen Karton vor sich her. Die Brücke schaukelt leicht, wenn man hinübergeht.

Der Friedhof liegt in einem Waldstück, auf der anderen Seite des Flusses. Die meisten der Grabsteine sehen aus wie steinerne Särge. In einigen von ihnen sind hebräische Schriftzeichen zu erkennen, dazu das immer wiederkehrende, blütenartige Sonnenrad. Vielleicht sind es ja auch einfach nur Verzierungen in Stein, in Form von Blüten und Ornamenten und nichts weiter. Aber ich kann nicht anders: Überall sehe ich Sonnenräder.

Und außerdem finde ich: Es passt – als Zeichen für das Leben auf diesem Planeten. – Auf den Gräbern liegen nach jüdischer Sitte kleine Steine.

»Der jüdische Friedhof Jeghegis ist, soweit ich weiß, der einzige jüdische Friedhof in ganz Armenien«, erzählt Hajk. »Ein Jahrhundert vor Christus herrschte bei uns Tigran der Große. Und wir sagen: Er war der größte König in der gesamten armenischen Geschichte. Er hat sehr viel Land erobert. Armenien reichte damals bis zum Mittelmeer. Und dazu gehörte dann eben auch jüdisches Territorium. Von dort hat Tigran Juden bis hierher gebracht. Es kann sein, dass das *diese* Juden gewesen sind. Aber es gibt noch eine zweite Version: Gut möglich, dass dies der Friedhof der Juden, Händler und Reisenden ist, die unterwegs auf der Seidenstraße gestorben sind. Denn die Seidenstraße führte quer durch das armenische Hochland, von Norden nach Süden.«

Am hinteren Ende des Friedhofs steht ein einzelner *chatschkar*, ohne weitere Verzierungen, versehen mit einem inzwischen halb verwitterten Kreuz.

Wir rasten. Als Ort wählen die Männer eine Gruppe von Steinen im hinteren Bereich. Es ist dunkel geworden. Roman beleuchtet den Platz mit zwei Kerzen. Aus dem Karton, den Hajk die letzte Wegstrecke bei sich getragen hat, zaubert er jetzt Pfirsiche hervor, Weintrauben und Walnüsse. Wir sitzen auf den großen Steinen, den Schein der Kerzen ausgenommen, in tiefer Dunkelheit, essen und schweigen. Mit Hilfe von kleineren Steinen knacken Hajk und Roman die Nüsse auf und reichen sie uns zu. Murad sitzt dabei und isst nichts. Er raucht.

Auf der Mauer am blauen Eingangstor, einem Eisengitter, in das die zwei ineinander verwobenen Dreiecke des Davidssterns eingearbeitet sind, hat jemand die Flagge Israels ausgelegt und mit Steinen befestigt. So weht der Wind sie nicht davon.

Tag 19 Leuchten

Die Berge vervielfältigen sich. Und mit der Entfernung verblassen sie. Am Ende werden sie Wolken. Karahuntsch ist erreicht.

Karahuntsch – der mystische, überbelichtete Ort. Das Licht, das sich unterwegs schon verdünnte, wird hier oben durchsichtig und weiß. Konturen verschärfen sich. Zugleich wird unklar bleiben, bis zuletzt, was der Besucher überhaupt zu sehen bekommen hat.

Zuerst fällt der große Steinkreis auf, gesetzt aus vierzig massiven Steinen, dazu ein steinerner Altar. Handelt es sich um einen Kultplatz? Und wenn ja: Welcher Kult wurde hier betrieben? Oder handelt es sich um einen Begräbnisplatz? Und wenn ja: Wer wurde begraben? Und warum ausgerechnet hier?

Überall in Armenien gibt es Megalithen. Fühlbar aber, obwohl nicht zu erklären: Karahuntsch ist ein besonderer Ort und dem

Himmel deutlich näher als der Erde. Keiner kennt das System, nach dem die hundertfünfzig Megalithen auf der Höhe von 1770 Metern aufgestellt worden sind, auf einer Fläche von sieben Hektar, in der Nähe der Stadt Sissian, Provinz Sjunik. In vierundachtzig der Megalithen sind merkwürdigerweise Löcher eingebracht. Vielleicht dienten diese Löcher zur Beobachtung der Gestirne?

Außer den hundertfünfzig aufgestellten Megalithen befinden sich über zweihundert weitere Steine auf dem Areal, einige davon in besagtem großem Steinkreis oder als Basissteine des Altars.

Karahuntsch ist gut zugänglich. Reisebusse können direkt heranfahren. Dagegen sind die Felszeichnungen in den Bergen, ganz in der Nähe, deutlich schwieriger zu erreichen. Dafür bräuchte man einen ganzen Tag Zeit und in jedem Fall einen Jeep. Das letzte Stück des Weges geht man zu Fuß.

Im Verkaufscontainer sind einige dieser Abbildungen bereits zu sehen: sowohl die Zeichnungen von stilisierten Menschen und Tieren als auch von auf den ersten Blick völlig abstrakten geometrischen Zeichen – auf Bechern, Tellern oder T-Shirts.

»Wie kann man diese Felszeichnungen finden?«, frage ich Hajk.

»Ich kenne jemanden, der es weiß«, versichert er. »Ich kann Aelita fragen. Felszeichnungen gibt es überall in Armenien. Aber du musst die Stellen kennen. Interessiert dich das?«

»Aber ja!«

»Aelita«, stellt mir Hajk in Aussicht, »ist eine sehr gute Freundin von mir. Vielleicht kann sie helfen.«

Der Ort trägt verschiedene Namen. Karahuntsch ist nur einer von ihnen: *Kar* bedeutet Stein und *huntsch* ist der Klang, das A dazwischen ein Verbindungsvokal. So wird es mir Aelita später übersetzen.

Gängig ist aber auch der Name Armenisches Stonehenge. Äußerlich ist Karahuntsch allerdings mit der englischen Megalithenkonstellation kaum zu vergleichen. Denn hier sind Altar und

Steinkreis zwar Zentrum, und also ebenso vorhanden, zugleich aber Teil eines weitaus Größeren.

Touristisch bevorzugt wird momentan der Name Zorats Karer, was übersetzt heißt: Armee der Steine.

Murad spaziert lächelnd und rauchend zwischen den Megalithen, Chatschik fotografiert einen Stein nach dem anderen, begleitet von Hajk. Jederzeit steht Hajk seinem Doktorvater zur Verfügung. Roman ist im Wagen geblieben; er schläft. Und ich gehe für mich. Die Sache fasziniert mich, ohne dass ich weiß, worum es hier eigentlich geht. Die Entstehung von Karahuntsch soll bis in die Mittlere Bronzezeit zurückreichen.

Die umliegenden Berge sind vor allem kahl. Nur stellenweise sind sie mit Büschen bewachsen, noch seltener mit Bäumen. Insgesamt wirkt das Land aufgebrochen und dabei auf der einen Seite wie angehoben, auf der anderen regelrecht abgesackt. Das Steppengras zwischen allem Gestein hält sich, vertrocknet wie es ist, vielleicht noch ewig.

Die Fragen kreisen in meinem Kopf: Was war dieser Ort? Was wollte dieser Ort? Und wann überhaupt beginnen die Steine zu klingen – Klang der Steine, Karahuntsch? Geht es dabei um einen Klang außen oder eher um diesen Klang innen, der ausgelöst wird, sobald wir das Feld von Karahuntsch begehen?

Der armenische Physiker Paris Herowni forschte in den 1990er-Jahren. Er und sein Team vertraten die Theorie, dass es sich bei Karahuntsch um ein prähistorisches Sonnen-, Mond- und Stern-Observatorium handele. Vier der Löcher in den Megalithen sollen genau auf jenen Punkt am Horizont gerichtet sein, an dem zum Mittsommertag die Sonne aufgeht, vier weitere dorthin, wo am Mittsommertag die Sonne untergeht.

Paris Herowni sah in dem zentralen Steinkammergrab einen Kultplatz für den armenischen Sonnengott.

Im Jahr 2004 fasste die armenische Regierung den Beschluss, nach dem die Anlage als Observatorium Karahuntsch zu bezeichnen ist. Bei Wikipedia finde ich es als »Karahundsch«, was Armenuhis Meinung nach wiederum von Aelitas Übersetzung als »Klang der Steine« wegführen würde. Wenn schon, dann müsse es »Karahuntsch« heißen. Und sowieso: Ob nun mit oder ohne Regierungsbeschluss, wissenschaftlich gesehen bleibt alles weitestgehend unklar und ungeklärt. Fakt ist bloß, dass in Armenien die Deutung des Ortes als prähistorisches Observatorium derzeit auch die populärste aller Deutungen ist. Dagegen wird die Geschichte der Riesen, die hier für kleinwüchsige Wesen Behausungen gebaut haben sollen, als pure Legende angesehen.

Archäologen aus dem Institut für Vorderasiatische Archäologie der Universität München gehen von einer Nekropole aus, einer Totenstadt, einer Begräbnis- und Weihestätte der mittleren Bronze- und Eisenzeit. In dieser Vorstellung ist die Reihung der Steine gleichzusetzen mit den Resten einer Stadtmauer. Und tatsächlich wurden jede Menge Grabstätten auf dem Gelände gefunden. Nicht zuletzt umfasst der Steinkreis ein großes Steinkammergrab.

Das überblendete Licht der Höhe wirkt auf eigene Art. Soviel ich sagen kann, fühlt sich das, was unten im Tal noch in Kraft ist, hier oben auf dem Plateau an wie außer Kraft gesetzt. Etwas Universelles gibt den Ton an. Und plötzlich geht es nicht allein um Karahuntsch, nicht einmal allein um Armenien, sondern insgesamt um diese Erde, die als kleiner Planet im Kosmos treibt, den dortigen Kräften ausgesetzt.

Einige der Steine sind verwachsen mit dem Erdreich. Darüber hinaus erscheinen mir Gestalten. In einem der Megalithen sehe ich einen überdimensionalen Kopf, mit großer, römischer Nase, dessen Auge sich aus einem dunkelgrünen Moosgeflecht entwickelt. Und längs des Hauptes zieht sich über den Nacken die Flosse eines Fisches.

Weiter hinten erscheint ein Haupt mit spitz auslaufender Mütze, einige Schritte weiter meine ich den Kopf eines Vogels zu erkennen.

Ich bücke mich, um durch eines der Löcher in die Landschaft zu schauen wie durch ein Fernrohr. Zwar verändert das den Blickwinkel, die Landschaft selbst aber nicht.

Es gibt Steine, die ein Portal bilden. Und überhaupt kann alles der reine Zufall sein. Zugleich ist ein Plan spürbar. Denn wer sich hinter dem letzten der aufgestellten Steine positioniert, sieht es selbst: Die Reihe der Megalithen verläuft schnurgerade. Von diesem Punkt aus werden alle anderen Steine mit Präzision verdeckt.

»Weißt du«, sagt Hajk zu mir, als wir uns zwischen den Megalithen begegnen, »dieser Ausflug ist nur eine sehr kleine Dankbarkeit für Professor Gazer. In Deutschland war er immer für mich da. Smbataberd wollte ich ihm unbedingt zeigen, denn dorthin kommen nur sehr wenige Touristen. Man kann sagen: ›Ja, ich war in Geghard; ich war in Norawank!‹ Aber ich bin mir sicher, dass, wenn man sagt, dass man auf der Festung Smbataberd gewesen ist, man wirklich einer von sehr wenigen ist. Außerdem hatte ich mir überlegt: Der Professor beschäftigt sich mit Kirchengeschichte und mit Theologie. Und im 13. und 14. Jahrhundert gab es in Armenien diese beiden Universitäten – Gladsor und Tatew. Von Gladsor ist zwar am Ort nur noch eine kleine Ausstellung übrig, in einer Kirche. Aber Tatew können wir sehen. Der Professor hat gerade einen Aufsatz über Grigor Tatewatsi geschrieben. Der Name Tatewatsi bedeutet: Der, der aus Tatew kommt.«

Wolken schieben sich vor die Sonne. Die Szenerie ändert sich mit dem Licht. Schaut der Betrachter gegen die Sonne, wird die Steinformation zum gezackten Schattenriss in der Landschaft. Die Megalithen stehen beieinander wie wartende Gesellen.

Seitlich gibt es noch eine Höhle, aus Steinen gesetzt, aber in keiner Weise vermauert. Dennoch ist die Höhle in sich stabil. Ein Mensch müsste sich legen und die Knie anziehen. Er müsste in die Embryohaltung gehen, die Haltung der Toten. Oder – er müsste kleinwüchsig sein.

Mindestens drei der Steine fotografiere ich zweimal. Mit dem wechselnden Licht wirkt alles erstaunlich schnell verändert. Das aber bemerke ich erst im Nachhinein

Als wir den Ort der Steine wieder verlassen, ist der Himmel bedeckt. Zugleich mit den Wolken verdichtet sich merkwürdigerweise auch das Licht. Unter der geschlossenen Wolkendecke strahlt es jetzt heller und intensiver als je zuvor. Das ist unmöglich. Und ich verstehe überhaupt nichts mehr.

Tag 20 Lehren

Der Zustand der Straße ist gut, der Asphalt ohne Schaden. Unterwegs kommen wir immer wieder an großen Werbetafeln vorüber: eine junge Frau und eine Seilbahn. Daneben steht der Werbeslogan: »Flügel von Tatew«.

Offenbar wird Tatew touristisches Zentrum – das Kloster als Beiwerk und die Seilbahn als Hauptwerk. Über zwei Bergkuppen verbindet diese Seilbahn das Dorf Halidsor mit dem Kloster Tatew. Die Distanz von sechs Kilometern wird in elf Minuten überwunden. Zwischen beiden Bergen befindet sich die Worotanschlucht. Fünfhundert Meter geht es dabei in die Tiefe.

Romans silbergrauer Jeep bewegt sich sicher über die Serpentinen der dicht bewaldeten Berge. Im grünen Blattwerk der Bäume leuchtet es auch schon rot. Der Herbst kündigt sich an. Wir fahren direkt unter der Seilbahn hindurch.

»Wir könnten abkürzen«, stellt Hajk mit Blick nach oben fest. Und er fügt an: »Heute nicht. Aber später werde ich sicher einmal mit der Seilbahn fahren.«

Chatschik dagegen dürfte weniger bei der Seilbahn als gedanklich bereits beim Kloster Tatew sein. Denn, ohne weiter auf Hajks Bemerkung einzugehen, erzählt er mir ohne weitere Überleitung, wie aus einem inneren Zusammenhang heraus, die Legende von der Herkunft des Namens Tatew.

Eine verletzte Taube stürzte auf den Rand einer Quelle. Dort lag sie nun und schlug wild mit den Flügeln. Ein edler Geist, Diener der Göttin Anahit, näherte sich ihr und sagte: »Wenn du mir das gibst, was dir am wertvollsten ist, werde ich dich retten.«

Die Taube überlegte nicht lange, fragte auch nicht weiter nach, sondern stimmte zu.

Und der Geist rettete sie.

»Nun«, fragte die Taube später den Geist. »Was soll ich Euch geben?«

»Gib mir deine Flügel!«

Die Taube erschrak: »Aber wie kann ich leben – ohne meine Flügel?«

Der Geist lächelte: »Ich sehe, du hast verstanden. Und nun flieg und erzähle es allen, denen du begegnest.«

Ohne jede Ankündigung lenkt Roman plötzlich den Jeep über die Gegenspur bis knapp an den Abhang der Worotanschlucht. Ich schreie kurz auf, Roman stoppt und alle lachen. Wir steigen aus. Die Kühlerhaube ist immerhin noch zwei Meter vom Abgrund entfernt. Roman schlägt lachend mit beiden Händen zugleich aufs Lenkrad, – Was für ein Meisterstück! –, steigt dann ebenfalls aus, dreht eine Runde um seinen Wagen, grinst und tätschelt das Auto wie ein Pferd. Bedächtig sagt der Professor: »Du kannst nicht tiefer fallen als in Gottes Hand.« Ich finde, der Professor sieht blass aus.

Die Legende von der Taube geht mir noch nach. Sie erscheint mir rätselhaft und nicht auf Anhieb zu verstehen. Ist nicht die

Taube auch Sinnbild für die Seele, die nach dem Tod eines Menschen entweicht? Auch das lese ich später im Buch über die armenischen Felszeichnungen.

Mit dem Vorhandensein der immer lebenden Seele haben die Menschen an eine Welt nach dem Tode geglaubt, in die sie nur im Traum einkehren durften: Was im Bewusstsein nicht wahrnehmbar war, wurde im Unterbewusstsein durch die Träume aufgezeigt. Nach ihren Vorstellungen sah die Seele wie eine Taube oder ein kleiner Ball aus, der beim Sterbenden aus dessen Mund gehaucht wurde.

Das Kloster Tatew wurde 895 als armenisch-apostolisches Kloster gegründet. Es liegt auf der anderen Seite des Tales. Wir können es von hier aus schon sehen. Die Türme sind wegen der Entfernung noch Türmchen und der Wald dazwischen ist ein einziges Grün.

Das Kloster Tatew ist eine der wichtigsten geistlichen Universitäten Armeniens gewesen. Als wir direkt vor dem Eingangstor stehen, wirkt das Kloster vor allem eines: wehrhaft. Das breite Gemäuer ist gesetzt aus grauem Stein, Quader an Quader, die Verbindungsflächen dabei haarfein, und die Flächen, innen wie außen, in der Gesamtheit glatt.

»Grigor Tatewatsi ist eine Gestalt«, beginnt Chatschik und ist sofort in seinem Element, »mit der ich mich in den letzten Monaten sehr intensiv beschäftigt habe. Dieser gelehrte Armenier hat 1346 bis 1409 im Kloster Tatew gelebt. Der Süden des heutigen Armenien befand sich lange Zeit an der persisch-armenischen Grenze, wodurch die Gegend dann auch mal persisch und mal armenisch beherrscht wurde. Im Laufe des 13., 14. und auch 15. Jahrhunderts entstand nun dieses Zentrum – das Kloster Tatew.«

Das Kloster steht auf einem Felsvorsprung. Die Schlucht dahinter – und auch das lässt mich an eine Festung denken – ist ein steiler Abhang, der im Falle des Falles schwer zu erobern sein dürfte. Nahe am Eingangstor gibt es vor der Schlucht eine mannshohe

Mauer mit einem eisernen Tor. Das eiserne Tor ist verschlossen. Mir bleibt unklar, wohin es führt.

Weiter hinten markiert ein einzelner Baum das Ende des Klostergeländes. Dort beginnt dann auch die Worotanschlucht. Die Höhe des Himmels zeigt Präsenz. Die Felsen reihen sich, hintereinandergesetzt, entlang der Schlucht.

Handelt es sich mit Tatew nicht um eine Lehranstalt, eine geistliche Universität? Was kann daran potenziell zum Kampf herausfordern?

»In jener Zeit haben wir«, setzt Chatschik fort, »gerade hier in dieser Gegend eine sehr starke katholische Mission. Das heißt also: Parallel zu den Kreuzzügen läuft innerhalb der römisch-katholischen Kirche eine theologisch-kirchliche Erschließung des Nahen Ostens – ohne Waffen. Das heißt, es handelt sich allein um eine geistig-kulturelle Erschließung. Hier aber, im Kloster Tatew, weiß man theologisch fremde Einflüsse abzuwehren. Denn letztlich würde das die Unterordnung oder Eingliederung der armenisch-apostolischen in die römisch-katholische Kirche bedeuten. Die Missionierten müssten ihre Riten ändern, die Art ihrer Gottesdienste. Zwar könnten sie Armenisch als ihre Gottesdienstsprache behalten, müssten aber ihr Stundengebet nach dem römischen Ritus durchführen; sie müssten ihre Abendmahlsgottesdienste nach dem römischen Ritus abhalten, und auch ihren Taufritus.«

Auf dem Gelände befinden sich drei Klosterkirchen. Die Hauptkirche, Petrus und Paulus geweiht, ist mit einem weithin sichtbaren Kreuz gekrönt. Chatschik erzählt:

Als der Architekt des Klosters die Kuppel der Kirche vollendet hatte, kam er von dort oben aber nicht wieder herunter. Und er rief: »Togh astwats inds ta-tew! – Möge Gott mir Flügel geben!«

Die Gesamtwirkung der Anlage ist sowohl klar als auch erhaben. Wie alle anderen Klostergebäude auf Tatew bleibt selbst die

Hauptkirche, abgesehen von den gedrehten Steinbändern, weitgehend schmucklos.

Ich suche den Schatten und trete ein. An der rechten Seite fällt mir ein Gemälde auf. Es ist in leuchtenden Farben gemalt und erscheint dem Betrachter so frisch, als könnten die Farben noch gar nicht getrocknet sein – strahlendes Gold, Rot, Blau. Dabei handelt es sich um die meisterhafte Kopie eines Bildes, entnommen einer Handschrift aus dem 15. Jahrhundert. Das Zentrum des Gemäldes bildet die Gestalt von Grigor Tatewatsi, dem seinerzeit berühmten Priester, Gelehrten, Philosophen, im Kreise seiner Schüler, vor dem Gemäuer des Klosters.

Wer immer auch die Kirche betritt, bekreuzigt sich rasch. Einige knien kurz nieder, bevor sie weitergehen. Ein zweites Mal bekreuzigen sie sich direkt am Altar.

Am Altar der Hauptkirche versammelt sich eine kleine Gruppe festlich gekleideter Männer und Frauen. Auch ein Kind ist dabei. Es wird auf dem Arm getragen. Der Priester erscheint mit schwarzer Kapuze und goldenem Überwurf über der Soutane.

Sämtliche Gesten, sowohl des Priesters als auch der Gläubigen, sind ohne Pathos, sind rasch getan und wirken ebenso sicher wie alltäglich.

Die Frauen der Gruppe tragen, wie üblich, einen kurzen, zumeist weißen Spitzenschleier über dem Haar. Vor der Gruppe stellt sich ein Paar auf, Mann und Frau. Sie stehen dem Priester genau gegenüber.

Ich sitze auf der Bank an der hinteren Säule und schaue zu. Vielleicht ist es eine Hochzeit, vielleicht ist es eine Taufe, vielleicht eine spezielle Segnung. Der Priester spricht, singt, segnet.

Wieder zurück im Freien, treffe ich auf Chatschik und Hajk. »Auf die Frömmigkeit der römisch-katholischen Kirche ließen sich damals einige der Christen ein, auch armenische«, führt Chatschik weiter aus. »Es heißt, dass sich damals etwa fünfzig Klöster dieser katholischen Bewegung angeschlossen haben. Was natürlich eine

Art Entfremdung bedeutete. Die Sache war ja auch die: Rom konnte Armenien damals politisch nicht unterwerfen. Aber durch diese Bemühungen und Erfolge wird es auf anderen Wegen versucht. – Nun entsteht eine Abwehr. Es gibt Klöster, die sagen ganz klar: Nein, wir sind damit nicht einverstanden. Und Grigor Tatewatsi ist die führende Gestalt dieser Gruppe, die sich gegen solche Einflüsse verwahrt. Man kann sagen: Tatewatsi ist der große Apologet, der große Verteidiger der Armenisch-Apostolischen Kirche. Und er hat sich damals in verschiedenen seiner Handschriften sehr ausführlich mit dem Islam und mit den Vorwürfen der islamischen Theologie gegenüber den Christen auseinandergesetzt.«

Im hinteren Bereich der Klosteranlage macht uns Chatschik auf eine Säule aufmerksam. Diese Säule ist acht Meter hoch und wird auch Gawazan genannt. Dabei handelt es sich um eine achteckige Säule, gesetzt aus Steinquadern. In Abständen sind Kreuze eingemeißelt. Obenauf befindet sich ein kleiner *chatschkar*. Es heißt, diese Säule würde bereits durch eine leichte Erschütterung der Erde ins Schwanken geraten, ja sogar bereits dadurch, dass jemand sie mit seiner Hand berührt.

»Dies ist Symbol des Bischofsstabes, des Gelehrtenstabes, den der Lehrer, der Gelehrtenpriester, der *wardapet*, während des Unterrichts in der Hand gehalten hat«, erklärt Chatschik weiter.

In der Ferne ist ein Grollen zu hören. Ein Gewitter zieht heran. Der Himmel bewölkt sich. Es wäre das erste Gewitter überhaupt, das ich während all meiner armenischen Reisen erlebe. Über dem Gelände von Tatew kreist ein Adler. Seine Schwingen sind weit ausgebreitet. Zumeist bewegt er sich nicht und ist eins mit der Thermik.

»Und«, setzt Chatschik konzentriert fort, »wir haben in diesem hohen Mittelalter durchaus kontrovers-theologische Traktate, wo Christen Moslems etwas unterstellen und Moslems wiederum den Christen. Und in diesen religionskritischen Auseinandersetzungen geht es darum, wer nun wen überzeugen kann. Gelingt solch eine Überzeugung, ist dann zur jeweils anderen Religion überzutreten. Diese Möglichkeiten gab es also auch.«

Mit dem großen, langen, übermannshohen Tonnengewölbe betreten wir den einstigen Unterrichtsraum der Mönche. Erstmals sehe ich Murad ohne Zigarette und ohne dass er lächelt. Hajks Vater stellt sich ins Zentrum des Raumes, lässt die Arme hängen, steht einfach nur da.

Hinter ihm zieht sich, entlang des Mauerwerks, eine steinerne Bank. Als Hajk sich setzt, wie ein Schüler, befindet sich die Mauer mit den Kammern, für Bücher und Materialien, in seinem Rücken. Der Sohn schaut zum Vater und der Vater schaut zum Sohn.

»Jedenfalls ist Grigor Tatewatsi ein Prediger, ein Apologet«, setzt Chatschik seine Rede fort. »Dabei hat er nichts allein gemacht. Er scharte um sich diese Gruppe von Schülern. Und die haben sich dann in Tatew, in diesem hohen Bergkloster, versammelt.«

Ich stelle mir Professor Chatschik Gazer jetzt als unseren *wardapet* vor, der in schwarzem Gewand, mit schwarzer Kapuze und dem Gelehrtenstab in der Hand den langen, breiten Gang des Tonnengewölbes auf und ab schreitet.

Zu den grundlegenden Fächern der damaligen Universitätsausbildung, nicht nur in Tatew, sondern auch in Gladsor, Sanahin oder Haghpat, gehörten: Theologie, Grammatik, Musik, Architektur, Logik, Mathematik, Geometrie und Astronomie.

Die Studenten kamen aus allen Himmelsrichtungen zum Studium hierher und zogen anschließend, entsprechend »beflügelt«, in alle Himmelsrichtungen wieder davon.

»Mir ging es bei der Beschäftigung mit dem Werk des Tatewatsi vor allem um diejenigen Fragen, mit denen er sich 1398 beschäftigt hatte, und das war die Auseinandersetzung mit dem Islam und damit auch mit den Türken. Diese umfangreiche Handschrift ›Liber Interrogationum‹ ist im 18. Jahrhundert, und zwar 1729, in Istanbul erstmals dann auch gedruckt worden. Dabei wurde aber das Kapitel gegen den Islam, gegen die Türken, ausgelassen. In diesem gedruckten Buch durfte das nicht mit erscheinen. – Erst 1930 ist dieses Kapitel gegen den Islam und gegen die Türken, postum sozusagen, veröffentlicht worden, und zwar in Wien, von einem Armenier, der den Völkermord zufällig überlebt hatte. – Man kann sich zwar mit etwas auseinandersetzen, was aber noch lange nicht heißt, dass man darüber auch öffentlich reden kann.«

Hajks Vater ist hinausgegangen. Und als auch wir ihm in den Innenhof folgen, steht Murad direkt vor der Grabkapelle, in der Tatewatsi begraben liegt. Murad bekreuzigt und verneigt sich vor dieser Kapelle. Kurz darauf bekreuzigt und verneigt sich auch Professor Gazer – wohl vor alldem, was er mit dem Mann in der Grabkapelle verbindet.

»Der Islam wirft den Armeniern vor, dass sie an drei Götter glauben – Vater, Sohn und Heiliger Geist. Das ist also die Infragestellung der Trinität. Die Armenier wehren sich und sagen: Nein, wir glauben nicht an drei Götter, sondern daran, dass es ein einziger Gott ist – in drei Gestalten.«

Die dunklen Wolken über dem Klostergelände, den Bergen rundum einschließlich der Worotanschlucht sind weitergezogen und kein einziger Tropfen ist vom Himmel gefallen. Der Adler dagegen fliegt nach wie vor über Tatew. Er schlägt seine Schwingen drei- oder viermal auf und ab. Schon hat er den nächsten Luftstrom gefunden, der ihn sicher trägt.

Vor dem Kloster stehen die Frauen und bieten ihre Waren an. Gerade ziehen sie die Regenplanen wieder herunter – von Walnüssen, Haselnüssen, getrockneten Aprikosen und frischen Äpfeln, und auch vom Selbstgebrannten. Wie das Wasser aus den heiligen Quellen wird auch der Selbstgebrannte in kleine Plastikflaschen abgefüllt.

»Trinität ist für den Islam ein sehr heikles Thema, wenn sich die Moslems damit auseinandersetzen. Sie setzen sich aber auch mit den Speise- und Getränkeverboten auseinander, also mit dem Fasten. Die Armenier sagen: Das ist alles Schöpfung und Gabe der Schöpfung. Wir dürfen alles. Und zu den ganz, ganz schwierigen Fragen gehört, ob Christus ein Prophet ist, so wie der Islam das sieht. Die Armenier sagen: Nein, er ist kein Prophet, sondern er ist Gottes Sohn. Er ist selber Gott. Das ist wiederum für die islamische Theologie überhaupt nicht annehmbar. – Schließlich geht es auch noch um das Thema der Beschneidung: Warum müssen wir beschnitten sein?, fragen die Armenier und sagen: Wir sind im Herzen beschnitten. Wir müssen nicht auch äußerlich beschnitten sein. Und über all diese Dinge konnte man sich offensichtlich damals nicht öffentlich und in der gebührenden Form auseinandersetzen und verständigen.«

ARMENIEN WAR EIN EINZIGES WAISENHAUS

Jerewan:
Zizernakaberd
Vernissage
Haus der Schriftsteller

Tag 21 Schließen

Ida und Lida sind Schwestern, beide hoch betagt. Jede von ihnen lebt in einer eigenen Wohnung. Die beiden Wohnungen wiederum liegen Tür an Tür. Es ist ein Plattenbau, nahe dem Denkmal von Wardan Mamikonjan in Jerewan. Das Haus ist nicht neu, wirkt trist, äußerlich wie zusammengeschustert, von innen her gesehen aber scheint alles stabil. Der Fahrstuhl ist neu und funktioniert. Menschen kommen und gehen.

Als ich klingle, öffnet die zierliche Lida die Wohnungstür aus massivem Holz. Mit einundachtzig Jahren ist sie die jüngere der beiden Schwestern. Die Ältere, Ida, ist dreiundachtzig und wird meine eigentliche Vermieterin sein.

»Kommen Sie!«, sagt Ida resolut, als sie sich an Lida vorbeischiebt. Ich folge ihr.

Die zu vermietende Wohnung ist von der Septembersonne aufgeheizt, der Lamellenvorhang zugezogen, die Fenster dahinter stehen offen. Die weiße Farbe an den Rahmen blättert ab.

»Das ist die Schwester einer ehemaligen Kollegin!«, hat Melanja zu mir gesagt und mir den Zettel mit der Adresse in die Hand gedrückt. Der Zufall, Gott des Schicksals Tir oder wer auch immer möchte, dass sich diese Wohnung im Nachbarhaus von Wahram Babajan befindet – nur drei Hauseingänge weiter.

Ida bittet mich an den Küchentisch. Vor ihr liegt ein weißes Blatt Papier. Mit beiden Händen streicht sie darüber, bevor sie zu schreiben beginnt. Ida schreibt sorgsam, mit einem Bleistiftstummel, scharf angespitzt.

Die Dreiundachtzigjährige arbeitet noch, beim Verband der Journalisten: »Wissen Sie, wie wenig wir verdienen und wie teuer das Leben hier ist?«, fragt sie, bevor sie sich über das Blatt Papier beugt und damit beginnt, mir ihre monatlichen Ausgaben für Strom und Wasser aufzuschreiben ... Miete bräuchten sie zum Glück nicht zu zahlen. Beide Wohnungen sind seit Sowjetzeiten ihr Eigentum.

Ida ist der Typ einer Geschäftsfrau: Der Preis, den sie für die tägliche Miete ansetzt, ist nicht gering, dabei immer noch deutlich günstiger als ein Hotelzimmer. Für die ersten drei Tage habe ich auf die Hand zu zahlen. Bei längerem Aufenthalt gibt es einen Rabatt. Wir werden uns einig.

Mein erster Jerewaner Schlüssel sieht aus wie aus Gold, liegt schwer in der Hand, besitzt einen doppelseitigen Bart sowie auf einer Seite einen roten Punkt.

Am Ende ihrer Ausführungen und meiner Zustimmung atmet Ida tief durch. Ihre Körperspannung lässt sichtlich nach: »Für uns ist es schwer hier. Schauen Sie!« Ida umkreist mit einer Linie den Skonto-Preis, den sie mir auf das Papier geschrieben hat: »Das ist das Sechsfache meines Einkommens. Das Sechsfache!«

Anschließend wechselt der Ton wieder: »Fühlen Sie sich wie zu Hause!«, sagt sie gastfreundlich. »Darf Ihnen meine Schwester einen *surtsch* machen? Ja? Klingeln Sie ruhig und kommen Sie zu uns herüber!«

Das Papier mit der umkreisten Summe lässt sie auf dem Küchentisch liegen. Den Bleistiftstummel steckt sie in ihre Jackentasche, zu den Geldscheinen mit der Anzahlung, bevor sie mir den Schlüssel plötzlich wieder aus der Hand nimmt: »Das muss ich Ihnen erst erklären!«, sagt sie. Wir treten vor die Wohnungstür.

Auch die jüngere Schwester tritt gerade vor die Wohnungstür. Ida trägt ihr auf, für mich einen *surtsch* zu kochen – »Sie möchten doch?« – »Aber ja.« Daraufhin erhebt die ältere Schwester den Schlüssel wie einen metallenen Zeigefinger.

»Hier!«, sagt Ida streng und verweist mich auf den roten Punkt. Der rote Punkt befindet sich oben. Ida wartet so lange ab, bis ich auf den roten Punkt sehe. Erst als ich nicke, steckt sie den Schlüssel ins Schloss, dreht ihn nach hinten weg und zieht ihn anschließend zügig wieder heraus. Ida hat die Tür zugeschlossen und dabei den Schlüssel in die Richtung gedreht, als hätte sie gerade aufgeschlossen. Prüfend rüttelt sie noch einmal am Türknopf.

»Sehen Sie, jetzt ist die Tür zu.«

Ida fordert mich auf, ebenfalls zu probieren, ob die Tür jetzt zu ist.

Ich rüttle. Und?

»Richtig, die Tür ist zu!«

»Und jetzt schließen Sie diese Tür wieder auf!«, weist mich Ida an und drückt mir den Schlüssel in die Hand. Wo hatte sich jetzt noch einmal der rote Punkt befunden, bevor Ida den Schlüssel aus dem Schloss gezogen hat? Ich weiß es nicht und beginne damit, den Schlüssel mit dem roten Punkt nach oben ins Schloss einzuführen.

»Falsch!«, ruft Ida sofort. Sie wirkt sehr aufgeregt und zeigt mir gleich noch einmal, wie es zu tun ist. Bei ihr geht alles sehr schnell und funktioniert tadellos. Die Tür ist wieder offen: »Sehen Sie das?«

Der Kaffee ist inzwischen fertig. Die Schwestern laden mich ein, erst einmal mit in Lidas Wohnung zu kommen.

»Schauen Sie, diese ganze Arbeit, die wir haben!«, klagen beide, noch bevor ich eingetreten bin. »Unsere Wohnung wird renoviert!«

Sie zeigen mir den Baudreck in der Ecke. Sie machen mich aufmerksam auf die Fenster, die noch nicht geputzt sind. Und überhaupt ist es eine große Wohnung – drei Zimmer, Küche, Bad, ein offener Balkon sowie eine verglaste Veranda.

»Das wird alles sehr schön«, meine ich. In der Küche gibt es Einbauschränke aus Massivholz, dazu Fenster mit dunklen Rahmen. Die Wände sind bezogen mit einer Tapete aus einem stabilen Gemisch von Textil und Synthetik. Die Tapete wiederum ist bedruckt mit übergroßen roten Mohnblumen und dazu schwarz gemalten Stielen und Blättern.

»Sie in Deutschland ...«, setzt Ida erneut an. Ich sitze mittlerweile zwischen den gestapelten Möbeln und nippe am Kaffee. Er ist nicht heiß und das Tässchen klein. »Alles hat sich hier verändert. Jerewan ist nicht mehr unsere Stadt. Aber immer noch wohnen wir hier.«

Ich stelle die Tasse zurück auf den Tisch vor mir und stehe bereits, als Ida dann auch noch einen großen Teller mit blauen Weintrauben bringt: »Möchten Sie?«

Aber ich möchte nicht länger stören. Ida begleitet mich, um mir die Tür zu meiner kleinen Wohnung korrekt aufzuschließen. Von innen her zuzuschließen ist kein Problem. Denn der Verriegelungsmechanismus ist von hier aus direkt zu verfolgen.

Abends um sechs Uhr liegt die Stadt im Dunkeln. Der Wohnblock gegenüber ist hell erleuchtet. »Du kannst bei mir wohnen«, hatte Wahram noch im August gesagt, als wir uns im Massiv Nummer Sieben bei Marina und der Familie Babajan getroffen haben. Und er hat auch gleich noch hinzugefügt: »Aber ich kann nicht kochen.«

Ich kenne Wahrams Wohnung. Als Mutter Anusch noch gelebt hat, bin ich oft dort gewesen. Die verglaste Veranda geht zur Hofseite hinaus.

Hinter den Wohnblöcken endet der Stadtkessel. Bergauf steht ein Fernsehturm, rot und weiß angestrichen. Zwischen den Wohnblöcken steht der Hof voller Hütten und Häuschen, zum Teil aus Stein, zum Teil aus Blech.

»Das sind Notunterkünfte«, hatte mir Marina erklärt, als ich zum ersten Mal mitten in der Stadt solche Hütten sah. »Für die Erdbebenopfer.«

Mit diesem goldenen Schlüssel, dem roten Punkt und dem Schloss habe ich in den nächsten Tagen regelmäßig Probleme. Ich versuche es auf gut Glück. Manchmal klappt es auch. Wenn es nicht klappt, probiere ich es höchstens dreimal und klingle dann bei Lida. Lida ist immer zu Hause. Aber es entgeht mir durchaus nicht: Immer verursacht mein Klingeln eine kleine Aufregung unter uns. Bis ich mich entschließe, es wie der Gott des Schicksals zu machen, der weißbärtig auf dem Ararat oder auf einem anderen der Berge sitzt und – in sein Buch schreibt.

»Langsam! Langsam!«, rufe ich immer wieder, sitze zwar auf keinem Berg, sondern stehe vor der Wohnungstür, während mir Ida Schritt für Schritt das Aufschließen der Tür mit dem goldenen Schlüssel und seinem roten Punkt zeigt und ich es aufschreibe. Dieses Aufschreiben hat letztlich geholfen.

Tag 22

Erinnern

»Armenien war in den zwanziger Jahren ein einziges Waisenhaus«, erzählt mir Chatschik am Abend vor seinem Abflug. »Aber die Kraft, das aufzuarbeiten, da auch politisch dranzugehen, war noch nicht da. Die staatliche, also die offizielle Beschäftigung damit begann erst in den 1960er-Jahren, das heißt fünfzig Jahre danach. Damals wurde auch das Genoziddenkmal Zizernakaberd in Jerewan errichtet. Die Türkei und die Sowjetunion wollten dieses Thema nicht unbedingt hochkommen lassen. Zugleich gab es immer schon Leute, die regimekritisch waren und zur Aufarbeitung aufgefordert haben. Aber erst nach dem Ende des Zweiten Weltkriegs und dem Tod Stalins haben die Menschen angefangen, über ihre Vergangenheit nachzudenken. Dabei waren sie selbst Kinder dieser Überlebenden.«

Hajk hat seinen Professor nachts noch zum Flughafen Zwartnots gebracht. Am nächsten Morgen besucht er mich in meiner kleinen Wohnung, Wand an Wand mit Ida und Lida. Sich zu Hause zu treffen wird als die persönliche Variante geschätzt.

Hajk ist Mitte dreißig und lebt mit seiner jungen Frau sowie der kleinen Tochter in Jerewan. Aktuell ist er die meiste Zeit des Jahres in Erlangen. Er bereitet sich auf seine Promotion vor.

Die Geschichten des legendären Hajk variieren. Und ganz gleich, welche ich höre oder auch bei Wikipedia nachlese – immer siegt Hajk über den Titanen Bel:

Hajk lebte in Babylon, als der Titan Bel sich zum König aller ernannte. Hajk beschloss daraufhin fortzugehen. Er wanderte mit seiner Familie – das heißt mit mindestens dreihundert Familienmitgliedern – in die Region des Ararat aus. Bel schickte einen seiner Söhne, um Hajk zur Rückkehr zu bewegen. Schließlich marschierte Bel mit einer riesigen Armee gegen ihn. Hajk rief nun seine eigene Armee zusammen, und zwar am Ufer des Vansee, in der heutigen Türkei. »Entweder«, kündigte Hajk seinen Leuten an, »besiegen wir Bel und töten ihn. Niemals aber werden wir seine Sklaven. Lieber sterben wir!«

Hajk Martirosjan hat an der Staatlichen Universität in Jerewan Orientalistik und Turkologie studiert und anschließend in Zizernakaberd gearbeitet. Das Museum gehört zur Akademie der Wissenschaften. Hajk spricht gut Türkisch. Heute arbeitet er am Institut für Archäologie und Ethnologie der Akademie der Wissenschaften, in der Abteilung Zeitgenössische Ethnologie. In seiner Promotion beschäftigt er sich mit deutschen Missionaren im Osmanischen Reich. Im Jahr 2011 kam Hajk erstmals nach Deutschland, um in den Archiven zu forschen.

Hajk schaut sich frei und ungeniert in meiner kleinen Wohnung um. Vor allem die Bilder an den Wänden interessieren ihn – ein Gemälde vom Sewansee neben einer japanischen Tuschezeichnung.

»Die Frau ist viel herumgekommen?«, fragt er.

»Ich denke schon«, antworte ich. Ida hatte mir von Reisen erzählt. Vielleicht hing das auch mit ihrem Beruf als Journalistin zusammen. Ich weiß es nicht und habe auch nicht weiter nachgefragt. Ich war müde geworden über der ausführlichen Berechnung des Mietpreises und dem ewigen Probieren am Türschloss. Ich habe mir nur gemerkt, dass beide Schwestern in den 1970er-Jahren einmal in Leipzig gewesen waren, sowohl in der Thomaskirche als auch auf dem Völkerschlachtdenkmal. Und überhaupt: Um Ida und Lida geht es jetzt gar nicht. Ich habe Hajk eingeladen, weil mich seine Dissertation interessiert und dazu habe ich meine Fragen.

»Natürlich hatte ich schon hier in Armenien zu meinem Thema ›Deutsche Missionare im Osmanischen Reich‹ geforscht, gelesen und geschrieben. Aber als ich dann in Deutschland war und Zugang zu den verschiedenen Archiven hatte, wurde mir klar, dass ich das Thema einschränken musste. Mein Thema lautet nun: ›Der Deutsche Hilfsbund für Armenien und seine Tätigkeit unter den Armeniern des Osmanisches Reiches 1896–1919‹. Dieser Deutsche Hilfsbund wurde 1896 gegründet. Er bestand aus zwei Hauptkomitees und einigen Nebenkomitees. Ich selbst habe das Frankfurter Komitee gewählt, also eines der Hauptkomitees. Über das Komitee in Berlin, das heißt über die Deutsche Orientmission, weiß man sehr viel. Über Johannes Lepsius wurde nicht nur in Armenien, sondern auch in Deutschland bereits sehr viel gearbeitet und geschrieben. Über dieses Frankfurter Komitee ist dagegen noch nicht so viel bekannt. Dieses Komitee ist zuständig gewesen für über hundert Missionare, fünf Hauptstationen und einige Nebenstationen und umfasste überhaupt das größte Netz von deutschen Missionaren im Osmanischen Reich.«

Wenig später setzt Hajk auf meine Zwischenfrage hin fort: »Ob ich den Schmerz der Vorfahren spüren kann? Also, mit mir ist es speziell. Ich beschäftige mich ja mit dem Thema der Missionare und habe viel über den Genozid gelesen, Erinnerungen ... Ehrlich gesagt, ich würde das keinem anderen zu lesen geben. Diese Erinnerungen berichten sehr detailliert darüber, wie man einen oder auch mehrere Menschen getötet hat. Ich habe viel zu viel gelesen. Trotzdem bleiben meine Augen feucht. Man kann es nicht einfach so lesen. – Ich habe zum Beispiel gelesen, wie man ein Kind von vier oder fünf Jahren getötet hat. Das wurde ganz im Detail erzählt. Ich möchte es hier nicht wiedergeben. Einmal habe ich im Bus gesessen und mir gegenüber saß ein Mädchen. Das war drei oder vier Jahre alt, genauso alt wie damals meine eigene Tochter. Und ich habe auf dieses Kind geschaut und mir vorgestellt, wie solch ein Kind von ihnen getötet worden ist. Und auch der Gedanke drängte sich mir auf, dass das zurückkommen könnte. Es ist sehr, sehr schwer – immer mit diesen Erinnerungen, in diesen Büchern. Aber man kann es auch nicht auf die Seite legen und einfach so weiterleben. – In der Türkei leben mehr als fünfundsiebzig Millionen Menschen, in Istanbul vierzehn Millionen. In Istanbul leben viele gelehrte Leute. Und sie können denken. Ich kann mir überhaupt nicht vorstellen, wie jemand in Erzurum oder in Harput darüber denkt. Vielleicht sieht er es ja genau so, darf es aber – noch – nicht äußern. Noch ist das ein Problem. Ich hoffe, dass es die Türkei irgendwann anerkennt. Aber wann? – Einmal habe ich in Deutschland einen alten Mann getroffen. Ich kannte ihn nicht. Er war Schuhmacher und schon ziemlich alt. Wenn ich einen Türken sehe, dann beginne ich Türkisch zu sprechen, einfach um die Sprache zu üben. Und dieser alte Mann hat gesagt: ›Du bist nicht aus Istanbul. Woher kommst du?‹ Ich habe gesagt: ›Etwas östlicher.‹ Dann habe ich gesagt: ›Aus Armenien.‹ Aber da war noch eine Person, ein Türke. Dieser Schumacher hat mich gefragt: ›Womit beschäftigst du dich?‹ Und ich habe ihm mein Thema genannt. Daraufhin hat er nichts gesagt. Ich glaube, er hatte Angst. Immerhin war da noch diese dritte Person.«

Hajk erzählt. Ich höre zu. Zwischendurch stelle ich meine Fragen.

»Ich verstehe das nicht: Warum soll ich Angst haben, ob nun in Deutschland oder woanders? Das ist für mich nicht verständlich: Warum hast du Angst, wenn dein Vater oder dein Großvater so schwierige Zeiten erlebt haben? Ich weiß nicht. Aber diese Angst habe ich nicht. – Der Genozid ist vergangen. Aber seine Geschichte ist nicht vergangen. – Für mich ist es, ehrlich gesagt, nicht so wichtig, ob Deutschland oder die USA oder andere Länder den Völkermord als Genozid anerkennen. Das wichtigste Land in dieser Frage ist für mich die Türkei. Von mir aus braucht kein Land sonst das anzuerkennen. Aber wenn die Türkei ihn anerkennt, das wäre für mich wichtig.

Ja, wir sollen weiterleben und zugleich auch nicht vergessen. Meine Meinung ist: Wir sollten aber auch nicht immer nur weinen! Denn diese Menschen sind nicht einfach so gestorben. An einigen Plätzen konnten sie sich auch verteidigen. Vielleicht besaßen sie keine Waffen, denn die Regierung der Türkei und des Osmanischen Reiches hatte alles eingesammelt. Aber das ist keine Nation, die sich so einfach töten lässt, die so einfach stirbt. Es sind 1,5 Millionen Menschen gestorben, plus oder minus. – Und das ist für mich das Hauptproblem: Wir weinen sehr viel. Die Juden sind auch getötet worden. Sechs Millionen. Aber für die Juden gibt es jetzt das Symbol des kämpfenden Soldaten. Dafür gibt es einen bestimmten Terminus. Ich habe ihn gehört, erinnere mich nur gerade nicht daran. – In dieser Frage sollten wir etwas ändern. Vielleicht ist das nicht richtig, nicht korrekt gesagt: ›Hundert Jahre haben wir geweint und nichts hat das geändert.‹ Schon ab 2015 sollten wir es nicht länger beweinen, sondern etwas aktiver sein, etwas ändern. Ich will nicht an jedem 24. April hören: ›Da hat man zweihunderttausend Menschen getötet, dort hat man so und so viel getötet ...‹ Ich kenne natürlich viele Orte, an denen man sich verteidigt hat. Wo sogar die Türken Verluste hatten. Wo sie in die Flucht geschlagen wurden. In Van haben wir uns zum Beispiel sehr gut verteidigt. Oder auf dem Musa Dagh. Es gibt sehr viele Plätze, wo sie sich verteidigt haben. Auch in Urfa. Aber dann gingen ihnen die Patronen aus. Was konnten sie noch tun? Nichts! Sie wurden getötet. – Wenn man sich selbst nicht helfen kann, dann hilft niemand. Für mich ist dieser Anerkennungsprozess wichtig. Und das halte ich für möglich. – Es war einmal in Deutschland, dass ich jemanden kennengelernt habe. Ich will jetzt den Namen nicht sagen, denn sein Vater ist ein ziemlich hoher Beamter in der Türkei. Ein Freund hat uns miteinander bekannt gemacht. Eines Tages sagt er zu mir: ›Weißt du, ich habe in unseren Büchern zu Hause etwas ganz anderes über die Geschichte gelesen als hier in Deutschland. Hier sagen sie, dass das Anfang des 20. Jahrhunderts ein Genozid gewesen war und dass viele Armenier getötet wurden und gestorben sind. Und ich habe gehört, dass du Historiker bist und dich genau mit diesem Thema beschäftigst. Wenn ich dich bitte, könntest du mir darüber erzählen?‹ Seine Bitte hat mich überrascht. – Du warst schon in Zizernakaberd?«, fragt Hajk plötzlich besonders streng und mit Blick auf mich.

»Natürlich«, sage ich.

Vor zehn Jahren bin ich mit Wahram in Zizernakaberd gewesen. Das Denkmalareal, etwas außerhalb im Westen Jerewans gelegen, ist beeindruckend. Und noch mehr beeindruckte mich die Sache mit dem Sturz.

»Hat eure Familie auch damit zu tun?«, fragte ich damals Wahram, während wir nach Zizernakaberd, das heißt die vielen Stufen zur Schwalbenfestung, hinaufstiegen. Und er antwortete: »Jede armenische Familie hat damit zu tun.« Kaum hatte Wahram das gesagt, strauchelte er und fiel hin. Nirgends gab es eine Unebenheit. Wahram war einfach so gestürzt, stand aber sofort wieder auf. Zuerst bewegte er seine Finger, als würde er Klavier spielen, dann klopfte er sich sein weißes Jackett sauber.

»Es ist nichts!«, versicherte er ernst, atmete einmal tief durch und strahlte dann wie ein zweijähriges Kind.

Wir passierten das Wäldchen. Die Bäume des Wäldchens waren gestiftet worden von verschiedenen Nationen.

Wir passierten die Wand aus grauem Tuffstein. Diese Wand ist hundert Meter lang. Auf der Rückseite stehen die Namen von Johannes Lepsius, Franz Werfel, Armin T. Wegner, Henry Morgenthau, Fridtjof Nansen, Papst Benedikt XI ...

»Sie alle haben sich für uns eingesetzt!«, erklärte mir Wahram.

Wir passierten ein Denkmal, das eine junge Frau darstellt, die ihre Füße zwar nach vorn setzt, zugleich aber zurückschaut. Sie ist auf der Flucht. Ihr langes, offenes Haar weht. Auf dem Arm trägt sie ein kleines Kind.

Wir passierten den vierundvierzig Meter hohen, spitz auslaufenden, senkrecht gespaltenen Obelisk. Diese Spaltung ist Symbol für die Teilung des armenischen Siedlungsgebietes, wie Wahram mir erklärte.

Schließlich erreichten wir die Rundhalle, das Schwalbennest, gebildet aus zwölf nach innen gerichteten Betonplatten. Im Zentrum brannte die ewige Flamme. Wir standen nebeneinander, schauten in die Flamme, hörten die Trauermusik. Es roch nach verbranntem Öl.

Der englische Journalist Philip Marsden reiste im Jahr 1990 durch Armenien. Und er reiste damals nicht nur durch, sondern auch nach Armenien. In Venedig beginnend, reiste er kreuz und quer durch Europa, und damit entgegengesetzt zum einstigen Weg der armenischen Flüchtlinge. Als Philip Marsden Zizernakaberd besuchte, verglich er das Ensemble von Obelisk und Rundhalle mit einer Lanze und einem Schild: »Für mich bestätigt das die merkwürdige Wahrheit nach dem Massaker – dass nämlich der Verlust des Landes eine tiefere Wunde geschlagen hat als der Verlust des Lebens. Diese Wahrheit bestätigten mir alle, mit denen ich in der Diaspora gesprochen habe.«

Als Wahram und ich nach diesem Besuch in Zizernakaberd zurück in die Tumanjanstraße gekommen waren, öffnete uns Mutter Anusch zum ersten Mal nicht die Tür. Wahram klingelte dreimal, bevor er selbst die Tür aufschloss. Als wir die Wohnung betraten, saß Mutter Anusch eingesunken im Sessel neben dem Telefon. Um den Kopf hatte sie sich ein weißes Leinentuch gebunden. Es war ein Verband.

»Ich bin gestolpert«, erzählte sie. Und ihre Stimme klang dabei matt, wie ich sie noch nie zuvor gehört hatte. »Ich verstehe nicht, wie das passieren konnte. Plötzlich lag ich am Boden.«

Wahram und ich, wir schauten uns an.

Tag 23 Malen

Hajk ist in Armenien ein wirklich häufiger Name. Auch einem Maler mit diesem Namen bin ich begegnet. Vor dreizehn Jahren habe ich ihn zum ersten Mal gesehen und danach erst einmal nicht wieder. Ehrlich gesagt, hatte ich sogar versucht ihn zu vergessen. Vielleicht hätte ich seinen Namen vergessen können, wäre es nicht gerade Hajk gewesen – ihn selbst als Person allerdings kaum. Denn vor dreizehn Jahren habe ich ein Bild von ihm gekauft: Die Gesichtszüge der Frau sind ebenmäßig, das dunkle Haar trägt sie hoch aufgesteckt, die Augen hält sie halb geschlossen. Über ihrem Kopf sieht es nach Nebel aus. Diese Frauengestalt besitzt keinen Mund. Im Hintergrund sind – fischgrätenartig – sieben Fernsehantennen aufgestellt.

Ohne zu suchen, hatte ich zuerst dieses Bild und damit auch Hajk als den Maler gefunden.

Jeden Sonnabend und Sonntag war die Vernissage geöffnet. Marina und ich liebten es, über den Kunst- und Handwerkermarkt zu spazieren und uns zwischen Schmuck, Teppichen, antiquarischen Büchern, Keramik und eben auch Bildern umzuschauen. Von einem der Bilder kam ich aber plötzlich nicht mehr los. Ich hing regelrecht fest. Das Frauenbildnis, um das es hier geht, war in erdigen Farbtönen gemalt. Die Palette reichte von Braun über Weiß bis hin zu Grau.

Marina war schon weitergegangen. Als sie merkte, dass ich nicht mehr neben ihr war, drehte sie sich um und kam zurück: »Was ist los?«

»Das ist mein Bild!«, sagte ich kleinlaut. Es war mir unangenehm, nicht mehr Herr meiner selbst zu sein.

»Ja, es ist wunderschön. Aber nun müssen wir weiter.«

»Ich kann nicht«, jammerte ich. »Es ist mein Bild!«

Marina lachte: »Willst du es kaufen?«

»Von Wollen kann keine Rede sein«, meinte ich.

Marina begriff nun, dass es mir ernst war, und zog daraufhin los, um den Maler des Bildes zu finden. Direkt mir gegenüber auf der anderen Seite des Weges stand einer, der bot jede Menge Bilder vom Ararat an, ausgestellt auf Staffeleien – den Ararat im Frühling, den Ararat im Sommer, im Herbst und auch im Winter. Irgendwo im orientalischen Gewimmel des Platzes wurde eine Duduk gespielt. Traurig wie poetisch erreichten mich die Klänge der armenischen Flöte, einer Kurzoboe, dem ersten aller armenischen Nationalinstrumente.

Ich blieb, wo ich war. Irgendwann kam Marina mit Hajk zurück. Hajk, der Maler, war ein hagerer Mann, in schwarzer Lederjacke und mit Sonnenbrille. Hajk roch nach Wodka. Und überhaupt sah er unwahrscheinlich traurig aus. Seinen Augen fehlte der Glanz und seinem Körper jede Spannung.

Ich verwies auf das Bildnis der Frau und er sagte nur: »Sechzig Euro.«

»Sechzig Euro?«, wiederholte ich, mehr für mich.

»Sie nehmen das Bild?«

»Ich möchte schon, aber ...«

»Es ist zu viel?«

»Nein, es ist überhaupt nicht zu viel.«

»Sie kommen aus Deutschland?«

»Ja«, sagte ich und fragte: »Wie heißen Sie?«

»Hajk Gasparjan.«

»Was ist das für eine Technik?«, redete ich immer weiter und immer um die Sache herum.

»Öl auf Papier. Sie müssen das Bild nicht kaufen.«

»Doch, ich muss.«

Zum Glück half mir Marina. Kurz entschlossen begann sie mit dem Maler zu feilschen. Inzwischen hatte sie den Preis von sechzig Euro bis auf die Hälfte heruntergehandelt. Das war zwar nun ein Preis, den ich bezahlen konnte. Zugleich war es mir peinlich. Also sagte ich: »Dreißig Euro sind viel zu wenig für dieses Bild.«

»Ich bin mir sicher, das Bild kommt in gute Hände«, wurde Hajk an dieser Stelle energisch, vielleicht auch um die Sache endlich abzuschließen. »Und nun nehmen Sie es, bitte!«

Nie hatte ich auf einer meiner späteren Reisen versucht, Hajk wiederzusehen. Nur diesmal, dreizehn Jahre später, kam mir plötzlich diese Idee. Von meiner kleinen Wohnung sind es am Wardan-Mamikonjan-Denkmal vorbei höchstens noch zehn Minuten bis zur Vernissage. Es ist Sonntag, und es ist ein sonniger Nachmittag. Ich spaziere über den Platz und gehe zielgerichtet auf die Passage der Maler zu, die an der Außenseite des Platzes verläuft, entlang der Straße.

Das Gewirr der Geräusche verstärkt sich mit den Beschallungsanlagen. Werbung vermischt sich mit armenischer Folklore. Die Maler stehen zu zweit oder in kleinen Gruppen zusammen, die Hände in den Taschen, und plaudern. Oder sie sitzen hinter den Staffeleien an Tischen, zusammengebaut aus Kisten und Brettern, und spielen Karten.

Gegen fünf Uhr packen die ersten ihre Bilder zusammen. Seit dem Morgen sind sie hier. Sorgsam werden die Bilder gegeneinandergestellt, in Kisten verpackt und ins Auto geladen. Es gibt immer einen Freund mit einem Auto.

Meine Blicke huschen über die Bilder der verbleibenden Maler, sowohl links als auch rechts des Weges. An einem der Bilder bleibe ich hängen. Es ist ein Bild, das dem Frauenbildnis von damals irgendwie, wie entfernt auch immer, ähnelt: Das Bild ist gemalt in Grüntönen, dabei die Farbschichten übereinandergelagert wie Blütenblätter. Im Zentrum befindet sich auch hier das Bildnis einer Frau. Ich bleibe stehen und schaue.

Ein Mann mit grauem Schnauzbart tritt auf mich zu.

»Sie sind der Maler?«, frage ich.

Er nickt. Der Mann wirkt trotz seiner ersten grauen Haare jugendlich.

»Sehr schön«, sage ich mit Blick auf das Bild. Erst schaue ich allein auf das hellgrüne Bildnis, dann auch auf die anderen Bilder.

»Und hier eine Madonna«, erklärt er mir. »Sie steigt aus dem Sewansee. Sie hält das Christkind auf dem Arm.«

»Wunderbar.«

»Und hier ein Garten mit Aprikosenbäumen.«

»Was kostet dieses Bild?«, frage ich und verweise erneut auf die Frau in Grün.

»Hundertzwanzig Dollar.«

Ich trete einen Schritt zurück, um das Bild besser betrachten zu können, und sage noch einmal: »Es ist wirklich sehr schön. – Darf ich Sie etwas fragen?« Auf sein Zeichen hin beginne ich, in meinem Adressbüchlein zu blättern: »Es geht um einen Maler. Vor dreizehn Jahren habe ich ...« Es dauert, bis ich den Namen dieses Malers von damals gefunden habe.

»Hajk Gasparjan!«, sage ich schließlich.

Jetzt ist es dieser andere, der einen Schritt zurücktritt. Er schaut mich entgeistert an und vergewissert sich: »Hajk Gasparjan? Das ist mein älterer Bruder!« Und er reicht mir seine Hand: »Sejran!«

Damit wendet sich alles: Sejran rückt mir den Hocker zurecht, auf dem er selbst bis dahin im Hintergrund gesessen haben muss. Er bestellt mir einen Kaffee – bei der Frau, die im Schatten und zwischen den Bäumen sitzt. Auch sie bemerke ich erst jetzt. Diese Frau sitzt vor einem Spirituskocher und hat auch sonst alles dabei, was sie zum Kaffeekochen braucht: Wasser, Kaffee und Zucker ... Der Fokus der Wahrnehmung ändert sich schlagartig. Zuerst war ich draußen und jetzt bin ich drin.

»Hajk ist heute schon weg«, sagt Sejran und schüttelt immer mal wieder ungläubig den Kopf. »Kommen Sie am nächsten Wochenende wieder! Bis um vier ist er da. Übrigens: Meine Tochter malt auch. Wir malen alle.«

»Auch Ihre Eltern haben gemalt?«

»Nein, Vater hat auf dem Bau gearbeitet und Mutter war Krankenschwester.«

»Und wie leben Sie?«, frage ich, während ich den weißen Becher aus dünnem Plastik in der Hand halte und den Kaffee trinke.

»Es ist schwer, aber es geht«, sagt er. Es klingt nicht nach Klage. »Sie wissen ja: Es muss gehen. Wir sind Künstler, und das ist unser Leben! Hajk hat es etwas leichter. Er hat eine Frau, aber keine Kinder. Hajk hat sich sehr verändert. Seine Einstellung ist anders geworden. Sie werden es sehen.«

Am kommenden Sonntag gehe ich wieder hinüber zur Vernissage. Zügig laufe ich durch die Passage mit den Bildern. Meine Blicke suchen. Zwischen zwei großen Platanen entdecke ich dann Hajks Bilder. Sie hängen auf Drähten, nebeneinander aufgehängt wie Wäsche auf einer Leine.

Was ist ein Mensch ohne Mund? Ist er sprachlos?

Auch heute und hier, auf Hajks neuen Bildern, sind die meisten seiner Gestalten – ohne Mund. Aber die Farben sind inzwischen andere – Gelb, Hellgrün ... Sogar Pink ist dabei. Zudem treten die Personen nicht mehr einzeln auf, sondern sie bilden Gruppen, Gruppen von einmal drei und einmal fünf Personen.

Sejran lässt es sich nicht nehmen, mich zu seinem Bruder zu begleiten. Als er sieht, dass Hajk nicht am Stand ist, fragt er den Instrumentenverkäufer am Stand gegenüber.

»Hajk trinkt Kaffee!«, weiß Sejran schließlich. »Kommen Sie!«

In einem kleinen Imbiss, an der Außenseite der Vernissage, sitzt Hajk mit zwei Männern zusammen. Sie sitzen an einem der kleinen, runden Tische. Obwohl die Mode der schwarzen Lederjacken zumindest in Jerewan vorüber zu sein scheint, tragen diese drei hier ihre Jacken immer noch.

Hajk sieht uns kommen und erhebt sich sofort. Sejran macht uns bekannt: »Das ist Constanze. Ausgerechnet mich hat sie nach deinem Namen gefragt. Und das ist Schicksal.« Gleich darauf lässt er uns allein und eilt zurück zu seinen eigenen Bildern.

»Woher kommen Sie?«, fragt mich einer von Hajks Kollegen. »Aus Russland?«

»Aus Frankreich?«, fragt der zweite.

»Aus Deutschland«, sage ich.

»Mein Cousin lebt in Hamburg. – Geben Sie mir Ihre Telefonnummer?«

»Später«, sage ich.

Ich erkenne Hajk wieder und zugleich auch nicht: Seine Augen strahlen. Womit aber etwas Merkwürdiges verbunden ist. Ich muss Hajk genauer anschauen, um das zu erfassen: Denn seine Augen strahlen nicht nach außen, sondern irgendwie nach innen.

»Kaffee?«, fragt er und steht schon auf, um die Bestellung aufzugeben.

Während ich den Kaffee trinke, sitzt er dabei und beginnt das Gespräch. Er schlägt einen Ton an, als kennen wir uns seit Ewigkeiten. An sich spricht er mit mir wie von Mann zu Mann – offen, unverstellt und mit Respekt.

»Ehrlich«, sagt er. »Ich kann mich nicht an Sie erinnern. Aber«, fügt er sofort hinzu, »das ist kein Zufall, dass Sie jetzt hier sind. Da bin ich mir sicher.«

»Damals sind Sie sehr traurig gewesen.«

»Ja«, sagt er. Er sagt das einfach so. Aber was muss das für ein Weg gewesen sein, aus dieser Traurigkeit heraus bis hin zu diesem inneren Strahlen?

»Sie haben getrunken, nicht wahr?«

»Ich trinke nicht mehr.«

»Wie geht es Ihnen?«

»Heute geht es mir gut«, sagt er. »Ich verkaufe meine Bilder nach Holland, Frankreich, nach Amerika.«

»Es gibt einen Galeristen?«

»Nein«, erklärt er das Verfahren. »Aber das sind Käufer, die regelmäßig nach Jerewan kommen, bei mir Bilder einkaufen und diese Bilder zu Hause dann weiterverkaufen. – Es ist kein Zufall, dass Sie hier sind«, wiederholt er sich. »Dreizehn Jahre! – Seit damals hat sich viel verändert in meinem Leben. Ich habe nachgedacht. Und ich habe gelesen: Kafka, auch Camus. Alle sind auf der Suche. – Sie kennen Rudolf Steiner? Haben Sie ihn gelesen? Rudolf Steiner ist einer, der gefunden hat! – Ja, es ist wichtig, mit beiden Beinen auf der Erde zu stehen. Denn alles andere ist vielleicht nichts weiter als unsere Fantasie. Der Mensch vermag zu imaginieren. – In meinen Bildern kann ich ausdrücken, was ich denke. Aber mit dem, was ich fühle, bin ich als Mensch völlig allein. Erkennen Sie die Bilder wieder?«

»Ja«, sage ich und lächle kurz. »Manche der Figuren haben jetzt sogar so etwas wie einen Mund.«

»Ja, aber er ist sehr klein«, sagt er. Hajk lächelt nicht, als er das sagt. »Wissen Sie: Ein Wort – das ist etwas, das einem wirklich helfen kann. Wenn wir mit jemandem sprechen, kann uns das aufbauen, erst recht, wenn wir uns verstehen. Wenn du dich verstanden fühlst, bringt dich das weiter. Und das Verstehen geht über das Wort. – ›Am Anfang war das Wort‹, steht in der Bibel. Das Wort ist Gott. Und also existiert Gott im Wort.«

»Was kosten Ihre Bilder heute?«

»Siebzig Dollar. Jeden Sonnabend und jeden Sonntag bin ich hier. Dann können wir uns sprechen.«

Als wir uns zum dritten Mal wiedersehen, zum dritten Mal in diesem Leben, eine Woche später, beginnt das Gespräch sofort. Der Gedanke ist, dass wir weder Umstände noch Umwege brauchen. So versucht es mir Hajk zu vermitteln, ähnlich wie der Erstbeste letztens am Kebabstand: Wir kennen uns schon seit mehreren Leben. Und mit der Voraussetzung, auch ich wäre in den vorherigen Leben ein Mann gewesen, sei heute, hier und auf diese unverstellte Art unser Gespräch auf Augenhöhe möglich. Zugleich meint Hajk: »So sitzen wir hier und denken, *dass* wir uns verstehen. Letztlich können wir das aber nie wissen. Letztlich können wir nur versuchen, uns selbst immer besser zu verstehen. – Schauen Sie: Ich hatte diese schwere Depression. Freunde haben mir geholfen. Und ich habe gelesen: Fichte, Hegel, Schelling. Schelling hat mir besonders zugesagt. – Manche Künstler machen Kunst allein aus einem Egoismus heraus. Sie wollen interessant sein und sich interessant machen. Maler, Schauspieler, Schriftsteller ... Unsere Aufgabe ist anders, denn es geht um den Geist. Letztlich ist alles Geist.«

»Ist auch die Materie Geist?«

»Vielleicht. Wir wissen nicht alles. Und nun schauen Sie!«, sagt er. Er geht zur Platane, die direkt hinter seinen aufgehängten Bildern steht, bückt sich zu der großen Stofftasche, die dort am Stamm lehnt, und zieht aus der Tasche zwei der Bilder heraus. Auf jedem der beiden Bilder ist jeweils eine Gruppe von Frauen dargestellt. Es sind Figuren in knappen Kleidern, mit spitzen Füßen und Händen. Und es sind, nicht zuletzt farblich gesehen – Gelb, Hellgrün, Rot und Violett – beides heitere Gesellschaften.

»Suchen Sie sich ein Bild davon aus! Das wird mein Geschenk für Sie.«

Ich wehre ab.

Aber Hajk lässt keine Diskussion zu und verliert nicht mehr als ein einziges Wort: »Unbedingt!«

Tag 24 Finden

Jerewan ist der Hafen und Armenien die geheimnisvolle Weite. Hermine wird mir helfen. Bevor ich zu ihr gehe, ins Haus der Schriftsteller, notiere ich mir einige Orte, die mich in den verbleibenden zwei Wochen interessieren könnten. Sowohl im August als auch jetzt im September hatte ich immerzu sonnige und warme Tage, von dem Grollen des Gewitters in Tatew mal abgesehen. Inzwischen ist es Anfang Oktober, Spätsommer, und damit bleibt noch Reisezeit genug, auch für die Straße der Klöster, die ich zwar fest eingeplant, aber nicht auf meiner Liste habe.

Um es nun gleich vorwegzunehmen: Nach Schengawith, dem ersten weiteren der Orte auf meinem Notizzettel, bin ich dann nie gekommen. In Schengawith hatte ich vor, den Spuren von Rundhäusern nachzugehen. Kein Mensch weiß, welche Landsleute darin je wohnten. Auch nach Mochra Blur bin ich nicht gekommen, zum »Aschehügel«, wo es um 3000 vor Christus drei antike Staumauern gegeben haben soll, die den Fluss Khasach stauten und so die Bewässerung der Felder gewährleisteten. Und auch in Metsamor war ich letztlich nicht, wo sich, abgesehen vom Kernkraftwerk, auch ein prähistorisches Sternobservatorium befinden soll.

»Das sind Orte, die interessant für mich sein könnten«, sage ich noch zu Hermine, als ich sie wieder im Haus der Schriftsteller aufsuche. Hermine wirft einen flüchtigen Blick auf meine Liste und fragt: »Möchtest du einen Kaffee?«

Als ich den Kaffee trinke, sitzt sie schon wieder hinter dem PC. Es geht um ein neues Projekt: Ein Buch soll erscheinen, mit Gedichten und Geschichten armenischer Schriftsteller: »Eine Handvoll Asche. Texte armenischer Autoren. Opfer des Genozids 1915.« Gleich wird auch Armenuhi ins Büro kommen, um mit Hermine das Konzept für das Projekt abzusprechen.

Hermines Desinteresse an meinen aufgeführten Orten springt schlagartig auf mich über, als sei Hermine in diesem Moment Tir, Gott des Schicksals in Person, und so erledigt sich meine Liste wie von selbst. Ich trinke den Kaffee, nasche Grand Candys und frage nebenher endlich auch nach der Straße der Klöster, konkret nach Sanahin und meinem »Lieblingskloster« Haghpat. In Haghpat traf ich das Mädchen Emma, drehte Paradjanow den Film »Die Farbe des Granatapfels« und fühlte ich mich jedes Mal auf so vertrautem Terrain, als hätte ich dort tatsächlich schon einmal gelebt.

Bei dem Namen Haghpat wendet sich auch Hermine sofort vom PC weg und wieder zu mir hin. Haghpat wirkt wie ein Schlüsselwort. Hermine lächelt, sowohl verzaubert wie auch verzaubernd: »Du möchtest nach Haghpat? Ich kann dir helfen!«

Kurz darauf ist alles klar: Schon am nächsten Tag würde ich nach Haghpat fahren. Die Unterkunft sei einfach und gehöre direkt mit zum Kloster. Der dortige Priester, Vater Aspet, sei, wie

Hermine immer wieder betont: »Ein sehr guter Mönch! – Aspet heißt übrigens Ritter! Du kannst Englisch? Ter Aspet ist als Armenier im Libanon geboren. Gut, dass du auch Englisch kannst!«

In diesem Moment betritt ein junger, großer, charismatischer Mann den Raum. Ich schätze ihn auf Mitte dreißig. Es ist Tigran. Auch mit Tigran spreche ich Englisch. Er begrüßt mich weltmännisch und setzt sich an den zweiten Schreibtisch, Hermine direkt gegenüber. Auch er arbeitet beim Schriftstellerverband. Zwar ist er nicht direkt beim Verband angestellt, beteiligt sich aber ehrenamtlich an verschiedenen Projekten. Während er seinen PC hochfahren lässt, erzählt er: »Vor drei Jahren bin ich aus Aleppo gekommen, aus Syrien. Seit dem 11. Jahrhundert leben auch in Aleppo Armenier. Die meisten kamen aber während der Zeit des Genozids von 1915. – Es gab eine Zeit, vor allem in den achtziger Jahren, da war es in Syrien sicher. Wir Armenier waren geschützt. Die verschiedenen Religionen lebten friedlich zusammen. Jetzt lebe ich in Jerewan. Es wäre zu gefährlich, wieder zurück nach Syrien zu gehen. Seit 2012 wird Aleppo umkämpft. Die Hälfte der Stadt ist zerstört. In Syrien ist Bürgerkrieg. Die Armenier befinden sich momentan dort in großer Gefahr. Wir waren einmal hunderttausend Armenier in Syrien. Jetzt sind es maximal noch fünfzigtausend. Wer kann, der verlässt das Land. Es ist die Politik, die alles zerstört.«

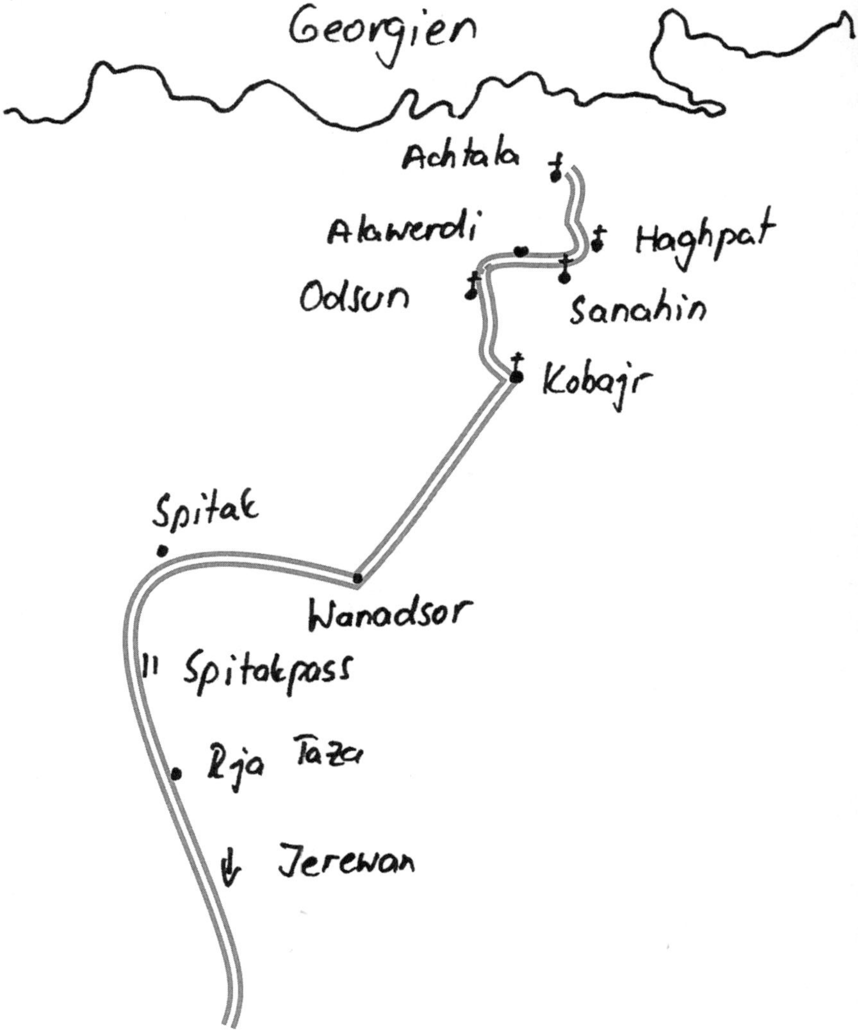

Georgien

Achtala

Alawerdi

Haghpat

Odsun

Sanahin

Kobajr

Spitak

Wanadsor

Spitakpass

Rja Taza

Jerewan

MANCHMAL KANNST DU NICHT HELFEN

Kloster Haghpat
Kloster Achtala
Kloster Sanahin
Kloster Odsun
Kloster Kobajr

Tag
25
Trampen

In Haghpat bin ich schon einmal gewesen. Erstmals aber fahre ich, vermittelt durch Hermine, mit einer Mitfahrgelegenheit: Täglich um neun Uhr startet der geräumige schwarze Jeep in Jerewan. Sein Ziel ist Alawerdi. Und am Abend fährt er wieder nach Jerewan zurück.

Der Fahrer ist ein guter Gastgeber und der schwarze Jeep sein Zuhause. Mit jedem seiner Gäste wechselt er ein Wort. Mit mir spricht er Russisch. So erfahre ich, dass er zu Sowjetzeiten als Soldat in Karl-Marx-Stadt gedient hat, im heutigen Chemnitz.

Obwohl wir immer wieder an Kirchen und Klöstern vorüberfahren, bezeichnen die Armenier dies noch lange nicht als die Straße der Klöster. Die kommt erst noch – später. Die Temperaturen steigen wieder an, nach wie vor auf über zwanzig Grad Celsius in den Mittagsstunden.

Kurz vor dem Spitak-Pass durchqueren wir das Dorf Rja Tasa. Ich erinnere mich an eine meiner früheren Reisen und an den alten kurdischen Friedhof, den es hier gibt. Anstelle von Grabsteinen steht der Friedhof von Rja Tasa voller steinerner Pferde. Je wohlhabender einer war, umso größer konnte auch das steinerne Pferd gewählt werden, unter dem er ruhte. Heute sind manche der Tiere umgestürzt, andere haben Bein oder Kopf verloren. Im Dorf Rja Taza leben vor allem Kurden und Jesiden.

Später überqueren wir, vorbeifahrend an saftigen Weiden, den 2378 Meter hohen Spitak-Pass und durchqueren mit der Stadt Spitak dann das Epizentrum des schweren Erdbebens von 1988.

Erst nordwestlich der Provinzhauptstadt Wanadsor nähern wir uns spürbar der Straße der Klöster. Das Gebiet liegt immer höher. Die Hauptstraße M6 schlängelt sich entlang der Schluchten und damit auch der Flüsse Pambak und Debed. Ich merke auf, als wir durch eine Ortschaft mit Namen Tumanjan kommen, benannt nach dem Schriftsteller.

Die M6 führt bis hinauf zur georgischen Grenze. Auf den Hochplateaus, die zuweilen steil abfallend über den Flüssen liegen, entstanden hier zwischen dem 10. und dem 13. Jahrhundert in besonders hoher Dichte Klöster und Kirchen. Haghpat und Sanahin waren – wie Tatew und Gladsor – nicht allein spirituelle, sondern auch wissenschaftliche Zentren, mit Bibliotheken und Schreibstuben.

Das Kloster Haghpat und auch das Kloster Sanahin gehören seit 1996 zum Unesco-Weltkulturerbe.

Normalerweise ist Alawerdi der Endpunkt dieser regelmäßigen Mitfahrgelegenheit. Der Fahrer bringt mich aber bis nach Haghpat hinauf. Das sind weitere fünfzehn Kilometer.

Als ich auf dem Platz unterhalb des Klosters aussteige, muss ich sofort an Emma denken. Vor zehn Jahren bin ich zum letzten Mal hier gewesen und ihr begegnet. Daran erinnere ich mich noch wie heute: Unsere Reisegruppe folgte Hrajr in die Kreuzkirche.

Hrajr war damals unser Reiseführer und machte uns gerade auf die Wandmalerei über dem Altar aufmerksam, georgische Wandmalerei, die in diesem Falle Jesus Christus vor dem Kreuz zeigt.

Ich hatte mich auf eine Bank gesetzt, hinten an der Verbindungswand zum Gawith, der Vorhalle zur Kreuzkirche. Von diesem Platz aus war alles gut zu überblicken: Rechts vom Altar stand ein mit Sand gefüllter Metallkasten, erhöht durch ein Gestell, in dem Kerzen brannten. Links vom Altar verdeckte ein roter Samtvorhang die Sicht auf das, was sich dahinter befand.

Ein Kind setzte sich neben mich, ein sechsjähriges Mädchen. Wir schauten uns an. Für mich war es, als würden wir uns kennen. Wir verständigten uns auf unsere Namen und hörten anschließend dem Reiseleiter weiter zu. Emma verstand kein Wort Deutsch. Aber auch mein Russisch verstand sie nicht. Sie ging noch nicht zur Schule und sprach ausschließlich Armenisch.

Als die Reisegruppe weiterging, kam Emma mit. Immer ging sie neben mir. So begleitete sie mich über das gesamte Klostergelände. Das fiel schon auf. Noch keinem in unserer ökumenischen Gruppe war während der Reise durch Armenien Ähnliches geschehen.

»Constanze, ist das ein kleiner Engel?«

»Vielleicht«, sagte ich.

Als wir durch das hintere Tor das Klostergelände verließen, waren Emma und ich inzwischen allein. Wir gingen hinaus ins Dorf und zum Brunnen. Emma meinte unterwegs immer mal: »Emma ... Maxim ... Tartie ...« Sie sagte noch mehr, bloß waren das die drei einzigen Wörter, die ich zumindest akustisch herauszuhören verstand. Während Emma sprach, beobachtete sie immer sehr genau die Wirkung ihrer Worte auf mich. Sie sprach immer lauter und deutlicher. Ich bin mir bis heute sicher: Emma konnte einfach nicht verstehen, dass ich ihre Sprache tatsächlich nicht verstand.

Auf der Dorfstraße kam uns schließlich ein altes Paar entgegen, beide klein, leicht gebeugt, schwarz gekleidet. Sie trug Kopftuch und Schürze, er ging gestützt auf einen Stock. Emma lief ihnen freudig entgegen und präsentierte sie mir – »Tartie ... Emma ... Maxim!« – ihre Großeltern.

Der Fahrer unseres Busses hupte schon. Zum Abschied wollte ich Emma gern ein wenig Geld geben. Aber sie schüttelte nur heftig den Kopf, lachte, winkte mir zu und lief davon.

Sie müsste heute sechzehn sein, rechne ich nach. Mit der Reisetasche in der Hand steige ich an den Verkaufsständen vorbei die Stufen zum Eingang des Klosters hinauf. Ich nicke den Frauen zu und sehe im Augenwinkel Plastikflaschen mit Selbstgebranntem, daneben getrocknete Aprikosen, gestrickte Schuhe und Strümpfe.

»Ter Aspet?«, frage ich mich durch.

In der Kreuzkirche steht der Priester dann in vollem Ornat – mit schwarzer Kapuze, violettem Überwurf und der goldenen Kette mit dem Kreuz. Ter Aspet steht vor dem Altar und einer festlich gekleideten Gruppe gegenüber. Eine Zeremonie findet statt – eine Trauung, wie ich später erfahre.

Und wieder setze ich mich, um keinesfalls diese Zeremonie zu stören, auf diese Bank, hinten an der Verbindungswand zum Gawith. Ter Aspet muss mich gesehen haben. Kaum ist jedenfalls die Zeremonie beendet, startet er aus der völligen Ruhe durch in ein einziges Eilen. Zunächst verschwindet er hinter dem roten Samtvorhang, links vom Altar, taucht im Handumdrehen wieder auf – ohne Überwurf und Kapuze. Er trägt nur noch die schwarze Soutane und die Kette mit dem Handkreuz. Wortlos nimmt er meine Tasche, trägt sie mir zur Kirche hinaus, eilt über das Klostergelände zum hinteren Tor hinauf, bis zur Herberge. Ich folge ihm. So erreichen wir Pfarrgarten, Küche mit Speisesaal, Gäste- und Pfarrhaus.

Großflächig bröckelt der Putz von den äußeren Wänden. Die Räume innen sind spartanisch eingerichtet und die hohen Fenster bis zur Hälfte weiß gestrichen. Gardinen gibt es keine. Die Bettwäsche ist sauber. Und schwarze Filzdecken liegen aufgestapelt.

»Nehmen Sie, soviel Sie brauchen«, meint der Priester, weiterhin wie in großer Eile. »In der Nacht wird es schon kalt! – Was möchten Sie in unserer Region alles sehen?«

Ich zähle ihm auf, was mir auf die Schnelle einfällt: »Achtala, Sanahin, Odsun ...« Dabei weiß ich, dass es noch eine Reihe weiterer Klöster gibt.

Ter Aspet spricht schnell. Und wahrscheinlich denkt er auch so schnell. Wenn ich ihn richtig verstehe, muss er jetzt zurück zur Hochzeitsgesellschaft. Und schon eilt er, die Trauungsurkunde in der Hand, über das Klostergelände zurück zum Parkplatz.

Das Kloster Haghpat besteht aus mehreren Kirchen. Die Kreuzkirche ist die Hauptkirche, mit einer großen Vorhalle, genannt Gawith. Hinzu kommen die Muttergotteskapelle und die Kapelle des heiligen Gregor. Die Kreuzkirche ist der älteste Teil.

Als ich über das Gelände schlendere, sehe ich Emmas Großmutter auf einem Bänkchen im Schatten des Glockenturmes sitzen. – Für mich sieht das so aus, als wäre die Zeit stehen geblieben. Ich gehe auf die alte Frau zu, die unverändert erscheint, schwarz gekleidet und mit Kopftuch, und spreche sie an.

»Sie kennen unsere Emma?«, fragt sie schließlich beseelt bei mir nach. »Noch als Kind? Emma studiert heute in Wanadsor. Sie studiert Pharmazie. Am Freitag kommt sie.« Während ich weiterschlendere, freue ich mich: Freitag also!

In der Bibliothek, die zugleich die Klosterschreibstube gewesen ist, wurde die armenische dekorative Kalligraphie gelehrt. Neben den steinernen Regalen fallen, eingelassen in den Boden, große Tongefäße auf. In diesen Gefäßen wurden für gewöhnlich Wein, *lawasch* und andere Lebensmittel gelagert, in Notfällen auch Gold, Silber und vor allem die Handschriften.

Im Hamazasp treffe ich Ter Aspet wieder, umringt von Deutsch sprechenden Touristen. Sogar sächsische Laute meine ich zu hören. Das Hamazasp ist ein quadratisches Gebäude, dabei eine Säulenhalle mit einer nach oben offenen Kuppel. So fällt das Licht in den Raum. Im Osten befindet sich ein kleiner, steinerner Altar. Es scheint unklar, wozu dieser Raum einst gedient haben könnte. Zweifellos besitzt er eine exzellente Akustik. Jedes Flüstern wird verstärkt. Ter Aspet hebt jetzt an zu singen. Er singt – schön, laut und hingegeben. Die deutschen Reisenden lauschen und lächeln dabei.

Kaum ist der Gesang beendet, eilt der Priester weiter – wie ein schwarzer, fröhlich flatternder Vogel. Sein Amt übt er aus wie zum puren Vergnügen. Ich sehe noch, wie er mit der jungen Armenierin spricht, welche die deutsche Gruppe leitet. Und kurz bevor er erneut von der Bildfläche verschwindet, ruft er mir noch zu: »Heute fahren wir zum Kloster Achtala!«

Ich schließe mich der deutschen Gruppe an. Es geht weiter zu einem übermannshohen *chatschkar,* der sich in der Passage zwischen den Gebäuden befindet. Er stammt, wie die Reiseleiterin vermittelt, aus dem Jahr 1273. Steinerne Rankengeflechte und Sonnenräder gehen, filigran gemeißelt, ineinander über. Neben Mond und Sonne bildet die Kreuzigungsszene das Zentrum, umgeben von den zwölf Aposteln. Ein weiteres Zentrum ergibt sich mit der Himmelfahrt, begleitet von den Engeln.

»Sie fahren nach Achtala?«, frage ich eine der Reisenden.

»Nein, wir kommen gerade von Achtala!«

Und schon sitzen wir, Vater Aspet und ich, bei ebendieser Gruppe, die nicht nach Achtala fährt, mit in ihrem kleinen Bus, um nach Achtala zu fahren. Es ist eine ökumenische Reisegruppe. Die Teilnehmer kommen aus Dresden und Leipzig. Und noch heute fahren sie weiter nach Georgien.

Ter Aspet sitzt vorn beim Fahrer. Der Bus kurvt hinunter ins Tal des Debed, erneut in Richtung Alawerdi. Nur im Tal kommt man jeweils weiter. Ter Aspet singt. Er sitzt neben dem Fahrer, singt dort direkt ins Mikrofon und der Ton scheppert. Noch bevor wir an dem großen Gasthaus in Alawerdi aussteigen, erteilt Ter

Aspet der Reisegruppe den Segen. Auf dem Platz vor dem Gasthof findet zwischen den drei großen Bussen auch unser Kleinbus seine Nische.

Das Gasthaus ist voller Leute. Im Vorraum steht ein langer Tisch mit zwei Stühlen. Ter Aspet steht zunächst etwas verloren da, schaut sich um, grüßt den Kellner, der mit zwei großen, beladenen Tabletts an uns vorübereilt, und sagt zu mir: »Ich muss mit einem Freund sprechen. Entschuldigung!«

Daraufhin verschwindet der Priester in einem der Gasträume. Eine Viertelstunde später taucht er wieder auf, setzt sich aber noch immer nicht mit an den Tisch, sondern geht nun im Vorraum auf und ab, mit seinen Schritten die Länge des Tisches bemessend.

Einmal bleibt er stehen und fragt: »Möchten Sie etwas essen?«

»Nein, danke«, sage ich. Als sei genau dies das richtige Stichwort gewesen, verschwindet er und kommt gleich darauf mit einem Kellner zurück, der uns *lawasch* und Käse auf den Tisch stellt.

Wir warten, schweigen und greifen zwischendurch immer mal wieder, wenn auch zögernd, nach *lawasch* und Käse.

»Sie sind im Libanon geboren?«, frage ich schließlich, um wenigstens etwas zu sagen.

Er nickt. »Ja, in Beirut. Direkt neben der armenisch-apostolischen Kirche bin ich in Beirut aufgewachsen. Die Kirche stand unmittelbar vor unseren Fenstern. Wir hörten täglich ihre Glocken. Schon als Kind wollte ich Priester werden«, sinniert er, springt aber schon im nächsten Augenblick zurück in die Gegenwart und kündigt an: »Gleich werden Sie das Kloster in Achtala sehen!«

Im nächsten Reisebus ist ein junger Armenier namens Jascha der Reiseleiter. Er spricht ausgezeichnet Deutsch. Charmant und heiter begleitet er seine Leute. Und mit Herrn Professor Wolfgang Geierhos lerne ich dann auch die treibende Kraft dieser Gruppe kennen. Der Professor, Jahrgang 1940, ist, beginnend in Kiel und Lüneburg, sein Leben lang in verschiedenen in- und ausländischen Akademien und Fachhochschulen immer ein Mann der osteuropäischen Geschichte geblieben. Die Organisation dieser Reise verbindet für ihn persönlichen Wunsch und jahrelanges Engagement.

Wenn ich Vater Aspet vorn allein beim Fahrer sitzen lasse, selbst aber hinten einsteige, geschieht das bewusst. Die Kultur ist anders. Wahram und Marina haben es mir immer wieder auseinandergesetzt. Dabei wäre es kein Verstoß, wenn ich als europäische Frau mich neben die armenischen Männer setzen würde. Jeder weiß, wie anders es in Europa ist.

Wir fahren entlang des Debed, entfernen uns von der Kupfermine Alawerdi, kommen an steilen Felshängen vorbei, an einem Industriegelände, erreichen Achtala und damit die nächste Kupfermine, mit den nächsten Fabrikgebäuden und Fördertürmen. Ende des 18. Jahrhunderts kamen auch mehr als achthundert griechische Familien aus dem Osmanischen Reich nach Achtala, um in der Mine zu arbeiten.

»Was verbindet New York mit Achtala?«, fragt der gut gelaunte Jascha und beantwortet die Frage gleich selbst: »Die Freiheitsstatue in New York ist aus Kupfer gemacht. Und dieses Kupfer stammt aus Achtala. – Zuerst hieß sogar das Kloster ›Kupfermine‹. Heute wird es manchmal ›Granatapfelfestung‹ genannt. Der Regisseur Sergej Paradjanow drehte auf dem Gelände zwei der Szenen seines Films ›Die Farbe des Granatapfels‹.«

Das letzte Stück hinauf zum Kloster gehen wir zu Fuß. Wir erreichen Achtala auf einer grünen, hellen Lichtung.

Die Zeitangaben, wann dieses Kloster erbaut worden ist, wechseln mit den Quellen. Jascha nennt das 9. Jahrhundert. Damals entstand auf dem Hochplateau eine Festung oder auch ein Wehrkloster. Durch die Mauern und breiten Rundtürme ist das für den Besucher bis heute vorstellbar.

Später wurde die Kirche von georgischen Mönchen chalzedonischer Tradition genutzt. Über die Jahrhunderte lebten in Achtala mehrere Kulturen zusammen – in erster Linie Georgier, Russen, Griechen und Armenier. Nach dem Zusammenbruch des Zarenreiches kam das Gebiet zur neu gegründeten Republik Armenien beziehungsweise kurz darauf zur transkaukasischen und später zur armenischen Sowjetrepublik der UdSSR.

Wer die Muttergotteskirche in Achtala betritt, verharrt erst einmal erstaunt vor den Fresken, die sich über die hohen Wände ziehen. Es sind Fresken, gemalt in georgisch-byzantinischer Tradition, mit Naturfarben. Sie stammen aus dem 13. Jahrhundert. Vor allem das leuchtende Blau und das strahlende Gold faszinieren den Betrachter. Dabei geht die Faszination nicht selten weit über das Farbliche hinaus. Auf den Wänden wimmelt es regelrecht von biblischen Szenen und Gestalten.

Auf dem Altar erscheint Jesus zweimal – einmal als das Jesuskind im Arm der Muttergottes und ein zweites Mal als der herangewachsene Jesus bei der Spende der heiligen Kommunion. Es ist durchaus interessant, dass es in der gesamten Anlage kein einziges Bild mit der Kreuzigungsszene gibt. Bilder mit der Kreuzabnahme und der Auferstehung aber gibt es schon.

An der dem Altar gegenüberliegenden Wand sind höchst lebendig sowohl das Jüngste Gericht dargestellt als auch das Paradies. Jascha verweist auf »Quälszenen aus der Bibel« und thematisiert vor dem »Höllenbereich« die Frage der Masken. Denn hier, in der Hölle, seien Masken zu tragen. Jascha sagt: »In der Hölle verliert man ansonsten sein Gesicht.«

Am Reisebus wartet ein kleiner Junge. Er ist sechs Jahre alt und hält jedem, der an ihm vorüberkommt, drei golden funkelnde Kupfersteine entgegen. Sie liegen auf seiner flachen Hand. »Steine, aus der Fabrik«, sagt er und mimt dazu ein trauriges Gesicht. Ich werde das Gefühl nicht los, dass er spielt. Bisher hat noch keiner einen Stein bei ihm gekauft. Nun steigt der Kleine in den Reisebus. Kurz darauf kehrt er strahlend zurück. Beim Aussteigen treffen sich unsere Blicke. Auf der Stelle wird der Junge wieder »traurig«. Aber ich denke mir: Was soll es. Es ist ein Kind. Und ich winke ihn heran, gebe ihm dreihundert Dram. Daraufhin möchte er mir den Stein geben, aber ich wehre deutlich ab.

Erledigt, denke ich.

Für Ter Aspet ist die Sache alles andere als erledigt. Zielgerichtet eilt er auf den Jungen zu, lässt sich das Geld zeigen und geht dann streng mit ihm ins Gericht. Der Junge duckt sich, wird kleiner und kleiner und schaut schon gar nicht mehr auf.

Am Ende kommt der Sechsjährige auf mich zu, drückt mir den Stein in die Hand, den ich nach dieser Geschichte jetzt ohne zu zögern nehme, und eilt davon, ins Dorf hinunter. Auch ich fühle mich belehrt.

Die Busfahrt geht weiter. Ter Aspet singt noch ein Lied und segnet sowohl die Weiterreisenden als auch ihren Weg, bevor wir die Hauptstraße erreichen. Links geht es nach Georgien und rechts zurück nach Alawerdi und Haghpat. Damit trennen sich unsere Wege.

Kaum ist der Bus davon, stehen Ter Aspet und ich allein auf der leergefegten Straße.

»Haben Sie etwas dagegen zu trampen?«, fragt mich der Priester.

Im ersten Moment bin ich überrascht. Aber schon im zweiten Moment wird mir klar, dass wir die ganze Zeit nichts anderes tun.

»In Ordnung!«, meine ich also, bitte allerdings den Priester, er selbst solle direkt an der Straße gehen, um zu winken, denn: »Ein Priester in Soutane hat einfach größere Chancen.« Ter Aspet lacht: »Sie sind clever!«

Aber clever ist natürlich er; erst recht, indem er das so zu mir sagt. Er hätte mich sowieso nie an die Straße gelassen, er als der armenische Gastgeber, der Mann, der Priester. Genau wie ein Zepter oder eben das Handkreuz, liegt in diesem Falle die Verantwortung bei ihm. Das wird mir aber erst später klar.

Wir gehen einige Schritte. Kaum hören wir hinter uns das erste Auto, bleiben wir stehen, drehen uns um und Ter Aspet winkt. Das Auto stoppt sofort. Es ist ein dunkelblauer Lada älteren Baujahrs und der Fahrer ein freundlicher Mensch. Der Mann muss zwar bloß nach Alawerdi, fährt uns aber bis hinauf nach Haghpat.

Unterwegs erkundigt sich Ter Aspet nach Gesundheit, Familie, dem Leben überhaupt. Jedenfalls meine ich, das so aus dem Ton ihres Gesprächs herauszuhören. Und mal sagt der Fahrer: »Schat law!«, mal sagt Ter Aspet: »Schat law! – Sehr gut!

Kaum zurück in Haghpat, eilt Ter Aspet über das Gelände zum Glockenturm. Es ist Zeit für die Abendmesse. Vorher aber sind die Glocken zu läuten. Sie rufen zum Gebet. Der Glockenturm bildet den höchsten Punkt nicht allein des Klosters, sondern von Haghpat überhaupt. Der Priester winkt: Ich soll ihm folgen. Ter Aspet zieht den Schlüssel aus der Tasche, schließt die Tür zum Turm auf und wir steigen über eine geländerlose Treppe nach oben, in den Glockenstuhl. Die steinernen Säulen, die das Offene begrenzen, sehen fast schon wie gedrechselt aus. Licht fällt herein.

Ter Aspet fasst nach der linken Metallstrebe und bewegt damit die erste der beiden Glocken. Er schlägt dreimal. Anschließend zieht er, inzwischen im Wechsel, auch die zweite Glocke mit. Mitten im Schwung fragt er mich: »Möchten Sie auch?« Und, genau wie die drei einzelnen Töne zu Anfang, schlage auch ich drei einzelne solcher Töne – zum Schluss.

Tag 26
Werden

Es ist früher Morgen. Weißer Nebel hängt noch dicht in den Bergen. Haghpat ist ein mystischer Ort. Heutzutage ist das Kloster ein Ort für Touristen, früher war es ein Ort der Mönche. Und es war der Ort von Männern wie Sajat Nowa und Sergej Paradjanow.

Zwanzig Jahre lang soll der Troubadour Sajat Nowa, der *aschugh*, auch er ein Dichtersänger, hier in Haghpat gelebt haben. Sicher hat er, wie alle anderen Aschughen auch, philosophiert – über das Leben in der Welt. Vor allem aber sang er über die Liebe.

An diesem stillen Morgen meine ich ihn noch hören zu können. An Ort und Stelle schreibe ich es auf:

Ja, und in der Wiederholung des Unwiederholbaren sind die Stufen zwar Stufen, und doch Grabsteine zugleich. Was immer du willst, nur über die-

sen Weg geht es hinauf. Zuweilen achten wir nicht auf den Weg. Wir schauen weder vor noch hinter uns. Manchmal vergessen wir sogar unsere eigenen Füße.

Was immer du dir auch erdenkst, es geht allein über diesen Weg, oder beweise mir etwas anderes. Und schneller, als du es unterwegs nur zu erahnen vermagst, geht es, kaum ist die Mitte durchschritten, auch schon wieder hinab.

Von nun an verlängerst du den Weg allein dadurch, dass du langsam wirst, langsamer, so als hättest du noch, was du nicht hast – nämlich alle Zeit der Welt. Und nur so wird dir alle Zeit der Welt, die du noch brauchst, vielleicht, gegeben.

Allmählich löst sich der Nebel auf. Das Gras ist feucht. Ter Aspet eilt heran. »Haben Sie noch gar nicht gefrühstückt? – Wann kann ich Ihnen das Kloster zeigen? Jetzt?« – Und schon führt er mich über das Gelände. Sein Englisch ist rasch, er spricht fast im Stakkato. Und genauso stichpunktartig notiere ich, auch das, was ich über seinen Werdegang erfahre. Seit sieben Jahren ist Ter Aspet Priester in Haghpat. Es gibt Hochzeiten, es gibt Taufen, es gibt Beerdigungen. Die Sonntagsschule für die Kinder ist zu organisieren. Und nicht zuletzt singt er.

Sajat Nowa – dieser Name bedeutet so viel wie: König des Gesangs. Die Daten und Fakten um den berühmten armenischen *aschugh* bleiben unklar und unterschiedlich. Sajat Nowa wurde 1712 in Tbilissi geboren. Er hat die Kamantsche gespielt, die Stachelgeige, er hat gesungen und er hat geliebt. Sajat Nowa soll am georgischen Königshof angestellt gewesen sein, sich hier aber unglücklich verliebt haben – in die Tochter des Königs oder in die Schwester des Königs. Jedenfalls verlor er dadurch seine Anstellung und kam nach Haghpat. Ter Aspet meint, dass das Hamazasp der Ort Sajat Nowas gewesen sei. Zwanzig Jahre wäre Sajat Nowa in Haghpat geblieben. Darüber hinaus gäbe es eine weitere Legende.

Sajat Nowa nahm an einem großen Gesangswettstreit teil. Dabei galt er als der Favorit. Dem Sieger wurde als Preis das Instrument des Gegners versprochen.

Aschugh Shadadi kam aus Spanien und war ein ernst zu nehmender Konkurrent für Sajat Nowa. Als der große Wettbewerb begann, machte Aschugh Shadadi den Anfang. Er spielte auf der Saz, stellte singend dreißig Fragen, auf die Sajat Nowa improvisierend antwortete. Aschugh Shadadi war zweifellos ein Meister.

Anschließend kam Sajat Nowa an die Reihe, stellte singend seine dreißig Fragen und Shadadi gab, improvisierend, seine Antworten. Bei einer der letzten Fragen kam er ins Stocken. Sajat Nowa wiederholte die Frage. Aber erneut misslang es Shadadi. Wortlos legte der nun seine Saz Sajat Nowa als dem Sieger zu Füßen. Daraufhin stand Sajat Nowa auf und gab Shadadi das Instrument zurück. Er sagte: »Wisse, dass wir zwar unterschiedlichen Glaubens, aber dennoch Brüder sind. Ich kann das Instrument meines Bruders nicht annehmen.«

Der Regisseur Sergej Paradjanow drehte seinen legendär gewordenen Film »Die Farbe des Granatapfels« unter anderem auf dem Gelände des Klosters Haghpat. Es ist ein Film über das Leben von Sajat Nowa geworden, über den Glauben und über die Liebe.

Aber nicht allein in Hagphat wurde gedreht. Es gehörte zum Konzept von Paradjanows Film, dass auch die Fresken von Achtala zu sehen sind, das Relief der Gottesmutter aus dem Kloster Odsun, der Gawith und die Dächer von Sanahin und viele weitere armenische Klöster und heilige Orte. Paradjanow scheint mit seinen Kameraleuten und Darstellern von einem armenischen Kloster zum nächsten gezogen zu sein. Aus den einzelnen, traumhaft merkwürdig gestalteten und geschnittenen Szenen entstand ein Ganzes: Da ist die Kirche voller Schafe; da sind die Mönche, die als Gruppe zusammensitzen und in Granatäpfel beißen; da ist der Fuß, der eine blaue Weintraube zerdrückt. Paradjanows Bildsprache ist surreal und überträgt die Bildhaftigkeit von Malerei in Bewegung.

Sergej Paradjanow wurde 1924 als Armenier in Georgien geboren, zu Sowjetzeiten. Er absolvierte in Tbilissi nicht allein ein Ingenieurstudium, sondern studierte auch Gesang am Konservatorium sowie Choreografie am Opern- und Balletttheater. Ab 1946 studierte er an der Moskauer Staatlichen Filmhochschule und lebte in Kiew. Sein Film »Schatten vergessener Ahnen«, international bekannt geworden auch unter dem Titel »Feuerpferde«, spielt in der Ukraine und brachte ihm 1965 erste internationale Filmpreise ein. 1968 schloss er die Arbeit am Film »Die Farbe des Granatapfels« ab, im Filmstudio Armenfilm. 1973 wurde Paradjanow in der Ukraine verhaftet und des Schwarzhandels mit Antiquitäten, der Homosexualität sowie der Anstiftung zum Selbstmord angeklagt. Er wurde zu fünf Jahren Freiheitsentzug verurteilt, keiner seiner Filme mehr gezeigt und offiziell nicht mehr über ihn gesprochen. Er selbst schrieb später dazu:

Ich bin gar kein Andersdenkender. Ich bin nur ein gebeugter Regisseur. Ich bin unliebsam, ich kann nicht liebedienern. Ich komme ihnen ungelegen. Es ist, als fiele ich jemandem zur Last …

Warum sollte ich, Armenier, im Zentrum Kiews wohnen und den ukrainischen Film machen, ja mehr noch, auf internationalen Filmfestspielen Preise erhalten? Dafür musste ich büßen.

Es gab eine internationale Initiative von Louis Aragon und anderen Künstlern, in deren Folge Sergej Paradjanow 1977 vorzeitig aus der Haft entlassen wurde. Er ging nach Tbilissi zurück, bekam aber keine Aufträge mehr. Nach weiteren Monaten in Haft konnte er ab 1983 bei Grusia-Film arbeiten. 1988 entstand hier ein Film nach dem türkischen Märchen »Aschik Kerib«, aufgeschrieben von Michael Lermontow. *Aschik* – das bedeutet im Arabischen »der Liebende«. Und auch der *aschik* ist ein Troubador, ein Dichtersänger, ein *aschugh* oder eben ein Spielmann. Denn so wurde der Film im Deutschen bekannt: »Kerib, der Spielmann«.

Ich lebte so schön fünfzig Jahre lang. Ich liebte, schwatzte, bewunderte, erkannte etwas, tat wenig, liebte aber vieles. Ich liebte die Menschen sehr und bin ihnen äußerst verbunden. Ich war unduldsam zum Grau. Eine modische Farbe. Notwendigkeit der Zeit.

Alles ist vergänglich. Nur die Kunst und das Volk bleiben. Ein Volk, das solch gewaltige Wurzeln hat.

1989 begann Paradjanow im Filmstudio Armenfilm einen autobiografischen Film zu drehen – »Bekenntnis«. Dieser Film blieb unvollendet, denn 1990 starb Paradjanow. Im Folgejahr wurde in Jerewan das Paradjanow-Museum eröffnet.

Seit sieben Jahren ist Ter Aspet in Haghpat. Im nächsten Jahr zieht er weiter nach Jerusalem. Damit schließt sich für den zölibatär lebenden Priester ein Kreis. Denn schon einmal ist er nach Jerusalem gegangen. Mit zwölf Jahren hatte er Beirut und damit sein Elternhaus verlassen, um das theologische Seminar am St. Jakobs-Patriarchat Jerusalem zu besuchen. Er wollte nie etwas anderes: Er wollte Priester werden.

»Ja, ich möchte sowohl Gott als auch meiner Nation dienen«, sagt er. »Ich möchte den Menschen helfen und vor allem Kinder auf ein spirituelles Leben vorbereiten. Und auch heute, vierzig Jahre nach meiner Ordination zum Priester, liebe ich es zu lehren.«

In Jerusalem studierte Ter Aspet acht Jahre lang, absolvierte vorzeitig das College und wurde am 29. September 1974 zu einem zölibatär lebenden Priester geweiht. Als solcher war er in Argentinien tätig, in Australien und auch in den USA.

»Schon als ich in Jerusalem studierte, war nicht allein das Kloster Haghpat in meinem Herzen, sondern auch alle weiteren Orte, die für die armenische Kirchengeschichte so prägend gewesen sind – die Zentren Sanahin, Gladsor, Norawank, Tatew ... Von diesen Orten ging eine starke Wirkung auf das geistige, das theologische sowie das politische Leben des Landes aus. Wichtige Menschen haben hier gelebt und gewirkt. – Und wie alle diese Orte liegt das Kloster Haghpat in meinem Heimatland, in Armenien. Schon immer hatte ich diese Orte sehen wollen. Nun hat es sich erfüllt. Ich wurde hierherberufen. Und das war ein Segen. – Manchmal kannst du nicht helfen. Denn wenn dein Gegenüber ohne Intuition ist, kommt deine Hilfe nicht an, zumindest nicht gleich. Wenn sich die Menschen aber dem gegenüber, was du sagst oder was du gibst, öffnen können, und du kannst das wahrnehmen, dann bringt es nicht allein sie weiter, sondern es erneuert zugleich die eigene spirituelle Kraft. – Ich danke Gott, dass ich die Vision bekommen habe, ihm zu dienen. Und ich danke Gott, dass ich ihm dienen darf.«

»Wo sind Sie zu Hause, Ter Aspet?«, frage ich ihn noch. »Im Libanon? In Armenien? In Israel?«

»Ich bin nirgendwo zu Hause«, sagt der Priester nach kurzem Innehalten. »Und zugleich – überall.«

Tag 27 Frieren

Während es tagsüber noch sommerlich warm ist, wird es nachts bereits herbstlich kalt, sodass ich fünf der Filzdecken übereinandertürme. Am nächsten Morgen drehe ich wieder meine Runde über das Klostergelände. Ich liebe den Ort, besonders zu dieser frühen Stunde, und laufe durch das feuchte Gras am Glockenturm vorbei, zur Kreuzkirche hinüber. Die Kirche ist noch geschlossen. Als ich zurück zum Speiseraum gehe, sehe ich, wie der Klosterarbeiter durch eine kleine Seitenpforte das Klostergelände betritt. Wir begegnen uns mit einem »Bari Lujs!« Dann geht er in Richtung Kreuzkirche weiter.

Auch im großen Speiseraum herrscht himmlische Ruhe. Der Teekessel ist groß und schwer. Auf dem gusseisernen Gasherd kocht bald das Wasser. Ich gieße mir einen schwarzen Tee auf, wickle eine Scheibe vom Schafskäse in *lawasch*, frühstücke und bin allein mit Jesus und seinen Aposteln. Das Bild vom Letzten Abendmahl hängt über dem Ende des langen Tisches.

Die hohe Tür öffnet sich. Ter Aspet steckt seinen grauhaarigen Kopf herein, ruft mir ein »Guten Morgen!« zu und sagt: »In einer halben Stunde vor der Muttergotteskirche!« Gleich darauf ist er wieder verschwunden.

Die *marschrutka* nach Alawerdi startet um Punkt elf Uhr vom Vorplatz des Klosters. Der Weg führt abwärts. Trotzdem wird es eine langsame Fahrt. Das Gefährt ist nicht das neueste, der Weg nicht der beste und die Straße windet sich in Serpentinen. Ab und zu schaue ich hinunter ins Tal. Ich sitze zwischen den Frauen und Kindern, und Ter Aspet, wie gehabt in der Soutane, vorn neben dem Fahrer.

Direkt hinter Ter Aspet sitzt eine ältere, streng wirkende Frau. Ihre Haut ist vom Wetter gegerbt. Jetzt beugt sie sich ein wenig nach vorn, spricht den Vater an und er setzt sich seitlich, um besser zuhören zu können. Während die Frau erzählt, kommen ihr Tränen. Spiegelbildlich röten sich auch seine Augen. Die beiden sprechen leise und stückweise. Es sind immer nur ganz kurze Sätze, die knapp gesprochen werden und die dem Klang nach mal Frage, mal Antwort sind. Zugleich bleibt dieser Klang der Worte, sowohl bei ihr als auch bei ihm, fast informativ, ohne Dramatik. Aber nach jedem dieser kurzen Sätze halten Ter Aspet und die Frau inne und schauen vor sich hin. Jeder der beiden schaut dabei in eine andere Richtung.

Ter Aspet wird mir später berichten: »Ihr Sohn ist in Karabach gefallen.«

In Alawerdi ist Endstation. Hier endet die *marschrutka*. Und hier endet auch die scheinbar ewige Eile des Priesters. Wir steigen aus und Ter Aspet wird plötzlich langsam. Erst einmal steht er einfach nur da, schaut sich um und wartet. Was immer er auch tut, immer gibt es vorher eine kleine Pause. Bewusst scheint er sogar auszuwählen, erst einmal zu prüfen, wen er dann nach dem Weg fragen wird.

Und das alles beobachte nicht nur ich, sondern wirklich jeder, der gerade hier am Busplatz in Alawerdi steht – jeder Mann, jede Frau, jedes Kind. Ter Aspets Erscheinung im Alltag wirkt wie eine Attraktion.

Wir nehmen den Bus Nummer drei. Die Straße führt bergauf. Sämtliche Klöster liegen hier in den Bergen. Am Busplatz Sanahin steigen wir aus und gehen das letzte Stück zum Kloster zu Fuß. Es ist wieder ein heißer Tag geworden und nicht das ideale Wetter, um spazieren zu gehen. Neben Ter Aspet hält ein voll besetztes Auto – mit drei Männern. Der vierte Sitzplatz ist besetzt durch einen hohen Stapel *lawasch*. Der Beifahrer kurbelt die Fensterscheibe herunter, der Fahrer beugt sich über den Beifahrer, um persönlich mit dem Priester zu sprechen. Gleich darauf sitzt Ter Aspet neben dem Fahrer und ich neben dem *lawasch*. Die beiden anderen gehen zu Fuß und winken uns verbindlich nach.

Im 4. Jahrhundert soll, wie Ter Aspet erzählt, Gregor der Erleuchter an der Stelle des heutigen Klosters Sanahin ein Kreuz aufgestellt haben. Eine Kirche wurde errichtet. Heute steht dort die Erlöserkirche. Das Kloster selbst stammt aus dem 10. Jahrhundert.

Als wir unter den dunklen Rundbögen der Vorhalle stehen, hören wir amerikanische Worte und Laute. Die Gesichtszüge Ter Aspets leuchten sofort auf: »Amerikaner!« Offensichtlich leben Erinnerungen auf. Und schon eilt er zu ihnen hinüber. Bald darauf höre ich ihn singen.

Ganz für mich betrete ich das hohe Gemäuer der Erlöserkirche. Sosehr ich Haghpat liebe, so sehr überrascht mich die hohe Energie des hiesigen Kirchenraumes. Ich möchte nicht mehr weitergehen, sondern wie auf ewig bleiben. Die Wächterin von Sanahin ist eine ältere Frau, mit schmalem Gesicht, schönen dunklen Augen und langem, schneeweißem Haar. Im Nacken trägt sie ihr Haar geknotet.

Ter Aspet kreist durch die Räume; inzwischen ist er wieder allein. Die Amerikaner sind weitergefahren.

»Interessiert Sie auch die Bibliothek?«, fragt er mich. »Ich kann organisieren, dass die Bibliothek für Sie geöffnet wird. Bloß wäre es gut, wenn Sie der Wächterin dafür auch etwas Geld geben.«

Und tatsächlich wird die Bibliothek geöffnet. Die Frau mit den schönen, dunklen Augen und dem schneeweißen Haar verweist auf die sieben Säulen der geistlichen Ausbildung, die hier in Stein gemeißelt stehen, überdacht von einer Art Kapelle. Diese sieben Säulen sind: Grammatik, Logik, Rhetorik, Arithmetik, Geometrie, Musik und Astronomie/Astrologie.

Als wir den Raum wieder verlassen und die Weißhaarige ihn verschließt, gebe ich ihr kein Geld. Ich fühle mich außerstande, das eine mit dem anderen direkt zu verbinden, und bedanke mich nur. Ter Aspet sieht mich fragend an.

»Später!«, sage ich.

Als ich deutlich später noch einmal zu der schönen Weißhaarigen gehe, zurück in die Erlöserkirche, sind wir allein. Ich reiche ihr einen Geldschein. Sie aber verweist mich, sowohl freundlich als auch bestimmt, an den verschlossenen Spendenschrein rechts neben dem Altar.

Als Ter Aspet und ich das Kloster schließlich wieder verlassen, ist weit und breit kein Auto zu sehen.

»Ich denke, mit dem Trampen gibt es jetzt Probleme«, sage ich.

»Laufen wir!«, schlägt Ter Aspet vor.

Es ist inzwischen früher Nachmittag. Wir gehen los und treffen unterwegs niemanden außer einigen Schülern, die aus der Schule kommen. Sie mögen acht oder neun Jahre alt sein und tragen ihre Taschen auf dem Rücken. Die Mädchen tragen noch dazu große weiße Schleifen im Haar und rosafarbene Spangen.

Zuerst hören die Kinder unsere Schritte hinter sich, dann drehen sie sich um und sehen Ter Aspet in schwarzer Soutane und dem

Handkreuz an goldener Kette. Zwar ist Ter Aspet für die Kinder ein Fremder, als Priester aber auf ihrem Nachhauseweg auch Ereignis und Erscheinung zugleich. Und die damit verbundene Freude, die sie mit allem Respekt zu unterdrücken versuchen, kommt immer wieder durch. Diese Freude sitzt ihnen vor allem in den Augen. Sie schauen Ter Aspet nicht nach. Nur ab und an können sie einfach nicht anders und werfen kurze, verstohlene Blicke zu ihm hinüber.

Plötzlich bleibt einer der Jungen stehen. Ich schätze ihn auf elf Jahre. Der Junge wartet auf uns. Als der Priester gleichauf mit ihm kommt, spricht das Kind, deutlich aufgeregt, den Würdenträger an. Sowohl der Priester als auch der Junge wirken dabei sehr ernst.

»Wunderbar!«, ruft Ter Aspet schließlich aus. »Ich habe diesen Jungen in Haghpat getauft. Er hat sich erinnert und er hat mich erkannt.«

In Franz Werfels Buch »Die vierzig Tage des Musa Dagh« gibt es mehrere Situationen, in denen die gute Ausbildung der armenischen Priester sowohl als spirituelle als auch als psychologische Begleiter der Menschen gezeigt wird. Im Laufe der Handlung ist inzwischen das Lager der Widerständler auf dem Musa Dagh eingerichtet. Der Priester Ter Haigasun plant aus verschiedenen Gründen ein Fest, auf dem es Harissa geben soll, eine der traditionellen armenischen Speisen aus eingeweichten Weizenkörnern und mit Hühnerfleisch. In solch einer schweren Situation ein Fest zu planen hat mehrere Gründe. Der Hauptgrund für Ter Haigasun aber ist:

Der Priester, Tatsachenmensch und Psychologe zugleich (...) wusste, dass der Mensch zugrunde geht, wenn er sich nicht auf irgendetwas, und sei es auch das Geringste, freuen kann ...

Zurück in Alawerdi starten wir gleich mit der nächsten *marschrutka*, auf den nächsten Berg und zum nächsten Kloster. Wir fahren nach Odsun. Während der Fahrt habe ich eine göttliche Eingebung. Ich überlege kurz, ob es tatsächlich jetzt, in diesem voll besetzten Kleinbus, passt. Doch schon beuge ich mich zu Ter Aspet vor und sage zu ihm: »Vielen Dank für Ihre Zeit! Ter Aspet, Sie schenken mir nun schon einen zweiten Ihrer Tage!«

Der Priester scheint auf diese Worte nur gewartet zu haben. Zugleich antwortet er schlicht: »Es ist ein bisschen umständlich, so zu reisen«, meint er. »Natürlich. Aber jede Fahrt kostet nicht mehr als zweihundert Dram für Sie. Ein Fahrer wäre viel teurer. Und dieses Geld können Sie nun anders verwenden.«

Die Straße schlängelt sich dicht am Abhang entlang. Besonders an den Kurven scheint es knapp zu werden.

Vor dem Kloster Odsun steht ein Lastwagen, sind Steine aufgeschichtet und Sand aufgeschüttet. Die Muttergotteskirche ist eingerüstet. An der Kirche selbst steht ein Kran.

Ter Baghaljan, der Amtsbruder Ter Aspets, ein junger, großer, etwas beleibter Mensch, kommt uns entgegen, auch er in Soutane. Oben auf dem Berg und am Kloster weht ein leichter Wind.

Ter Baghaljan spricht ausgezeichnet Englisch. Weltmännisch und mit derselben Eile, mit der mich schon Ter Aspet durch das Kloster Haghpat geführt hat, führt nun auch er uns. Zunächst führt er uns um die Muttergotteskirche herum. Die Kathedrale ist aus hellen Steinen gebaut. Durch das hohe Licht verstärkt sich die leuchtende Gesamtwirkung noch. Auch die Muttergotteskirche soll von Gregor dem Erleuchter geweiht worden sein.

Die Bauarbeiter klettern am Baulift herunter. Der Lift ist kaputt. Es ist ein Abstieg von geschätzt hundert Metern Höhe. Sie klettern ohne Seil, ohne Absperrung und tragen auch keine Helme. Wohlbehalten kommt einer nach dem anderen unten an. Es ist Feierabend.

Neben der Muttergotteskathedrale steht ein ungewöhnliches Monument. In der Zeit vom 4. bis 5. Jahrhundert soll es, wie der

Odsuner Priester weiter ausführt, aufgestellt worden sein. Sieben Stufen führen hinauf. Dieses Monument besteht aus zwei Stelen, die wiederum in zwei schmalen, hohen, beiderseits offenen Nischen stehen. Mich erinnern diese Steine an Drachensteine, Steine, die im vorchristlichen Armenien vor allem an Wasserquellen aufgestellt worden sind, als eine Art Regenmacher. Beim Priester frage ich diesbezüglich besser nicht nach, da ich nicht weiß, wie er über das sogenannte Heidnische denkt, bin mir aber sicher, in dieser Frage im Buch über die armenischen Felszeichnungen erneut fündig zu werden. Und richtig: Der Legende nach sollen diese Steine einst tatsächlich Drachen gewesen sein. Und diese Drachen wären in den Himmel gestiegen, um die Sonne und die Welt zu verschlingen. Das aber konnten die Götter verhindern, indem sie die Drachen verwandelten – zu Stein.

Vorchristliches und Christliches scheinen im Laufe der Jahrhunderte eine tiefe Verbindung miteinander eingegangen zu sein, was die spirituellen Wurzeln an solchen Orten wahrnehmbar verstärkt. Wer hinschaut, sieht, dass die eine Seite der Stelen stark verwittert ist, dass auf der anderen Seite aber ganz klar Marias Verkündigung dargestellt ist, die Taufe Christi, die zwölf Apostel, König Trdat III., Gregor der Erleuchter, Hripsime und die anderen heiligen Jungfrauen ...

Ods – das bedeutet: Schlange. Im vorchristlichen Armenien herrschte insgesamt eine Schlangenverehrung. Schlangen waren das Symbol der Gutherzigkeit, der Klugheit sowie der Wiedergeburt. Die Legende berichtet, dass im Dorf Ods die Schlangen in besonderem Maße verehrt worden seien. Die Schlange galt als Schutzgeist, vertrieb die bösen Geister und beschützte Glück ebenso wie Reichtum. Darüber hinaus galt die Schlange als phallisches Symbol und als Mittler zwischen dem Diesseits und dem Jenseits.

Gut möglich aber auch, dass der Ortsname Odsun gar nicht von *ods* kommt und weder mit Drachen noch mit Schlangen zu tun hat. Gut möglich, dass der Ortsname eher von dem Wort »Weihen« herkommt und abgeleitet worden ist von *otzel*. So jedenfalls lese ich es in der sehr schön gestalteten Broschüre über Odsun als heiligen Ort nach. Der Text stammt von Ter Baghaljan selbst, die Broschüre ist dreisprachig verfasst und an der kleinen Kasse im Eingangsbereich der Klosterkirche käuflich zu erwerben. Historisches wird ebenso aufgeführt wie Legendäres.

Einer der zwölf Jünger von Jesus Christus war der Apostel Thomas. Im 1. Jahrhundert kam er nach Odsun und weihte auf dem Territorium der zukünftigen Kathedrale Pfarrer und Bischöfe. Außerdem trug der Apostel Thomas auch noch das Tuch bei sich, in das der neugeborene Jesus Christus eingehüllt gewesen war. Bevor der Apostel schließlich weiter nach Indien zog, vermauerte er an der Stelle des späteren Klosters ebenjenes Tuch.

Bevor wir die Kathedrale selbst betreten, treffen wir zwei Männer. Sie sind beide sehr jung, vielleicht achtzehn Jahre alt. Im Nachhinein könnte ich nicht mehr sagen, wer da zuerst auf wen zugegangen ist. Als die beiden Geistlichen sie begrüßen, schauen die Jungen direkt und mit großem Vertrauen zu ihnen auf. Der eine der beiden kann seine Tränen kaum zurückhalten. Es ist ein kurzes Gespräch. Die Männer stehen sich gegenüber und ich daneben. Im Klang der Priesterworte höre ich kein Mitleid, kein Pathos, aber jede Menge Festigkeit und Halt. Es klingt nach einer Initiation.

Schließlich sagt mir Ter Aspet, noch im Beisein der beiden, dieser eine Junge sei Soldat in Karabach und sein Vater gerade an einem Herzinfarkt gestorben. Kaum weiß ich, worum es geht, betrifft es auch mich und ich reiche dem Jungen die Hand.

In der Muttergotteskirche sehe ich vor allem das Relief der Muttergottes mit ihrem Sohn, das ich bereits aus Paradjanows Film kenne. Ter Baghaljan zeigt es mir. Es ist schwarz verwittert. Früher war es außen angebracht, nun ist es innen.

Plötzlich singt Ter Baghaljan. Er hat eine schöne, kräftige Stimme und auch die Akustik im Kirchenraum ist gut. Kaum hat er geendet, sagt er zu mir: »Ter Aspet singt schöner!«

Ich möchte das nicht beurteilen müssen. Aber diesmal singt Ter Aspet noch dazu ein außergewöhnliches Lied. Aus der Melodie höre ich jüdische Anklänge heraus. Als ich später danach frage, erfahre ich, dass das Lied von Jesus Christus erzählt, in Gethsemane, kurz vor seiner Kreuzigung.

Tag 28 Warten

Es ist ein trüber Tag, mein letzter Tag hier in Haghpat; die Wolken hängen tief in den Falten der Landschaft. Und auch Ter Aspet ist an diesem Morgen noch nicht aufgetaucht. Aber die *marschrutka* fährt wieder um elf Uhr vom Klostervorplatz ab, hinunter ins Tal. Heute geht es einfach um eine Besorgung, denn in Alawerdi soll es ein Geschäft des Mobilfunkanbieters Beeline geben. Ich stehe auf dem Platz vor dem Kloster. Es beginnt zu regnen. Ich spanne meinen Schirm auf, warte und schaue hinüber zum Kloster: Das Kloster steht erhöht, etwas im Trüben. Durch das fehlende Sonnenlicht erscheint es wie der Erde ein Stück näher gerückt.

Alawerdi ist eine Stadt am Berg. Durch das Tal führt die Hauptstraße. Dort liegt auch der Busplatz. Das Geschäft von Beeline soll wiederum »irgendwo oben« liegen.

Der Regen hat aufgehört. Aber die Luft ist feucht und der Himmel nach wie vor bedeckt.

»Beeline?«

Die Jungen wissen, wo es langgeht, und können es mir sagen.

Zuerst geht es in Richtung einer rostigen Metallkonstruktion, eines Treppenaufgangs. Mit dem Aufstieg erreiche ich die halbe Höhe sowohl des Berges als auch der Stadt. Schmale Stufen führen zwischen den Häusern immer weiter hinauf. Auf einer der breiten Zwischenflächen steht, wie ausgesetzt, ein achtstöckiger Plattenbau.

Auf dem höchsten Punkt Alawerdis angekommen, ist es nicht das erste Mal, dass ich in dieser praktisch orientierten, trist erscheinenden Geschäftswelt von Buden und Büdchen überrascht werde von einem westlich anmutenden Geschäft, wie es das von Beeline ist. Die Armenier zeigen sich nicht überrascht. Sowohl vor als auch hinter dem Schalter bleiben sie, wie ich sie bisher kennengelernt habe: Die jungen, stürmischen Männer werden vorgelassen, wenn sie sich den Platz vorne nehmen. Zugleich wird den Alten mit Respekt weitergeholfen.

Kaum ist mein Konto wieder aufgeladen und beginne ich den Abstieg, ruft mich Hermine an: »Wo bist du? Wie geht es dir? Grüße bitte Ter Aspet von mir!«

Als ich von der oberen wieder zurück in die untere Stadt steige, erreiche ich auf einer der Zwischenetagen einen Markt. Es wird mit allem Möglichen gehandelt: *lawasch*, Käse, Obst, Gemüse, aber auch mit Schuhen und Kinderbekleidung. Ein Kilo Pfirsiche kostet, genau wie ein Kilo Äpfel, vierhundert Dram. Und während es gestern Ter Aspet gewesen ist, der Erscheinung und Ereignis zugleich war, bin ich es heute und hier wohl selbst. Jeder meiner Schritte wird verfolgt. Es sind prüfende Blicke. Keine der Verkäuferinnen lächelt. Ich gehe zwischen den Ständen hindurch, bis ich vor den aufgetürmten Äpfeln und Pfirsichen stehen bleibe.

Die Verkäuferin des Obstes sieht mich, zugleich sieht sie mich nicht. Es ist keine Unhöflichkeit. Es ist etwas anderes. Da bin ich mir sicher. Zugleich weiß ich nicht, was es ist. Aber ich verfahre wie schon in Gjumri oder in Jerewan: Ich schaue mein Gegenüber direkt an. Immer sind es Frauen. Und auch mein Lächeln ist keine Höflichkeit, sondern etwas anderes. Jedenfalls funktioniert es glücklicherweise auch hier: Mein Lächeln springt über und diese Erstarrung löst sich beim Gegenüber auf, wie in ein Nichts.

»Französin? Holländerin?«, fragt die Frau, die das Obst verkauft. Inzwischen lächelt sie und stellt mir die schönsten der rotbäckigen Äpfel zusammen. Am Nachbarstand lasse ich mir ein Stück Schafskäse abwiegen. Und ich kaufe *lawasch*.

Beim weiteren Abstieg klingelt mein Mobiltelefon erneut. Diesmal ist es Ter Aspet: »Wo sind Sie? – Ah, bitte, kaufen Sie Käse und *lawasch!* – Wann fährt Ihre *marschrutka?*«

Ich weiß nicht, wann etwas fährt, und sage ihm, dass ich unten am Haltepunkt einfach warten werde. Es wird schon etwas fahren. Es ist ja gerade mal zwei Uhr nachmittags.

Der Regen hat aufgehört. Wenn man steht und wartet, wird es langsam kühl. Rechter Hand parken am Busplatz *marschrutkas* und Busse. Auf der anderen Straßenseite warten Taxis. Die Fahrer, allesamt in schwarzen Lederjacken, stehen beisammen, rauchen, reden. Zugleich halten sie ihre Augen offen.

Einer der Männer kommt quer über die Straße auf mich zu.

»Wohin fahren Sie?«, fragt er.

»Nach Haghpat«, sage ich.

»Ich kann Sie fahren«, schlägt er vor. »Ich fahre zu allen Klöstern, auch nach Haghpat.«

Ich sage ihm, dass ich auf die *marschrutka* warte, erkundige mich aber noch: »Was kostet bei Ihnen eine Tour?«

»Eine Fahrt zu einem Kloster kostet dreitausend Dram, hin und zurück«, sagt er. »Dabei ist es egal, in welches Kloster Sie wollen. Alles kostet gleich.«

Er wartet ein bisschen ab. Als ich nichts mehr sage, wartet er nicht länger.

»Alles Gute!«, wünscht er noch, bevor er die Straßenseite wieder wechselt.

Ich warte weiter, beginne zu überlegen, entscheide mich am Ende für das Kloster Kobajr und sitze im Handumdrehen neben dem Mann im Auto. Es ist ein hellgrauer, alter Schiguli. Wer kein oder wenig Geld hat, ist zur Sorgfalt genötigt. Und noch bevor so ein Auto in die Werkstatt kommt, hat der Fahrer selbst schon stundenlang geschaut und gebaut, gemeinsam mit den Männern der Familie, den Nachbarn, den Freunden oder wer gerade helfen kann. All diese Energie ist abgespeichert, wenn ein altes Auto – »Vierzig Jahre!« – immer noch fährt.

Der Mann neben mir besitzt vier Autos, hat Fahrer angestellt und ein gewisses Netzwerk aufgebaut. Es ist ein kleines Unternehmen. Er bietet, was er kann: »Wir fahren auch nach Georgien«, erzählt er mir unterwegs. »Wir machen es so, wie es gewünscht wird. – Sehen Sie dort das Kälbchen?«, fragt er und zeigt lächelnd auf die Spitze eines Felsens. Ich schaue, sehe kein Kälbchen und nicke.

Am Straßenschild für Kobajr geht es von der Hauptstraße ab und wir erreichen eine Bahnstation. An den Schienen stoppt der Fahrer den Wagen. »Ich warte hier unten auf Sie«, versichert er mir. »Und Sie gehen einfach diesen Berg hinauf. Immer und immer weiter hinauf! Sie werden das Kloster finden. Und die Menschen, die Sie unterwegs treffen, sind alles gute Menschen. Das sage ich Ihnen. Und Sie werden es sehen.«

Es gibt zwei Wege nach oben. Inzwischen bin ich allein, gehe nach Gefühl und der Weg endet an einem Zaun. Im Zaun ist eine Tür. Ich probiere und drücke die Klinke: Die Tür ist offen. Aber direkt dahinter grast eine große, braune Kuh. Ich kehre um und entscheide mich für den anderen Weg. Unterwegs komme ich an ein- und zweistöckigen Wohnhäusern vorüber. Diese Häuser stehen versetzt entlang des Weges. Sämtliche Häuser erscheinen verlassen, nur eines wirkt bewohnt. Ich klopfe an und eine junge Frau erscheint an der Tür: »Kobajr?«, frage ich und zeige fragend nach oben. Die junge Frau nickt und ich ziehe weiter.

Es ist ein Trampelpfad. Und ich gehe ihn nicht allein. Mir entgegen kommt eine Alte, eine Weißhaarige in dunkelblauer Kittelschürze, über die noch eine zweite, eine halbe, braun karierte Schürze vorgebunden ist. Die Frau spricht mich auf Armenisch an und ich frage wieder nur: »Kobajr?« Da oben also!

Ich passiere Steinwälle. Manche sind gesetzt wie Hütten. An sich ist der Weg kaum noch zu erahnen. Aber ich gehe ihn immer weiter und stehe schließlich wieder dieser großen, braunen Kuh gegenüber. Bloß gibt es von dieser Seite her keinen Zaun. Die große, braune Kuh läuft frei herum. Sie grast, in Gesellschaft von drei Schweinen. Einen dritten Weg nach oben gibt es nicht. Zügig, mit dem Respekt eines Großstadtmenschen, gehe ich also an den Tieren vorbei.

Von oben her ist jetzt ein Geräusch zu hören. Jemand klopft Steine. Durch Büsche und Bäume sind die Klostergemäuer und -ruinen von Kobajr bereits zu sehen. Und zwei Männer in verstaubter Kleidung bei der Arbeit. Das verfallene Kloster wird schrittweise wiederhergestellt. Außer den beiden treffe ich hier oben weiter keinen.

Im 10. Jahrhundert soll das Kloster entstanden sein. Dahinter gibt es einen kräftigen Wasserfall und im Fels noch dazu Höhlen. Abgelegen und schwer zugänglich, wie das Kloster ist, wundert es mich nicht, als ich später von meinem Fahrer höre, dass es jahrhundertelang auch völlig unbewohnt geblieben sein soll. Ich sehe die Klosterruinen und in diesen Ruinen wiederum verwitterte Wandmalereien.

Der Himmel klart auf. Die Sonne tritt hervor. Sofort wird es warm. Und als ich wieder abwärts gehe, sitzt die alte, weißhaarige Frau von vorhin inzwischen vor ihrem Haus auf einer Bank. Auf dem Schoß hält sie ein einjähriges Mädchen, gekleidet in pinkfarbene Strumpfhosen, pinkfarbene Jacke, dazu eine kirschrote Mütze. Jedes Mal, wenn es seine Großmutter ansieht, strahlt das Kind.

Sie leben so abgeschieden und so ärmlich. Also spreche ich die Frau an: »Darf ich Ihnen helfen?«, wobei ich auf meine Geldbörse weise. Die Weißhaarige schüttelt nur energisch den Kopf. Gleich darauf schaut sie schon wieder auf das Kind und – strahlt.

Auf der Rückfahrt erzähle ich dem Fahrer, dass ich vor vierzehn Jahren zum ersten Mal in Armenien gewesen bin. Auf der Stelle verliert er seinen geschäftlichen Ton, spricht mit mir wie mit einer Eingeweihten und wird verbindlich: »Ja, vor vierzehn Jahren war es noch schwer. Zuerst gab es keinen Strom, und es gab auch kein Wasser. Durch diesen Krieg in Karabach. Und das Erdbeben war bis zu uns zu spüren. Meine Söhne wollten damals weder lernen noch studieren. Sie fragten immer: ›Wozu, Papa? Es hat doch keinen Sinn!‹ – Aber ich sagte zu ihnen: ›Es ist die Zeit. Heute ist die Zeit sehr schwer. Aber es kommen auch wieder andere Zeiten. Und darauf müsst ihr vorbereitet sein.‹ Ich habe es ihnen immer wieder gesagt. Heute arbeitet der eine Sohn in Russland, bei Bosch, und der andere ist Betriebsleiter in Jerewan. Wir haben auch schon zwei Enkelkinder. Das eine Kind ist zwei Jahre alt und das andere zwei Monate. – Jetzt ist die Zeit für den Wechsel. Die Jüngeren übernehmen die Führung. Sie nehmen das Leben in die Hand. Und wir werden die Älteren. Man muss immer alles so nehmen, wie es gerade ist. – Eigentlich bin ich Ingenieur. Aber in der schweren Zeit habe ich in Alawerdi, oben auf dem Markt, Fleisch verkauft. Das war nicht weiter schlimm. Man muss jede Situation abwägen und Möglichkeiten nutzen. Heute geht es uns schon besser. Ich habe das kleine Unternehmen und führe Touristen durchs Land. Ich bin in Alawerdi geboren. Und wie es aussieht, werde ich eines Tages auch in Alawerdi sterben.«

Bis zur Abfahrt der *marschrutka* nach Haghpat bleibt, wie mir eine junge Frau versichert, die denselben Weg hat wie ich, noch etwas Zeit. Ich betrete den Supermarkt am Platz. Der Supermarkt ist westlich eingerichtet. Es blitzt und blinkt überall. Vor einem langen Regal, gefüllt mit jeder Menge Kognakflaschen aller möglichen Sorten, bleibe ich stehen. Meine Idee ist, Ter Aspet eine Flasche Kognak zu schenken. Eine der jungen Verkäuferinnen kommt freundlich auf mich zu: »Kann ich helfen?«

»Ich überlege, welcher Kognak besser ist – Ararat oder Ani.«

»Es kommt immer auf die Jahre an«, erklärt sie mir. »Fünf Jahre ist eine bessere Qualität als drei Jahre.«

»Und ist die Marke Ani besser als die Marke Ararat?«

»Moment«, sagt die junge Verkäuferin und lächelt, »ich hole Hilfe!«

Nun kommt ein junger Verkäufer, gefolgt von seiner jungen Kollegin.

»Wie kann ich helfen?«, fragt er.

»Ich brauche ein Geschenk. Welcher Kognak ist besser – Ani oder Ararat?«

»Natürlich: Ararat. Das weiß jeder in Armenien.«

Ich überlege weiter und kann mich noch immer nicht entschließen: »Offen gesagt, geht es um ein Geschenk für einen armenischen Mann.«

»Es gibt bei uns einen Spruch«, erklärt mir der junge Verkäufer. »Und dieser Spruch heißt: Wie viel das Geschenk kostet, so teuer ist dir der Beschenkte. Also, wenn Sie einen Menschen sehr schätzen, müssen Sie so viel für ihn ausgeben, wie Ihnen möglich ist.«

Die junge Verkäuferin muss jetzt lachen. Aber der junge Mann verstärkt noch einmal, sehr ernst, was er gerade gesagt hat: »Ja, so ist das bei uns. Und überhaupt trinkt ein armenischer Mann Wodka.«

Heute ist nicht nur mein letzter Tag in Haghpat, sondern außerdem Freitag. Daran muss ich denken, als ich zurück ins Kloster komme. Ich steige die Stufen zum Eingangstor hinauf, schaue mich aufmerksam auf dem gesamten Gelände um – nach Emma, und sehe jetzt auch wirklich dort, wo immer Emmas Großmutter gesessen hat, eine junge Frau.

»Emma?«, frage ich. Das Mädchen lächelt, schüttelt aber den Kopf. Nach und nach erfahre ich von ihr, dass die Großmutter krank geworden ist und Emma ausgerechnet an diesem Wochenende nicht nach Haghpat kommt, sondern in Wanadasor bleiben wird.

Schade, denke ich. Aber so hatte es der Bärtige – Tir, Gott des Schicksals – auf dem Berggipfel wohl von vornherein in sein schlaues Buch geschrieben. Ich kann es nicht ändern. Aber die junge Frau ist Emmas Schwester. Und bevor wir uns trennen, zieht sie ihr Mobiltelefon aus der Tasche und zeigt mir das Bild einer fröhlichen, jungen Frau mit blonden Haaren: »Emma!«

Der Klosterarbeiter steht etwas abseits, an der Mauer. Nie habe ich wirklich mit ihm gesprochen. Aber auch von ihm möchte ich mich jetzt verabschieden.

»Wohin fahren Sie?«, fragt er.

Ich sage ihm, dass ich erst einmal wieder zurück nach Jerewan fahre.

Er meint: »Ich habe immer in Haghpat gewohnt. Hier ist es gut; es ist ruhig. Im Dorf kennt jeder jeden. Und jeder hilft auch jedem. In der Stadt könnte ich nicht leben. Das wäre mir zu laut. Und in Jerewan zu leben kann ich mir absolut nicht vorstellen. – Wissen Sie: Wichtig ist, dass der Mensch sauber lebt, mit einer sauberen Seele.«

Ter Aspet ist in der Küche. Er hat das Abendessen für uns vorbereitet und ich gebe *lawasch*, Schafskäse und Wodka mit dazu. Wir sitzen, essen und reden, als die Glocke schlägt. Die Glocke zu schlagen ist allein Amt des Priesters. Wir schauen uns an. Vielleicht haben wir uns verhört.

Da wird die Glocke erneut geschlagen. Ter Aspet springt auf und eilt, ohne sich erst noch die Soutane überzuwerfen, hinaus.

Streng habe ich ihn schon gesehen, bis zu diesem Zeitpunkt aber noch nie zornig.

Später erzählt er, dass er am Nachmittag einer Touristengruppe den Glockenturm gezeigt hat, bloß dann vergessen habe, den Turm wieder abzuschließen. Und nun sei ein junges, armenisches Paar gekommen, den Turm hinaufgestiegen und habe die Glocken geschlagen.

»Zuerst haben sie nur gelacht«, sagt Ter Aspet, als er wieder am Tisch sitzt. Noch immer ist er außer sich. »Sie verstehen nicht, dass dieser Glockenturm kein Spielplatz ist.«

Das ist unser Abschied. Plötzlich geht alles sehr schnell. Draußen hupt schon der Fahrer des schwarzen Jeeps.

Die Rückfahrt nach Jerewan ist vor allem still. Wie gehabt, wechselt der Fahrer mit jedem seiner Gäste ein Wort. Wirklich ein Gespräch kommt diesmal aber nicht in Gang. Die Atmosphäre ist bedrückend, fast traurig. So richtig verstehen werde ich es erst am Ende.

Neben dem Fahrer sitzt eine Frau mit rotblondem Haar. Ab und an wechseln die beiden ein Wort. Über weite Strecken ist danach wieder nur das Motorengeräusch zu hören. Ich sitze allein auf der Rückbank. Alle weiteren Plätze sind noch frei.

In Odsun steigt ein junger Mann in Soldatenuniform ein. Er ist noch ein Junge und höchstens achtzehn Jahre alt. Sieben oder acht Leute stehen mit ihm an der Straße, allesamt schwarz gekleidet, seine Familie, eine stille, ernste Gesellschaft. Sie winken ihm nach.

Kaum sitzt der Junge neben mir, schwappt eine Welle der Trauer zu mir herüber und mir kommen sofort die Tränen. Ich drehe mich zum Fenster weg. Ich meine zu wissen, dass das jetzt eine Sache unter Männern ist.

Der Fahrer versucht auch gleich das Gespräch mit dem Jungen. Das Wort Karabach fällt.

Zuerst antwortet der Junge noch, allerdings nur bruchstückweise, später dann gar nicht mehr.

Unterwegs steigt ein Student zu und versucht nun seinerseits das Gespräch mit dem Gleichaltrigen, ohne Erfolg.

Drei Stunden später erreichen wir Jerewan. Der Student ist der Erste, der aussteigt. Und ich bin die Letzte.

»Was war los?«, frage ich schließlich unseren Chauffeur. »Alle waren so traurig, besonders der Soldat, nicht wahr?«

»Genauso war es!«, bestätigt mir der Fahrer. Und nun erfahre ich, dass die Frau neben ihm, die mit dem rotblonden Haar, zur Seelenfeier ihres Vaters in Alawerdi gewesen sei, vierzig Tage nach dessen Tod. Und der junge Mann sei Soldat in Karabach und sein Vater gerade an einem Herzinfarkt gestorben. Sofort erinnere ich mich an die beiden jungen Männer, die wir am Kloster Odsun getroffen haben, und sage zum Fahrer: »Ich traf einen jungen Mann in Odsun ...«

Und der Fahrer bestätigt erstaunt: »Genau! Und das ist er gewesen.«

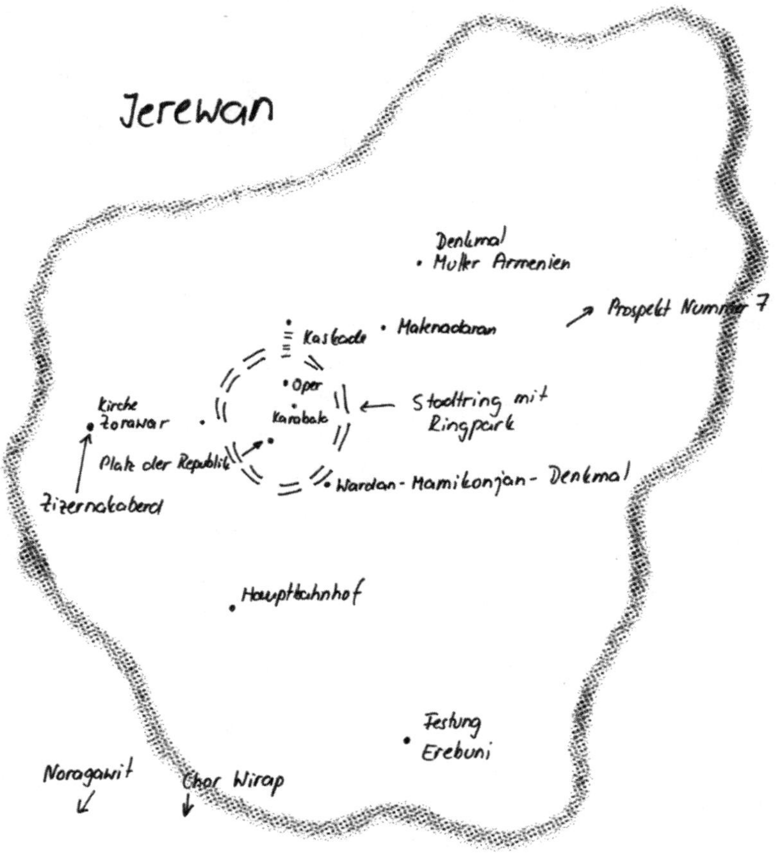

Jerewan

Denkmal Mutter Armenien

Prospekt Nummer 7

Kaskade

Matenadaran

Oper

Karabak

Stadtring mit Ringpark

Kirche Zorawar

Platz der Republik

Zizernakaberd

Wardan-Mamikonjan-Denkmal

Hauptbahnhof

Festung Erebuni

Noragawit

Chor Wirap

WIR BAUEN UNS ETWAS AUF

Jerewan:
Denkmal Aram Chatschaturjan
Katoghike
Georgskirche in Noragawit
Museum und Festung Erebuni
Kirche Zorawar
Kinderheim Jerewan
Felszeichnungen bei Abowjan
Matenadaran
Mesrop-Maschtots-Basilika in Oschakan
Pädagogisches Institut Jerewan

Tag 29 Bitten

Susanna treffe ich vor der Oper, am Denkmal von Aram Chatschaturjan. Komponierend sitzt Chatschaturjan auf einer Art steinernem, mit Granatäpfeln verziertem Thron. Mit den Händen dirigiert er, den Blick hat er seitwärts gerichtet, möglicherweise auf ein Notenpult. Gut vorstellbar auch, dass er gerade den berühmten Säbeltanz aus seinem Ballett »Gajane« dirigiert.

Neben Susanna steht eine blasse Frau, die etwas verängstigt aussieht.

»Das ist meine Schwester Swetlana«, stellt Susanna sie mir vor. Wir begrüßen uns, reichen einander die Hände. Und zu Susanna sage ich: »Schön, dass du sofort Zeit hattest.«

»Ja«, meint diese, wie immer etwas überirdisch strahlend. Sie weist auf die Frau neben sich. »Ich war gerade bei meiner Schwester zu Besuch. Swetlana wohnt im Zentrum. Weißt du, auf Russisch bedeutet *swet* Licht.«

Wir haben uns noch nicht einmal auf eine der Bänke am Denkmal gesetzt, da wiederholt Swetlana immer wieder aufgeregt, dass ich bitte nicht denken solle, die Armenier seien schlechte Menschen. Ich verstehe nicht, worum es ihr dabei eigentlich geht, und frage ehrlich verwundert: »Warum sollte ich so etwas denken?«

Es bleibt keine Zeit mehr, um darüber zu sprechen: Swetlana muss los.

»Swetlana muss zu unserer Mutter«, entschuldigt sie Susanna, kaum dass die Schwester davongeeilt ist. »Unsere Mutter bekommt manchmal Panikanfälle, wenn sie allein zu Hause ist. Wir wissen nie, wann so ein Anfall kommt. Deshalb muss immer jemand bei ihr sein.«

»Hat eure Mutter einmal etwas Schlimmes erlebt?«, frage ich.

»Wir wissen es nicht«, meint Susanna. »Vielleicht. Aber wir wissen es nicht.«

Wir sitzen auf der Bank und schauen Jerewan zu. Die jungen Frauen, die an uns vorübergehen, fallen mir besonders auf. Sie tragen enge Hosen und hochhackige Schuhe. Sie sind sorgfältig geschminkt und schlank wie Gerten. Altersmäßig könnten sowohl Susanna als auch ich gut die Mütter dieser Mädchen sein.

»Wo arbeitest du eigentlich?«, frage ich nebenher.

»In einem Kinderheim«, sagt sie. Das überrascht mich jetzt doch. Susanna war für mich bisher immer ausschließlich mit Kirchen, Gebeten und Segen verbunden. »Wir sind ein Übergangsheim. Die Kinder bleiben bei uns nie länger als zehn Monate. Entweder sie können zu ihren Eltern zurück oder sie kommen in das große Kinderheim nach Gawar, an den Sewansee. In Gawar bleiben sie höchstens bis zum 18. Lebensjahr. – Magst du Kinder? Möchtest du unsere Kinder besuchen?«, fragt Susanna. Sie wirkt freudig bei diesem Gedanken, aufgeregt. »Ich kann meinen Chef fragen.«

In der Ferne ist Musik zu hören, Trommeln und Flöten. Die schrillen Flöten übertönen den Großstadtlärm. Wir folgen den Klängen, erreichen so den Opernplatz und treffen dort auf die Musikanten.

Auf dem weiten Opernplatz bilden Männer und Frauen eine Reihe. Traditionell gekleidet, tanzen sie und bewegen sich dabei in kleinen Schritten. Sie setzen die Schritte hin und her, dazu vor und zurück. Die jungen Frauen tragen lange, schwingende Kleider in Weinrot und Schwarz, die Männer, farblich passend, Westen über den Hemden. Mittlerweile schließt sich die Reihe zu einem Kreis. Passanten bleiben stehen, sehen zu, lächeln, klatschen ... Einige reihen sich auch ein.

Ich bemerke einen älteren Herrn in weißem Hemd. Auf den ersten Blick sieht er aus wie ein Buchhalter oder ein Mathematiklehrer. Der Mann trägt eine Aktenmappe unter dem Arm, steht zwar außerhalb des Kreises, tanzt aber ganz für sich mit, er tanzt auf der Stelle. Dabei sieht er glücklich aus. Absolut nichts scheint ihm zu fehlen. Er strahlt, als sei er gerade an ein kleines Kind erinnert worden, ganz gleich ob Tochter oder Enkelsohn.

»Welche Kirche darf ich dir als Erstes zeigen?«, fragt mich Susanna, als wir dann weitergehen. Sofort erinnere ich mich an die Katoghike. Das ist die vielleicht kleinste Kirche von ganz Jerewan, sie befindet sich unweit der Ecke Abowjan- und Sajat-Nowa-Straße. Im Jahr 2000, bei meiner ersten Reise, habe ich die Katoghike durch einen Zufall entdeckt.

Damals lief das Wasser in Jerewan nur diese eine Stunde am Tag und keiner wusste, wann. Ich war zum ersten Mal zu Besuch bei Mutter Anusch und Wahram in der Tumanjanstraße. In dieser Zeit organisierte Mutter Anusch für mich eine Duschmöglichkeit bei Verwandten der Nachbarn. Die Verwandten der Nachbarn wohnten ganz in der Nähe. Sie besaßen einen Wassersammelbehälter sowie eine elektrische Anlage, die das Wasser erwärmt.

Und auf dem Weg dorthin – diesmal begleitete mich Mutter Anusch – entdeckte ich mitten in einer kompakten Siedlung innerstädtischer Plattenbauten dieses rote Tuffsteinkirchlein.

Wer die Katoghike betreten möchte, muss schauen, ob gerade Platz genug für ihn ist, um einzutreten. Gegebenenfalls muss er warten, so klein wie das Kirchlein ist. Drei oder vier Personen passen ganz gut hinein, um sich dabei auch noch zu bekreuzigen oder niederzuknien. Bei mehr Personen wird es schon eng. Das Kirchlein gilt als die älteste der Jerewaner Kirchen, gebaut im 13. Jahrhundert. Es hat eine besondere Geschichte. Denn im 17. Jahrhundert wurde diese kleine Kirche zugunsten einer stattlichen Muttergottes-Basilika regelrecht zugebaut. Die Katoghike war nicht mehr zu sehen. Aber als 1936, zu Sowjetzeiten, die große Basilika – wegen innerstädtischer Plattenbauten – abgerissen wurde, wurde das Kirchlein wiederentdeckt. Die Archäologen protestierten gegen den Abriss dieser kleinen Kirche, und so gibt es die Katoghike noch heute. Inzwischen sind wiederum diese innerstädtischen Plattenbauten abgerissen worden und die Katoghike zeigt sich zur Straße hin frei. So aber wird es nicht bleiben. Denn mittlerweile steht hier auch die Kirche der heiligen Anna. Und bald wird daneben die Stadtresidenz des Katholikos der Armenisch-Apostolischen Kirche erbaut.

Susanna wird langsam unruhig: »Ich hoffe, mit meiner Mutter ist alles gut!« Kaum ausgesprochen, klingelt auch schon Susannas Mobiltelefon. Es ist Swetlana.

»Ich muss nach Hause«, sagt Susanna. »Ich muss helfen. Unsere Mutter hat eine neue Panikattacke. Entschuldige bitte!« – »Aber dafür musst du dich doch nicht entschuldigen.«

Susanna schreibt mir noch schnell auf, wie ich mit dem Bus zur Georgskirche nach Noragawit komme, einem der Jerewaner Außenbezirke. »Dort singe ich morgen zur Messe mit im Chor. Es ist eine Messe für Gregor den Erleuchter. Die Messe beginnt um zehn Uhr und dauert bis um zwei. Du kannst kommen, wann du willst. Wir sehen uns!«

Die Wegbeschreibung von Susanna funktioniert tadellos: Von meiner Wohnung bei Ida und Lida gehe ich tags darauf an der großen, neuen Grigor-Lusaworitsch-Kathedrale vorbei, geweiht im Jahr 2001 zum Jubiläum »1700 Jahre Christentum in Armenien«, und nehme am Kinotheater »Rossia« den Bus Nummer 33 in Richtung Noragawit. Der Bus fährt ungefähr vierzig Minuten. Unterwegs frage ich eine ältere Frau nach »Swjatoj Gregorij«. Rechtzeitig gibt sie mir das Zeichen zum Ausstieg und steigt dann selbst mit aus.

Vor allem die Frauen sind festlich gekleidet. Auf dem Weg zur Kirche sind Stände aufgebaut. Sogar lebende Hühner werden verkauft. Ein Bettler tritt auf mich zu. Ich habe kein Kleingeld dabei, nur drei Eintausend-Dram-Scheine. Das sind jeweils umgerechnet um die fünf Euro. Fünf Euro – das ist hier unter Umständen ein kleines Vermögen. Aber wenn Tir als der Gott des Schicksals es schon so schreibt, muss ich nicht weiter überlegen. Und ich gebe dem Mann den ersten der drei Scheine.

Noragawit war ein großes Dorf mit sieben Kirchen. Im 17. Jahrhundert erschütterte Jerewan ein schweres Erdbeben. Alle sieben Kirchen von Noragawit wurden zerstört und an ihrer Stelle die Georgskirche in der Form einer Basilika errichtet.

Die Kirche ist voll von Menschen. Als ich sie betrete, gerate ich zugleich in einen dichten Weihrauchnebel. So groß diese Basilika auch ist, ist sie dennoch kleiner als die Kathedrale zu Edschmiatzin. Die Menschen stehen sehr dicht. Es ist kaum ein Platz zu finden, selbst wenn ich nicht den Platz brauche, um, wie viele andere, immer wieder niederzuknien. Schnell fühle ich mich in einer Art Trance. Dazu tragen gleichermaßen die Weihrauchschwaden wie auch die liturgischen Gesänge bei. Mal singt nur einer der Priester, mal mehrere. Oder es singt der Chor. Im Chor gibt es eine Art Vorsängerin. Deren Stimme rührt mich bis ins Herz. Es gibt einen klaren liturgischen Ablauf, den alle, mal abgesehen von mir, kennen. Außer mir sehe ich keinen weiteren »Fremden«. Die Armenier sind unter sich. Ich gehe meinem Gefühl nach – halte meine Hände gefaltet oder öffne sie, nach oben hin, genau wie alle anderen neben mir.

Vorn auf der Empore wird weiter der Weihrauch geschwenkt. Diese Menge an Menschen ist eindrucksvoll, wie sie sich immer wieder gegen den Altar hin verneigt und immer wieder insgesamt niederkniet.

Mir scheint, dass von diesem Gottesdienst eine besonders große Kraft und Energie ausgeht. Nach fünfundvierzig Minuten habe ich das Gefühl, der energetischen Eindrücklichkeit nicht mehr gewachsen zu sein. Und ich trete hinaus ins Freie. Susanna ist nirgends zu entdecken.

Draußen auf den Bänken sitzen Frauen aller Altersgruppen. Und obwohl die Bänke in der prallen Sonne stehen, sind sämtliche Plätze besetzt. Ich setze mich auf eine Stufe an der Kirche, in den Schatten.

Ein Junge von etwa fünfzehn Jahren kommt und hockt sich neben mich.

»Sie sind Ukrainerin?«

»Ich bin Deutsche.«

Er zeigt mir den Vorderbereich seiner Zähne und ich sehe einen Zahnstift ohne Zahn. Der Junge sagt etwas. Ich verstehe ihn nicht. Aber dann sagt er noch: »Ich heiße auch Grigor, wie der Erleuchter. Heute ist das Fest.«

Ich gratuliere dem Jungen zum Fest, gebe ihm die Hand, wünsche ihm alles Gute und der Junge geht wieder davon. Inzwischen versammelt sich direkt vor uns eine Gruppe von Schulkindern. Sie tragen schwarze Röcke oder Hosen und dazu weiße Blusen. Die Kinder kommen mit ihrer Lehrerin. Sogar ihre Schultaschen haben sie noch dabei.

Als ich aufstehe, tritt eine Frau auf mich zu. Neben ihr steht wieder der Junge Grigor. Die Frau, die seine Mutter sein könnte, sagt: »Wenn es möglich ist: Können Sie uns helfen?«

Ich zögere einen Moment, denke sowohl an Gregor den Erleuchter als auch an Grigors Zahn, ziehe den zweiten der Tausend-Dram-Scheine aus der Tasche und gebe ihn der Frau. Sie bedankt sich, steckt den Geldschein ein und Grigor protestiert heftig.

Die Frau beachtet ihn nicht, sondern meint nur: »Haben Sie eine Unterkunft? Wir können Sie zu uns einladen.«

»Danke«, sage ich, fühle mich aber langsam unsicher: »Ich habe schon ein Quartier.«

Kaum sind die beiden gegangen, Grigor nach wie vor protestierend, kommt eine weitere Kirchgängerin: »Können Sie helfen?« Nun aber kann ich es nicht mehr. Und ich muss los. Das letzte Geld muss ich wechseln gehen, für den Bus zurück nach Jerewan. Warum auch immer, sticht es in mein Herz. Bisher habe ich Glück gehabt. Alles hat sich für alle Seiten bisher jedes Mal gut gefügt. Zumindest war das mein Gefühl. Was aber ist heute? Es wird mehr gebraucht, als ich geben kann. Gern möchte ich mit einem vertrauten Menschen sprechen.

Ich denke an Hajk, den Maler. Der Bus hält an der Vernissage. Aber Hajk ist, wie ich dort von Sejran erfahre, keine zehn Minuten zuvor nach Hause gegangen.

Meine Stimmung sackt nur noch weiter ab. Was hatte der bärtige Tir da warum in sein Schicksalsbuch geschrieben? Da ich ihn zwar immer wieder ins Spiel bringe, ihn letztlich aber für eine Legende halte, bitte ich jetzt Gott selbst aus tiefster Seele um Hilfe. Er möge mir doch einen Menschen schicken, mit dem ich jetzt und hier sprechen kann.

Bedrückt schleiche ich am Wardan-Mamikonjan-Denkmal vorbei, gehe das Stück durch den Park, um dann zwischen den Wohnblocks auf den Weg zu meinem Quartier einzubiegen. Und genau auf diesem Weg zwischen beiden Wohnblocks steht, ich kann es kaum glauben, Wahram.

»Wo kommst du denn her?«, fragt er mich freudig überrascht.

Und ich antworte, schon wieder in leicht aufgebauter Stimmung: »Na, ich wohne hier.«

Gleich darauf biegen Marina und Sergej um die Ecke, mit Maria an der Hand und Arthur auf dem Arm. Und genauso hatte Mutter Anusch es damals ja auch bestimmt: »Wir sind jetzt deine armenische Familie.«

Tag 30 Singen

Susanna und ich sitzen auf einer Bank am Denkmal Aram Chatschaturjans. Das Denkmal ist unser Treffpunkt.

»Ja, Constanze«, teilt Susanna mir freudig mit. »Mein Chef ist aus dem Urlaub zurück und du darfst uns besuchen. Wann kommst du?«

»Vielleicht morgen?«, überlege ich. »Oder gleich heute?«

»Heute Abend ist perfekt«, meint Susanna und beginnt auf der Stelle, mir von den Kindern zu erzählen: »Da ist zuerst Narek. Er ist drei Jahre alt. Und er kann weder hören noch sprechen. Er ist sehr aktiv. Narek hat ein gutes Herz. Als er bei uns ankam, wollte er kein Brot essen. Das war ein großes Problem. Er hat das Brot in die Hand genommen wie einen Knochen. Aber jetzt hat er es gelernt und er isst gut.«

»Was ist mit Nareks Mutter?«, frage ich.

»Die Mutter wollte das Kind nicht behalten. Sie wollte, dass Narek ins Kinderheim kommt. Vielleicht weil er nicht hört und nicht spricht. Ich kann es dir nicht sagen. Ich weiß es nicht.«

Bevor Susanna weitererzählt, holt sie plötzlich sehr tief Luft. Es ist, als müsste sie vorher erst noch etwas loswerden: »Zu Sowjetzeiten gab es diese Vernachlässigungen von Kindern nicht. Jeder von uns ging arbeiten und hatte sein Einkommen. Die Eltern gingen arbeiten und die Kinder waren im Kindergarten. Heute gibt es viele Menschen, die ohne Arbeit sind. Sie fallen in Depressionen und vernachlässigen ihre Kinder.«

Susanna schaut mich offen an, ich nicke, dieses System kenne ich, und Susanna erzählt weiter: »Auch Jeprem ist drei Jahre alt. Er sieht aus wie ein Mädchen. Seine Geburt war sehr schwer. Deshalb, so sagt seine Mutter, solle sein Haar bis zum siebenten Geburtstag nicht geschnitten werden. Anuschik ist seine Schwester. Sie ist schon acht. – Wahan und Gor sind Zwillinge; beide sind zehn.«

»Wie viele Kinder sind bei euch im Heim?«

»Das ist ganz verschieden. Gerade sind es fünf Kinder, manchmal sind es auch zwanzig. Aber zwanzig Kinder ist das Maximum.«

Susanna hält ihre Hände im Schoß gefaltet. Immer wieder schaut sie sich auf dem Platz vor der Oper und dem Denkmal um. Ein großer, schlanker Mann geht quer über den Platz. Ich kenne ihn, er grüßt mich auch, aber mir fällt erst später ein, dass das Jascha gewesen ist, der Reiseleiter, mit dem Ter Aspet und ich nach Achtala gefahren sind. Es ist auffällig, dass sich Susanna immer wieder umschaut.

»Wartest du auf jemanden?«

»Ja, auf meine Freundin.«

Schließlich kommt eine schöne Frau. Sie ist Mitte vierzig, trägt, obwohl schon nicht mehr ganz schlank, ein enges, schwarzgraues Kleid, was ihre Linie sehr vorteilhaft betont. Ich bin beeindruckt von der Mischung: Diese Frau ist, wie ich so nach und nach wahrnehme, nicht nur freundlich, sondern auch witzig und tiefsinnig. Für mich kommt sie wie aus dem Nichts. Und schon fragt mich Susanna: »Constanze, möchtest du heute nach Erebuni? Mit den Kindern?« Erebuni gilt als der Ursprung Jerewans und ist das Ruinenfeld einer alten Festung. Und dorthin gemeinsam mit Kindern? Nur zu gern!

Gohar Harutjunjan ist Lehrerin und fährt mit einer Gruppe von Schülern heute nach Erebuni. Auch ihr 13-jähriger Sohn wird mit dabei sein, dazu drei weitere Lehrerinnen. Sie fahren mit zwei gemieteten *marschrutkas*.

»Ein Platz im Auto ist aber noch frei!«, meint Gohar und ergänzt, mit Blick auf Susanna: »Wirklich nur noch ein einziger Platz.«

Susanna versichert, dass das nichts mache und sie jetzt sowieso nach ihrer Mutter schauen müsse. »Also, Constanze, heute Abend bei uns im Kinderheim?«

Gohar und ich machen uns auf den Weg zur Schule Nummer 42. Die Schule befindet sich direkt im Zentrum Jerewans, zwischen Wohnhäusern versteckt.

Wir gehen über den Schulhof und betreten von hier aus das Gebäude. Es ist ein Bauwerk alten Stils, gerade frisch rekonstruiert und renoviert. Die Schule heißt »Taras Schewtschenko«.

»Wer war Taras Schewtschenko?«, frage ich. Und obwohl die Kinder schon unten in der prallen Sonne in den beiden *marschrutkas* warten, um nach Erebuni gebracht zu werden, führt mich Gohar auf meine Frage hin – »Unbedingt!« – ins Taras-Schewtschenko-Kabinett.

Eine blonde Lehrerin empfängt mich. Sie ist verantwortlich für die Gestaltung des Raumes, auch für die inhaltliche Ausstattung. Diese Lehrerin erzählt mir so kurz als nur möglich, aber auch mit ungewöhnlich viel Liebe von diesem Mann – einem ukrainischen Dichter und Maler aus dem 19. Jahrhundert, Rebell und Romantiker zugleich.

Die *marschrutkas* unten auf dem Schulhof sind voll besetzt mit dreizehn- und vierzehnjährigen Schülerinnen und Schülern. Und richtig: Wenn Gohar und die beiden anderen Lehrerinnen auf der Bank ganz vorn, direkt hinter dem Fahrer, dicht zusammenrücken, wird für mich dieser besagte eine Platz noch frei. Eine der Lehrerinnen, eine junge, weißblonde Frau, ist Polin und lebt erst seit fünf Jahren in Armenien. Ihr Mann ist Armenier. Sie sagt: »In Polen leben viele Armenier, schon sehr lange.«

Wir fahren durch die Stadt, erreichen den Stadtrand und – Erebuni. Die *marschrutkas* parken auf dem Platz vor dem Museum. Als wir ausgestiegen sind, stellt mir Gohar gleich ihren Sohn vor: Artasches. Einerseits ist es ihm ein wenig peinlich, dass seine Mutter mit dabei ist; andererseits liebt er sie sehr offensichtlich. Immer wieder taucht er bei ihr auf – sowohl im Erebuni-Museum als auch später auf dem Ruinenfeld.

»Barew dsez!« – Guten Tag!, grüßt der Junge sie und uns, gespielt förmlich; er grüßt uns immer wieder neu. Und das ist der Spaß.

Es existiert eine andere Art von Ordnung, als ich sie von deutschen Schulklassen her kenne. Und sie scheint zu funktionieren. Ich höre von den Lehrerinnen – kein einziger Lehrer ist dabei – weder Kommandos noch Ermahnungen. Die Lehrerinnen gehen, wie die Schüler, einfach dorthin, wohin es eben geht. Gerade gehen wir, Lehrer wie Schüler ungeordnet, die Stufen zum Museum hinauf. An keiner Stelle des Ausflugs werden die Kinder durchgezählt.

Im Museum dauert es. Es gibt eine etwas hagere und blasse Museumsführerin. Sie tritt mit einem hölzernen Zeigestock auf, wie ich ihn noch aus dem Geografieunterricht kenne. Im Eingangsbereich hängt eine große Landkarte an der Wand. Diese Landkarte zeigt Armenien in seiner größten Ausdehnung, unter Tigran dem Großen.

Die Museumsführerin spult ihren Text rasch ab, der aber nicht enden will. Den jungen Zuhörern wird das offenbar zu lang. Immer wieder redet jemand dazwischen. Daraufhin herrscht die Museumsführerin die Schüler an. Zugleich klopft sie mit ihrem Zeigestock auf den Holzrahmen der Vitrine, in der sich das Modell der ehemaligen Festungsanlage Erebuni befindet. Einige der Jungs verdrehen die Augen, verziehen ihre Mundwinkel und beginnen sich nun auf eigene Faust nach interessanteren Exponaten umzusehen. Gohar und ich haben mehr Glück, das heißt: bessere Unterhaltung. Denn Artasches taucht mindestens dreimal während der vergegenwärtigten Herrschaft Tigrans des Großen bei uns auf, grinst uns wiederholt freundlich an und flüstert uns immer wieder übertrieben höflich zu: »Barew dzes!« – Guten Tag!

Mit Gohar kommt ein kleines Glück auf uns zu, besser gesagt – eine Bevorteilung: Ihr Vater, leider schon gestorben, war früher, noch zu Sowjetzeiten, der Direktor des Museums von Erebuni. Allein aus diesem Grund wird uns erlaubt, mit beiden *marschrutkas* direkt bis hinauf auf den Hügel zu fahren. Auf diesem Arin-Berd-Hügel hatte der urartäische König Argischti I. eine stattliche Palastanlage mit Tempeln erstehen lassen. Gohar erklärt mir alles. In den 1950er-Jahren wurde auch ein Stein gefunden, der das alles genau belegt. Dieser Stein ist noch heute am Anfang des Geländes ausgestellt. In Keilschrift steht geschrieben, dass ebendieser König Argischti I. im Jahr 782 vor Christus hier diese Festung angelegt hat.

Vom Ruinenfeld aus gibt es dann vor allem eines: einen herrlich weiten Blick auf Jerewan. Gohar und ich stehen nebeneinander und schauen. Die Schüler, insbesondere die Schülerinnen, turnen für ihr persönliches Fotoshooting auf den Resten des einstigen Palastes herum. Jeder fotografiert jeden.

Eine Gruppe Kindergartenkinder kommt angelaufen. Die Kinder rufen, aus voller Kehle: »Jerewan! Jerewan!« Sie rufen es immer wieder.

Unterwegs wagt sich auch einer der vierzehnjährigen Jungs bis zu mir heran. Strahlend sagt er: »Borussia Dortmund!« – Ich nicke, obwohl ich so gut wie keine Ahnung habe, weder von Borussia

Dortmund noch von Fußball überhaupt. Und er: »Schat law!« – Sehr gut! Ich lächle und nicke erneut. Doch, diese Mannschaft ist mir durchaus bekannt. Schließlich nennt er einen armenischen Namen: »Henrich Mchitarjan! – Schat law!« Und so erfahre endlich auch ich von diesem armenischen Fußballer bei Borussia Dortmund.

»Wie wunderbar das ist«, sage ich zu Gohar. Wir lachen schon die ganze Zeit wie Schwestern. »Heute Morgen hätte ich doch nie gedacht, dass ich heute Mittag mit Ihnen und einer ganzen Schulklasse nach Erebuni komme.«

Gohar stimmt mir zu und wird, so gern sie sonst auch lacht, an dieser Stelle ernst: »Wissen Sie, Constanze, das hat Gott gemacht. – Susanna und ich, wir singen im Kirchenchor. Aber heute Morgen ist die Probe ausgefallen. Wir haben uns ein bisschen unterhalten und so habe ich überhaupt erst von Ihnen erfahren.«

»Gohar, Sie singen?«

»Ja, und mein Mann ist Musiker. Er spielt Cello. Wir haben eine Gruppe, die altarmenische Musik und Gesänge vorträgt. 2012 waren wir in Frankreich, zu Aufnahmen für den Rundfunk.«

»Ich würde Sie sehr gern einmal singen hören.«

Nichts scheint leichter zu sein als das und die Zeit dafür da: »Nachher gehen wir in die Kirche«, bestimmt Gohar.

Der Ausflug nach Erebuni ist beendet, die Schule Nummer 42 wieder erreicht und wir befinden uns inzwischen auf dem Weg zur Wohnung von Gohar Harutjunjan und Grigor Arakeljan. Wir gehen sehr langsam, damit Artasches deutlich Vorsprung bekommt. Er soll vorauslaufen, um, wie Gohar es mir erklärt, zu Hause »noch ein wenig Ordnung« zu schaffen.

Als wir die große Wohnung mit den hohen Wänden betreten, spielt Gohars Sohn Klavier. Das Instrument scheint mir nicht das beste zu sein, aber es funktioniert; vor allem ist es gestimmt, auch wenn der Klang tastenweise völlig fehlt.

»Chopin!«, flüstert mir Gohar zu. Sie verschwindet in der Küche und ich setze mich zu Artasches. Der Dreizehnjährige spielt ausgesprochen gut, mit Hingabe und hoher Musikalität. Als das Stück beendet ist, klatsche ich angedeutet in die Hände. Seine Mutter betritt den Raum, um den Tisch zu decken: »Nur eine Kleinigkeit!«, sagt sie. – Es gibt *lawasch*, ein großes Stück Schafskäse und dazu drei tiefrote Tomaten. Gohar meint nebenher zu ihrem Sohn: »Spiel doch auch Bach!«

»Warum soll ich Bach spielen?«

»Weil Constanze aus Leipzig kommt. Dort hat Bach Orgel gespielt und komponiert.«

Das genügt. Und schon spielt der Junge – mit allem Gefühl, zugleich immer auch natürlich – eine Fuge von Johann Sebastian Bach. »Wir möchten, dass er Musiker wird«, erzählt mir Gohar, als wir dann zu dritt am Tisch sitzen und essen. »Aber er möchte kein Musiker werden.«

»Und was ist das, wofür du dich eigentlich interessierst?«, frage ich daraufhin ihn.

Er antwortet lächelnd, nach kurzer Überlegung: »Für Musik!«

Später kommt auch Gohars Ehemann Grigor dazu. Wir trinken schwarzen Tee und ich erfahre, dass die beiden noch zwei weitere Kinder haben: »Lewon ist unser ältester Sohn«, sagt Grigor stolz. »Und unsere Tochter heißt Arew. Arew – das bedeutet auf Armenisch Sonne.« Der Vater lächelt und fragt gleich darauf mich: »Wissen Sie, was der Name meiner Frau bedeutet?«

Ich verneine.

Sowohl er als auch der Sohn schauen in diesem Moment Gohar in liebevoller Verehrung an und Grigor verrät es mir: »Gohar bedeutet: blauer Edelstein. Oder auch: schönste Perle des Ozeans. – Aber wie, Constanze, sind Sie eigentlich nach Armenien gekommen?«

Daraufhin erzähle ich die Geschichte von einem armenischen Komponisten, der in Deutschland Ende der 1990er-Jahre ein Stipendium hatte …

»Wie heißt dieser Komponist?«, fragt Grigor wach und interessiert nach. Tir will es, dass ich bis zu diesem Zeitpunkt noch nie einen Armenier getroffen habe, der Wahram Babajan gekannt hat. Dabei halte ich ihn nach wie vor für einen großartigen Komponisten.

Also beginne ich vorsichtig: »Ja, er ist in Armenien nicht so bekannt …« Schließlich nenne ich den Namen.

»Wahram Babajan?«, merkt Grigor auf. »Das ist ein sehr naher Freund von mir. Gerade übertrage ich seine Kompositionen in den Computer. Wir bereiten ein Konzert vor und brauchen die Noten. Gestern habe ich ihn besucht.«

Das überrascht mich schon. Genauso überrascht wird kurz darauf Wahram selbst sein, als ich ihm nur Stunden später davon erzähle. Sofort aber wird er sich auch gleich wieder verschließen und meinen: »Grigor ist sehr freundlich. Aber er ist ein gewöhnlicher Mensch. Ich habe ihn einmal gefragt, warum er sein Kompositionsstudium nie weitergeführt hat. Er sagte, ihm wäre erst einmal seine Familie wichtig – seine Frau und seine Kinder. Eines Tages möchte er dieses Studium noch abschließen. In seinem Alter?« Wahram macht eine kleine Pause, er, der schon mit sieben Jahren zu komponieren begonnen hatte, als Wunderkind galt und sich mit zweiundzwanzig Jahren von keinem Geringeren als Dmitri Schostakowitsch sagen ließ, welch »großes Talent« er besitze. Wahram also schaut bedenklich und meint: »Das ist spät.«

Mittlerweile hat sich der Sohn von Grigor und Gohar in sein Zimmer zurückgezogen, erscheint aber sofort wieder im Wohnungsflur, als ich mich von Vater und Sohn verabschieden möchte. Ich frage noch: »Wie heißt eigentlich diese Gruppe, mit der Sie in Paris aufgetreten sind?«

»Oschakan«, sagt Grigor. »Kennen Sie uns?«

»Nein, diesen Namen habe ich noch nie gehört«, muss ich zu diesem Zeitpunkt zugeben. Daraufhin lächeln mich die drei vielsagend und freundlich an, sagen aber weiter nichts. Vielleicht können sie es sich auch gar nicht vorstellen, dass jemand Oschakan, diesen so berühmten, armenischen Ort, nicht kennen könnte. Noch dazu, dass eine Schriftstellerin nichts von diesem Ort weiß. – Ich werde ihn noch kennenlernen.

Gohar führt mich zur Kirche Zorawar: »Das ist meine Kirche«, erzählt sie unterwegs. »Ich habe sie vor einiger Zeit entdeckt. Erst in den letzten Jahren wurde das alles wichtig für mich – Kirche, Glaube und Gesang. – Unsere Kirche Zorawar ist ein wenig versteckt. Aber sie ist nicht weit von unserer Wohnung entfernt.«

Tatsächlich führt mich Gohar durch ein Labyrinth von Hinterhöfen. Und überall wohnen Menschen. Bis wir, auf einem freien Platz und mit Weinlaub berankt, die Zorawar-Kirche erreichen.

Rundum stehen Bänke. Festlich gekleidete Menschen sitzen um den Platz herum, im Zentrum steht die Kirche. Ich folge Gohar in den Innenraum. Ganz hinten, in einer Ecke, sitzt auf einer Bank eine junge Mutter mit ihrem Kind im Arm. Das Kind schläft.

Gohar zieht ein seidenes Tuch aus der Tasche und legt es sich über den Kopf. Dann geht sie nach vorn zum Priester, bespricht etwas mit ihm, und als sie zurück ist, sagt sie: »Sie bereiten eine Taufe vor.«

Draußen, auf dem Platz mit Bänken und Weinlaub, steht auch ein Häuschen, in dem Kerzen verkauft werden. Neben diesem Häuschen geht eine Treppe steil hinab in einen Raum unter der Erde, in eine kleine, enge Kapelle, geweiht dem heiligen Ananias. Unten ist – bis auf einen großen, hageren Mann – kein Mensch. Der Mann kniet und betet. Gohar fragt ihn leise etwas, er nickt und Gohar beginnt schließlich zu singen.

Es ist kaum möglich, ihre Stimme zu beschreiben. Erst einmal ist es ein voluminöser Mezzosopran mit erdiger Klangfarbe. Aber da klingt auch etwas mit, das scheint schon nicht mehr ganz von dieser Welt zu sein.

Eine alte Frau mit schwarzem Tuch steigt zu uns herunter. Erst singt sie mit, dann lässt sie es wieder. Denn jeder kann es spüren: Gohars Stimme ist nicht allein ein Gesang, sondern zugleich ein einziger Energiestrom, der jeden von uns in diesem Moment erreicht. Der Mann kniet noch immer. Er betet und schnieft vor sich hin.

Am Abend fahre ich zu Susanna und den Kindern ins Heim. Das Kinderheim befindet sich in einem Jerewaner Außenbezirk im Osten der Stadt. Die Haltestelle heißt »Mankatun« – Kinderheim. Das Kinderheim liegt auf einer Anhöhe. Seit Sowjetzeiten steht es dort.

Susanna führt mich herum und zeigt mir alles. Sie zeigt mir die Zimmer der Kinder. Alles ist sinnvoll eingerichtet – da stehen solide Doppelstockbetten aus Massivholz, dazu stabile Schränke. Der Flur ist mit Fotografien geschmückt, auf denen die Kinder, die gerade hier wohnen, zu sehen sind. Überall hängen Sterne aus farbigem Papier. Bad, Küche, WC – alles ist da und auf europäischem Grundstandard.

Der Spielraum für die Kleinen ist mit einem dunkelgrünen Teppich ausgelegt. Ein riesiger rosafarbener Plüschbär sitzt in der Mitte. Der Spielraum der Größeren erscheint eher praktisch – mit Tischen, Stühlen und einem großen Fernsehapparat.

Jedes Kind bekommt ein Überraschungsei. Vor allem der kleine Narek kann sich vor lauter Freude kaum halten. Da er weder hören noch sprechen kann, sucht der Körper nach anderen Möglichkeiten, um seine Freude auszudrücken und herauszulassen. Nareks Augen strahlen, während er wie ein Kreisel durch den Raum eilt, so sehr freut er sich. Schließlich landet er wieder vor mir, schaut mich direkt an, strahlt, strahlt und zeigt mir den erhobenen Daumen seiner rechten Hand.

Susanna ruft etwas. Die Kinder laufen davon, kommen mit Ausmalheften und Buntstiften zurück und versammeln sich am

Tisch: der kleine Narek, Jeprem, Wahan, Gor und nicht zuletzt Anuschik. Die kleine Anusch wirkt mit ihren acht Jahren sehr vernünftig, ebenso erscheinen mir die beiden größeren Jungs: Gor und Wahan. Und Jeprem sieht tatsächlich aus wie ein Mädchen.

Die Kinder zeigen mir ihre Ausmalhefte. Darin sind Vögel, Blumen und Ornamente auszumalen. Es sind Vorlagen im Stil alter armenischer Handschriften. Susanna macht mich auf einen der Vögel aufmerksam. Dieser Vogel ist größer als alle anderen und befindet sich auf einer einzelnen Seite im Ausmalheft: »Das ist Hazaran Blbul. Seine Flügel sind bunt. Das können die Kinder sehr schön ausmalen. Sie können alle Farben verwenden: rot, gelb, blau, grün, aprikosenfarben ... Die Stimme dieses Vogels besitzt die Kraft, das Land zum Blühen zu bringen, weißt du? Wo er singt, gibt es Liebe, Frieden und Glück. Und das Land wird genauso bunt wie er selbst. Er lebt am Ararat. Und er stirbt, indem er verbrennt. Aber aus diesem Feuer steigt dann ein neuer Hazaran Blbul ...«

Auf dem Tisch liegt auch ein Stapel mit weißem Papier. Jeprem reicht mir jetzt ein Blatt davon zu. Ich soll ihm etwas malen. Und ich zeichne einen Hund. Er möchte noch eine Katze dazu. Die Kinder stellen sich in einer Reihe an. Jeder hat seine Bestellung. Am Ende zeichne ich die Kinder selbst, alle zusammen auf ein Blatt: Anuschik, Narek, Jeprem, Wahan und Gor. Alle lachen.

»Constanze, und jetzt müssen die Kinder schlafen gehen«, sagt Susanna leise, zugleich sehr bestimmt zu mir. »Und zu dieser Zeit jetzt kommst du auch noch problemlos mit der *marschrutka* zurück ins Zentrum. Später wird es manchmal kompliziert.« Wir verabschieden uns. Susanna bleibt über Nacht. Draußen ist es inzwischen stockdunkel, aber nach wie vor sommerlich warm.

Tag 31 Bleiben

Gerade als mir der Fahrer das Kälbchen im Fels bei Alawerdi gezeigt hatte, auf dem Weg zum Kloster Kobajr, rief mich Hajk an: »Gute Nachrichten«, hatte er gesagt. »Meine Freundin Aelita kann dich zu den Felszeichnungen führen, ganz in der Nähe von Jerewan, nach Abowjan. Sie selbst möchte dafür kein Geld haben. Aber sie sagt, der Fahrer muss bezahlt werden, denn für die Berge braucht ihr einen Jeep. Und auch der Spezialist muss bezahlt werden, denn er weiß, wo sich die Felszeichnungen befinden. Das ist das Angebot. Ich kenne mich mit Geld nicht gut aus. Besprich es am besten mit Aelita selbst. Entschuldige«, fügte Hajk noch schnell hinzu, »dass ich dir nicht noch mehr helfen kann. Aber in drei Tagen fliege ich zurück nach Deutschland. Die Zeit mit meiner Familie ist jetzt wichtig.«

Zuerst kannte ich nur die Abowjanstraße. Als ich kurz darauf von Abowjan als Stadt erfuhr, keine zwanzig Kilometer von Jerewan entfernt, nahm ich an, die Straße wäre also nach der Stadt benannt. Aber die Stadt wie die Straße sind gleichermaßen nach Chatschatur Abowjan benannt.

Chatschatur Abowjan war ein armenischer Schriftsteller. Er gilt als der Vater der modernen armenischen Literatur. Im Jahr 1829 begleitete er den Forschungsreisenden Parrot, Professor der Universität Dorpat, heute: Tartu, bei der Erstbesteigung des Ararat.

Aelitas Stimme am Telefon klingt klar, freundlich und bestimmt. Sie spricht sehr gut Deutsch: »Können Sie nach Abowjan kommen? Von Jerewan fahren Sie mit dem Bus zwanzig Minuten! Kein Problem? Dann also bis morgen zehn Uhr am Supermarkt ›Original‹! Hoffen wir bloß«, fügt Aelita noch hinzu, »dass es morgen nicht regnet!«

Der nächste Tag beginnt mit knapp zwanzig Grad Celsius fast kühl, der Himmel ist bedeckt, aber es regnet nicht. Der Bus Nummer 259 fährt jede halbe Stunde, ist modern ausgestattet und zu dieser Stunde überfüllt. Nach zwanzig Minuten Fahrt durchqueren wir immer noch Jerewan. Nach weiteren zwanzig Minuten kommen wir bereits an stillgelegten Industrieanlagen außerhalb der Stadt vorbei. Und nach insgesamt einer Stunde Busfahrt haben wir Abowjan erreicht. Ich steige am Supermarkt »Original« aus. Fünf Minuten sind noch Zeit, aber Aelita und Aramajis warten schon auf mich.

Aelita ist Anfang dreißig und trägt ihr aschblondes Haar offen. Sympathisch lächelnd kommt sie auf mich zu. Sie ist europäisch für die Berge gekleidet – in dunkelgrüner Trekkinghose, Jacke und Shirt. Spätestens an dieser Stelle fällt – trotz der flachen Schuhe und Strickjacke – meine Kleidung auf. Auf den ersten Blick bin ich städtisch gekleidet, vor allem durch den halblangen Rock. Ich habe dennoch keine Bedenken. Schließlich gehe ich so überall hin, fahre ich zu Hause Fahrrad oder turne mit den Enkelkindern über die Spielplätze. Warum so nicht auch in die armenischen Berge?

Vor allem Aramajis, der hagere, ältere Herr, der unser Spezialist für die Felszeichnungen ist, hat deutliche Bedenken. Er selbst trägt Sportschuhe, Jeans und eine dunkelblaue Wetterjacke. Aelita und er diskutieren, während ich mir allerdings eingestehen muss, dass ich den Temperaturunterschied zu Jerewan unterschätzt habe. In Abowjan ist es deutlich kühler, als es noch heute Morgen in Jerewan gewesen ist. Ich schätze die aktuelle Temperatur auf fünfzehn Grad Celsius. Und wie entwickeln sich die Temperaturen dann erst in den Bergen?

»Ein zweiter Pullover wäre vielleicht gut«, gebe ich zu.

Wir steigen in ein Taxi und fahren zunächst zu einer Bäckerei. Es ist eine *lawasch*-Bäckerei und die Frauen sitzen, genau wie ich es damals in Lewons Dorf erlebt hatte, auf dem Boden und backen. Nur ist das hier nicht die Sache einer einzelnen Familie und deren Nachbarinnen, sondern schon ein kleines Unternehmen.

Vor der Bäckerei steht Aschot mit seinem Jeep. Aschot wird unser Fahrer sein. Und auch er trägt Sportschuhe und Jeans, dazu eine dicke, rote Weste über dem karierten Hemd.

Unsere nächste Station ist sein Haus und damit eine erste Attraktion, zumindest für mich. Denn direkt in seinem Garten, unter dem kleinen Apfelbaum, befindet sich ein Totem. Bisher kenne ich so etwas nur aus dem Museum.

»Es gab den Kult um Mutterschaft und Fruchtbarkeit«, erklärt mir Aelita. »Vor ungefähr achttausend Jahren!« Ich nicke, denn auch das habe ich in dem Buch über die armenischen Felszeichnungen bereits gelesen:

Hier spielte die Frau/Mutter die wichtigste Rolle. Je mehr sie fruchtbar/gebärend war, umso mehr wuchs ihre »Herrschaft«, denn Kinder bedeuteten für die Sippe Segen und Macht: Die Frau/Mutter war die »Große Mutter«, die »Stammesmutter«, die die Welt beherrschte …

Die Position der Frau, Fruchtbarkeit und Fülle, war für die Landwirtschaft bedeutsam, sodass die Bauern kleine Göttinnen-Statuetten auf Feldern, in Vorratskammern und an heiligen Orten aufstellten, um eine gute Ernte zu gewährleisten.

Die Fruchtbarkeitsfigur unter Aschots Apfelbaum ist einen halben Meter hoch und aus grauem Gestein. Der Kopf des Totems neigt sich ein wenig zur Seite. Man braucht schon einiges an Fantasie, um darin ein Gesicht zu erahnen. Die Arme sind deutlich besser zu erkennen, die Hände gefaltet und auf die Vulva gerichtet.

Es geht bergauf. Der Jeep ist nicht neu. Aschot fährt sicher, auch was die Richtung betrifft. Ich selbst finde das erstaunlich, denn Unterschiede erkenne ich hier keine. Für mich wiederholt sich ein und derselbe Berg immer wieder, bewachsen mit demselben vertrockneten Gras und übersät von denselben Steinen. Ab und an weiden Rinder. Am ehesten fallen mir dazwischen noch die bewirtschafteten Flächen auf. Zurzeit wird Winterweizen angebaut.

Ein Adler umkreist unseren Wagen. Aramajis kurbelt die Scheibe am Beifahrersitz herunter und zieht vorsichtig seine Kamera aus der Tasche. Er hat noch nicht einmal die Kamera vors Auge gesetzt, da fliegt der Adler davon.

Über die höchste Linie des Geländes sind Steine aufgereiht, die nach oben hin jeweils spitz auslaufen, wie gezackt. Aelita erklärt: »Das sind die vulkanischen Spritzer. Als der Vulkan ausgebrochen ist, hat er die Lava über die Berge verspritzt.«

Wenig später setzt sie nachdenklich fort: »Vielleicht ist Armenien sogar das älteste Siedlungsgebiet der Welt. Es gibt neuere Erkenntnisse, nach denen die Wiege der Menschheit sich nicht in Afrika, sondern in Armenien befinden könnte. In Nor Geghi, unweit von Jerewan, haben amerikanische Archäologen Werkzeuge aus Obsidian gefunden. Bis dahin waren diese Funde eingeschlossen gewesen, zwischen zwei Basaltschichten. Diese Werkzeuge aus Obsidian können um die dreihundertfünfzigtausend Jahre alt sein.«

»Obsidian ist vulkanisches Glas. Richtig?«

»Richtig«, bestätigt Aelita. »Basalt wiederum ist erstarrte Lava, und Tuffstein eher so etwas wie vulkanischer Staub.«

Rechts von unserer Wegstrecke steht ein einzelner Baum. Auf diesem Baum sitzt wieder der Adler. Es sieht aus, als ob er auf uns wartet. Aramajis hält seine Kamera schon bereit, Aschot stoppt den Wagen vorsichtig und – der Adler fliegt davon. Es ist, als wisse der Adler, wohin wir wollen. Er fliegt uns voraus.

»Wir haben großes Glück mit dem Wetter«, meint Aelita. »Denn wenn es regnet, kommt der Jeep kaum vorwärts im Gelände. Und die Berge kommt er bei Regen gar nicht erst hinauf. Die Erde wird zu rutschig. Außerdem sind bei Regen die meisten der Felszeichnungen nicht zu erkennen.«

Ich habe in diesem Buch über armenische Felszeichnungen gelesen, dass die Abbildungen zumeist auf der glänzenden Fläche der Steine – durch Beklopfen oder feines Ritzen – eingebracht worden seien. Die Zeichnungen könnten einige Millimeter Tiefe aufweisen. Manche dieser Abbildungen seien zwölftausend Jahre alt oder gar noch älter. Es sind Nachrichten aus längst vergangenen Zeiten oder, wie es hier formuliert wird:

Diese Felszeichnungen sind die ersten ›geschriebenen Blätter‹ der prähistorischen »Armenier« …

Wortlos reicht mir Aramajis jetzt einen großen, dicken Herrenpullover nach hinten und gleich noch eine Wollmütze dazu. Aschot hält seinen Jeep an und wir steigen aus. Als ich mich umschaue, entdecke ich nichts Neues: Berge, vertrocknetes Gras und jede Menge Steine – bis uns Aramajis an einen der großen Steinblöcke heranführt. Erst jetzt bemerke ich im Stein die schalenförmige Ausbuchtung, gefüllt mit Wasser.

»Hier vermuten wir«, sagt Aramajis, mehr zu Aelita, damit sie es für mich übersetzt, »einen Kultplatz. Vielleicht wurde hier getauft. Oder es wurde gesegnet. Genaueres wissen wir nicht.«

Der Himmel hellt sich auf. Zwar herrscht kein Frost auf der Höhe, aber mehr als fünf Grad Celsius wird es nicht sein. Ich ziehe den Pullover über, setze mir die Mütze auf und schaue mich, ausgehend vom Taufstein, genauer um. Erst jetzt bemerke ich, dass sich vor uns eine breite Passage schwarzer, vulkanischer Steine entlangzieht und bis hinauf zum Berggipfel erstreckt. Das ist der Weg der Lava.

Aramajis war, wie ich von Aelita jetzt erfahre, viele Jahre der Direktor der Abteilung Antike im Museum der armenisch-russischen Geschichte in Abowjan. Heute arbeitet er im Auftrag des Amtes für den Schutz kulturhistorischer Denkmäler. Er zieht regelmäßig durch sein Areal rund um Abowjan, prüft Bekanntes und entdeckt Neues. Auf diese Art entdeckte er vor einigen Jahren auch diese Felszeichnungen. Das Alter der Zeichnungen schätzt er auf ungefähr neuntausend Jahre. Und er fügt an: »Einige davon sind inzwischen verschwunden. Andere zeigen sich neu. Manche sind nur sichtbar, wenn der Stein trocken ist, andere erst bei hoher Luftfeuchtigkeit, so wie heute.«

Die erste der Felszeichnungen, welche ich dann zu sehen bekomme, ist zweifellos für mich eine ganz besondere.

Auf dieser meiner ersten Felszeichnung in natura glaube ich Menschen zu erkennen, jeweils vereinfacht dargestellt durch wenige Linien: die Beine ohne Füße, der Körper, der Kopf, die Arme, die Hände – dabei die eine Hand mit fünf Fingern, die andere nur mit dreien.

»Die drei ist eine besondere Zahl«, kommentiert Aelita. »Drei Finger? Das dürfte weder Zufall sein noch ein Fehler. Es geht dabei auch um die Dreiheit in der Welt.«

Mehrere solcher stilisierter Menschen stehen nun nebeneinander und sind mittels ihrer Arme miteinander verbunden. Bloß ganz außen steht einer extra. Er steht etwas abseits und hält einen Bogen in der Hand. Ein Pfeil ist nicht zu sehen.

»Steht ein Mensch so da, mit ausgebreiteten Armen, dann tanzt er vielleicht«, meint Aelita. »Ein Mensch mit erhobenen Armen betet vielleicht. Wir können das alles nur vermuten. Ein Zeichen, das immer wieder vorkommt, sind Schlangen. Sie gibt es oft, als Zeichen für die Unendlichkeit. Und jede Menge Zeichnungen mit gehörnten Tieren gibt es.«

Auch diese gehörnten Tiere sind stilisiert dargestellt, sehr vereinfacht. Sie erinnern an die Bilder von Kindern.

Der Adler kreist wieder über uns. Ich verfolge seinen Flug, sein Schweben über unsere Köpfe hinweg.

»Gibt es nur einen einzigen Adler? Gibt es hier keine weiteren Tiere?«, frage ich, halb im Scherz, halb im Ernst.

»Natürlich gibt es noch weitere«, antwortet Aelita. »Es gibt Schlangen, Bären, Leoparden ...«

Und Aramajis, der offensichtlich mitbekommen hat, worüber wir sprechen, ergänzt auf Armenisch: »Und Elefanten!«

Ich lache erst einmal. »Ja und nein«, kann Aelita die Sache mit den Elefanten bestätigen und wiederum nicht bestätigen. Fakt sei, wie sie sagt, dass in der Nähe von Gjumri tatsächlich Knochen gefunden worden sind, von einem Tier ähnlich einem Mammut. Heute ist es ausgestorben.

Die Steine der erstarrten Lava sind krumm und schief. Sie liegen gegeneinander verkantet. Und dennoch kann ich mit meinen flachen Straßenschuhen – mit dicker, weicher, biegsamer Sohle – sicher über diese Kanten turnen, ohne dass auch nur einer der Steine kippt.

Aschot hat etwas entdeckt. Begeistert ruft er uns zu. Fast wäre ich sofort zu ihm gelaufen, um eine vermeintlich nächste Felszeichnung zu bewundern, als ich noch rechtzeitig sein eigentliches Fundstück sehe: Stolz erhoben hält er einen Pilz in der Hand.

»Hier!«, ruft gleich darauf Aelita.

Sie wiederum hat eine Felszeichnung gefunden, die, wie sich herausstellt, selbst Aramajis noch nicht kennt: Es sind zwei Schlangen, parallel zueinander positioniert. Die beiden Schlangen sehen aus, genau wie einige andere der Zeichnungen auch, wie mit Pinsel und Farbe gemalt.

An dieser Stelle kündigt uns Aramajis »galaktische« Zeichnungen an. Und tatsächlich sind, nur wenige Schritte weiter, auf einem ungewöhnlich großen Stein zwei kleine Spiralen zu sehen. Gleich daneben befindet sich eine weitere, die mindestens doppelt so groß ist. Diese große Spirale nun ist mehrfach in sich selbst gedreht. Daneben erkennt man sternförmige Blumen. Oder sind auch das Sonnenräder?

Der Adler ist noch nicht wiedergekommen. Aramajis fotografiert die Felszeichnungen. Und er fotografiert Aelita in der Landschaft. Sie braucht die Fotos für die Website ihrer Firma »Rubentour«. »Weißt du, wir wollten Armenien schon verlassen. Mein Mann und ich, wir hatten unsere beiden kleinen Kinder, aber keinerlei Aussichten! Unsere Kinder sollten gute Schulen besuchen und eine Zukunft haben. Wir waren nahe daran zu gehen, da erst spürten wir, wie schwer es uns fallen würde, Armenien tatsächlich zu verlassen. Also sagten wir uns: ›Nein! Das hier ist unser Land. Und wir verlassen es nicht, sondern wir bleiben hier und zeigen den Gästen, wie schön dieses Land eigentlich ist. Wir bauen uns etwas auf.‹ Und dann haben wir dieses kleine Reiseunternehmen gegründet: Rubentour. Es gibt klassische Reisen, es gibt das Wandern durch die Berge. Und wir reisen auch in die Türkei, besuchen dort alte, armenische Stätten oder wir besteigen den Ararat.«

Aschot fährt uns inzwischen wieder weiter, durch weitläufiges Gebiet. Die Höhe nimmt zu; zugleich erscheinen die Berge flacher. Unterwegs passieren wir nur ein einziges, ein einzeln stehendes Haus, eher etwas im Sinne einer Behausung. Es ist zusammengestückelt aus Brettern und Blechen. Auf dem Dach liegen Decken und Tücher zum Trocknen aus. Und damit der Wind sie nicht fortreißt, sind sie mit Steinen beschwert. Hier wohnen die Hirten. Jetzt, während des Spätsommers, ziehen sie noch als Nomaden durch die Berge. Der Herbst beginnt tatsächlich erst mit dem Regen, vielleicht Mitte Oktober, vielleicht erst Anfang November. Zwei, drei Wochen bleiben bis dahin noch Zeit.

Auf einer Anhöhe, den Resten einer alten Kirche, und dort auf dem höchsten der Steine, erwartet uns wieder unser Begleiter, der Adler. Aschot bremst vorsichtig ab, Aramajis kurbelt die Scheibe herunter, alles wie gehabt, und – der Adler ist davon.

Drei *chatschkare* stehen beisammen, mit eingemeißelten Kreuzen, aber ohne weitere Verzierung. Auf der Höhe geht der Blick über eine große Weite. Die Wolken haben sich verzogen. Der Himmel ist blau und die Landschaft wirkt wieder überbelichtet in diesem merkwürdig hellen, fast weißen Licht.

»Picknick!«, kündigt Aschot an. Wir steigen aus, schlendern einige Schritte über diese schöne, erhöhte Stelle, die einen weiten Blick erlaubt, und betrachten ebenso aufmerksam die drei Kreuzsteine direkt vor uns. Aschot öffnet inzwischen den Kofferraum. Das Picknick ist sein Amt. Auf den Steinen breitet er Kostbarkeiten aus: zuerst das *lawasch*, daneben frische Kräuter – Estragon und Schnittlauch –, Schafskäse, eine Handvoll kleinerer Tomaten und auch Gurken. Und nicht zu vergessen: die große Flasche mit Selbstgebranntem.

Kaum sind die Plastikbecher verteilt, der Selbstgebrannte eingeschenkt, als unser Aperitif, stoßen wir an, insgesamt dreimal. Jedes Mal hat Aschot einen anderen Trinkspruch. Und genau wie Wahram bei meiner ersten Armenienreise sich hingestellt und mir erklärt hat: »Ich bin der *tamada*!«, übernimmt an dieser Stelle Aschot das Amt: »Wir trinken, um nicht zu vergessen!«, lautet sein erster Spruch; der zweite: »Damit Gott uns auch morgen noch etwas gibt!«; und drittens: »Auf unseren Planeten!«

Beim Essen unterhält uns Aschot, indem er einen Witz nach dem anderen erzählt:

»Ein Mann trifft einen, der eine Thermoskanne unter dem Arm trägt. ›Was ist das?‹, fragt der Erste. ›Ich weiß doch auch nicht, was das ist. Die Leute sagen, das sei etwas, was Kaltes kühlt und Heißes warm hält.‹ ›Und du, was hast du da drin?‹ ›Drei Kugeln Eis und zwei Tassen Kaffee!‹«

»Ein Mann fängt ein Känguru. ›Was ist das?‹, fragt ihn jemand. ›Das weiß ich nicht.‹ Also fragen die beiden beim Sender Jerewan an. Nach zehn Jahren bekommen sie die Antwort: ›Das ist ein siebzigjähriger Hase!‹«

»Frage an den Sender Jerewan: ›Stimmt es, dass man auf sowjetischen Straßen 120 Stundenkilometer fahren kann?‹ Antwort: ›Ja, das stimmt. Aber nur einmal!‹«

Einen Sender namens Jerewan oder auch ein Radio Jerewan gibt es nicht bzw. hat es nie gegeben. Jedenfalls keinen, der pausenlos dergleichen Witze produziert. Diese Witze kursierten sowohl in Ost wie in West und wurden vor allem durch das sowjetische Hochglanzmagazin »Sputnik« verbreitet.

Aelita sitzt ein wenig abseits auf einem Stein und schaut über das weite Land, das in weißem Licht vor uns liegt. Ich setze mich neben sie. Mich interessieren insbesondere ihre Erfahrungen auf den Reisen nach Westarmenien, in die heutige Türkei.

»Weißt du, Constanze«, erzählt Aelita. »Als ich zum ersten Mal in die Türkei reiste, hatte ich Angst. Aber als ich dann wirklich dort war, zum Beispiel in Ani, drehte sich mein Gefühl: Ich fühlte mich zu Hause. Ja, das war meine Heimat. – Einmal war ich mit einer Gruppe auf dem Nemrut. Das ist ein antiker Ort, der sehr verbunden ist mit unserer armenischen Geschichte.«

Nemrut ist ein Berg im Taurusgebirge. Auf dem Gipfel befindet sich eine große Anlage aus Heiligtum und Grabstätte. Dieses Heiligtum sollte das Zentrum einer neuen Religion werden, in der sich persische und griechische Mythologie miteinander verbinden.

»An diesem Ort zu sein«, meint Aelita weiter, »war für uns alle sehr bewegend. Die Leute in unserer Gruppe, wir waren alles Armenier, verloren regelrecht die Fassung. Plötzlich näherte sich uns eine türkische Gruppe. Es waren junge Männer, vierzig, fünfzig oder mehr. Sie sangen die türkische Nationalhymne. Erst tat ich so, als würde ich sie gar nicht bemerken. Meine Leute waren zum Glück erst einmal völlig mit sich selbst beschäftigt, mit ihren heftigen Emotionen. Aber die Türken kamen immer näher und ich trug ja für unsere Leute die Verantwortung, ich allein. Also ging ich den Türken einige Schritte entgegen und sprach sie zuerst auf Englisch an: ›Nicht weiter! Stopp!‹ Aber sie kamen immer näher. Da schaute ich ihnen direkt in die Augen und sagte in scharfem Ton, jetzt aber auf Armenisch: ›Ihr bleibt stehen, genau dort, wo ihr seid! Fünf Schritte Abstand! Und keinen Schritt weiter!‹

Vielleicht haben sie die Worte nicht verstanden, aber den Ton. Jedenfalls blieben sie, wo sie waren. Sie kamen nicht näher. Ich hatte keine Angst vor ihnen. Plötzlich war so eine Kraft in mir. – Als wir später im Bus saßen und weiterfuhren, sagte einer von unseren Leuten: ›Meinst du, wir hätten nichts mitbekommen? Von nun an nennen wir dich Anahit!‹ Du weißt: Anahit ist die Göttermutter der armenischen Mythologie. Sie ist die Mutter und zugleich die Kriegerin, die ihr Volk schützt.«

Der Tag neigt sich und unsere Exkursion endet auf der Veranda von Aschots Haus. Auch Aschots Frau sitzt jetzt mit dabei und die beiden Nachbarinnen. Die Frauen schauen. Und noch einmal kreist die Flasche mit dem Selbstgebrannten. Dazu gibt es *surtsch,* Weintrauben und Konfekt.

Als ich Aelita für einen Moment zur Seite nehmen kann, frage ich sie, wie ich es nun am besten mit der Bezahlung mache.

»Du gibst den Männern einfach das Geld. Das kannst du auch offen machen. Es ist alles abgesprochen. Weißt du, zuerst wollten sie das Geld gar nicht nehmen. Aber dann habe ich zu Aramajis und zu Aschot gesagt, dass sie in Zukunft nur noch mit mir arbeiten dürfen, wenn sie auch Geld nehmen. Das fällt ihnen schwer. So kennen sie das nicht. In Sowjetzeiten lief das anders. Aber gerade weil die beiden schon älter sind, müssen sie doch auch von irgendetwas leben.«

Zum Schluss möchte mir Aschot unbedingt noch ein Bild seiner Familie zeigen. Er führt mich ins Haus: »Wissen Sie, mein Großvater sieht nämlich genauso aus wie Sie!«

Als ich vor dem Bild stehe, sehe ich einen Mann mit hohen Wangenknochen und großen, abstehenden Ohren.

»Entschuldigung«, sage ich, »aber dieser Mann sieht doch nicht aus wie ich!«

Aschot lässt sich kaum beirren. »Ja«, sagt er. »Aber die Tochter seiner Schwester, die sieht dann genauso aus wie Sie.«

Tag 32 Sammeln

Die Armenier sagen: Fehlt das Brot, verfällt der Körper. Fehlt aber das Buch, dann verfällt die Seele. Der Hunger der Seele ist schädlicher als der Hunger des Körpers. Handschriften und Bücher sind Reichtum und die Nahrung für den Geist.

Matenadaran ist im klassischen Armenischen das Wort für Bibliothek. Es umfasst in seiner Begrifflichkeit darüber hinaus die Sammlung von Schriften sowie die Schreibstube, in welcher die Handschriften in kalligraphischer Meisterschaft entstanden sind. Die Klöster Haghpat und Sanahin besaßen ihr eigenes Matenadaran.

Das Matenadaran in Jerewan ist Bibliothek, Restaurationswerkstatt, Forschungsinstitut für alte Handschriften und Handschriftenmuseum zugleich. Der Fundus gehört zum Unesco-Weltdokumentenerbe. In einem Felsen unweit von Jerewan ist ein atombombensicherer Bunker zur Aufbewahrung der Schriften eingerichtet. Das Matenadaran ist benannt nach dem Theologen und Sprachwissenschaftler Mesrop Maschtots, dem Begründer des armenischen Alphabets. In Armenien wird der Mönchspriester als Heiliger verehrt.

Meine Freundin Christa, die in den 1980er-Jahren in Jerewan als Lehrerin lebte, hatte nach der ersten Reise im Jahr 2000 zu mir gesagt: »Du solltest bei deiner nächsten Reise vielleicht auch Knarik kennenlernen!«

Knarik war emeritierte Professorin, um die Siebzig, unverheiratet, Lehrerin für deutsche Sprache und Literatur und ist, genau wie Melanja, einstige Kollegin von Christa.

Dass Knarik eine energische Person war, erfuhr ich gleich am Telefon: »Sie sind Schriftstellerin und waren noch nicht im Matenadaran?«

Wir trafen uns an der Straßenecke Tumanjan-Abowjan. Von dort aus wollten wir gemeinsam zum Matenadaran gehen.

»Wir müssen noch warten. Aber«, sagte ich zu Knarik, »Wahram Babajan kommt gleich.«

»Was soll dieser Mann?«, regte sich Knarik laut und mit einer heftigen Armbewegung auf. »Wir werden uns nicht in Ruhe unterhalten können!«

»Er ist mein Gastgeber«, versuchte ich zu erklären, »und er begleitet mich überall hin. Er sagt, so sei sie – die armenische Gastfreundschaft.«

Wahram kam, entschuldigte sich freundlich für seine Verspätung, Knarik sagte weiter nichts dazu, und zu Fuß brauchten wir eine ganze Stunde. Wir durchquerten die Stadt, gingen an der Oper vorbei, auch am Gästehaus der Universität, liefen weiter die Maschtotsstraße entlang, an deren Ende sich auf einer Anhöhe dann das Matenadaran befindet.

Der Priestermönch Wardapet Mesrop Maschtots (360–440) bildet im Skulpturenensemble, das vor dem tempelartigen Museum steht, gemeinsam mit seinem Schüler das Zentrum. Dieser Schüler kniet vor ihm. Maschtots selbst sitzt da, bärtig, alt, weise, und zeigt mit der rechten Hand auf eine Tafel hinter ihm. Auf dieser Tafel sind die Buchstaben des armenischen Alphabets in den Stein gehauen. Es sind Buchstaben, welche Maschtots, angepasst an die Phonetik der armenischen Sprache, aus dem bis dahin – durch die Armenier – verwendeten griechischen, dem syrischen und dem aramäischen Alphabet heraus entwickelt hat. Dadurch ergeben sich Ähnlichkeiten. Möglicherweise spielte im Schaffensprozess auch das äthiopische Alphabet eine Rolle. Und obwohl es Verwandtschaften gibt, mit dem kyrillischen, dem koptischen und auch dem lateinischen Alphabet, ist am Ende doch keines dem Armenischen gleich. Seit seiner Schöpfung im Jahr 405 durch Maschtots findet das armenische Alphabet weitestgehend genauso, nur mit wenigen Ergänzungen sowie Änderungen, bis heute seine Verwendung.

Knarik, Wahram und ich erreichten das Matenadaran. Es war Montag und das Haus geschlossen. Das hatten wir nicht bedacht. Knarik regte das erneut auf: »Und nun ist dieser Mann dabei!«, sagte sie zu mir auf Deutsch. Und Wahram stand daneben. »Ich möchte Sie zum Eis einladen. Dieser Mann wird es sicher nicht gestatten. Er wird bezahlen wollen.«

»Aber Sie könnten es doch wenigstens versuchen!«

Knarik musterte mich kurz. Gleich darauf fragte sie Wahram aber tatsächlich. Der hörte sich das an und schüttelte sogleich mit ernster Miene den Kopf. Ich musste lachen. Und endlich lenkte Wahram ein.

»Ihr Lachen hat geholfen«, meinte Knarik.

Wir begaben uns auf die Suche nach einem passenden Platz zum Eisessen. Gleich zu Anfang hatten wir die breite Maschtotsstraße zu überqueren. Wie zu Hause stellte ich mich an den Rand der Straße, schaute nach links, nach rechts und erneut nach links, aber – ich kam nicht hinüber. Zwar waren kaum Autos unterwegs. Diese wenigen aber fuhren ohne jede Rücksicht. Knarik und

Wahram beobachteten mich und lachten – laut und hemmungslos. Knarik wurde noch vor Wahram wieder ernst. Und streng kündigte sie an: »Sehen Sie: So müssen Sie es machen!«

Daraufhin betrat sie mit energischen Schritten die Straße und ging, ohne auch nur einen Blick nach rechts und links zu werfen, geradewegs hinüber. Ich war beeindruckt. Und schon wurde ich energisch am Arm genommen und vom Komponisten – nach ebendieser Methode – über die breite Maschtotsstraße geführt.

Coca Cola hatte seine ersten Schirme unweit der Jerewaner Oper aufschlagen lassen. Aber selbst unter diesen Schirmen war es so heiß, dass unser Eis schnell schmolz.

»In Deutschland vereinigt man sich«, meinte Knarik, »aber hier teilt man sich. Die Sowjetunion ist Geschichte. Karabach. Versuchen Sie das gar nicht erst zu verstehen, sonst werden Sie verrückt. – Das Jerewaner Künstlercafé ist ein Spielcasino geworden. Überall sind Geschäftemacher unterwegs. Und auch unsere Jugend verändert sich. Meine Enkelin sagt nicht mehr: ›Ich möchte gern ein Eis.‹ Nein, meine Enkelin sagt: ›Ich habe nichts dagegen, wenn du mir ein Eis kaufst, ganz gleich welches.‹ – Sekten breiten sich aus. Wer zu einer Versammlung kommt, erhält fünf Dollar. Wohin soll denn das noch führen?«

Knarik erzählte, ich hörte zu und Wahram nickte ab und an, obwohl er doch kein Deutsch verstand. Als wir aufbrachen, bestand ich darauf, wenigstens den Kaffee für alle zu bezahlen. Wahram hatte nichts dagegen und Knarik breitete sogar begeistert ihre Arme aus: »Sie sind eine hochbegabte Schülerin!«

Als Melanja von unserem missglückten Museumsbesuch hörte, meinte auch sie sofort: »Das Matenadaran musst du auf jeden Fall gesehen haben!« Und sie bereitete alles dafür vor – sowohl für mich als auch für zwei weitere deutsche Gäste.

Einen Tag später wartete ich in der Eingangshalle des Matenadaran. Wenige Minuten nach mir betrat das deutsche Paar den

Raum. Die blonde Frau kam zielgerichtet auf mich zu: »Ich bin Edith. Und das ist mein Lebensgefährte.«

Der Lebensgefährte wirkte, schon allein durch das gelockte, graue Haar, etwas älter als sie. Fast zeitgleich öffnete sich nun eine der vielen Seitentüren und Zoja trat auf uns zu. Ihr Sommerkleid war bedruckt mit roten Rosen auf schwarzem Grund. Zoja lächelte, streckte uns die Hand entgegen und schon folgten wir ihr über eine breite Treppe hinauf in die Ausstellungshalle.

In der Ausstellungshalle reihten sich längs der Wände Vitrinen mit Büchern und Schriftstücken. In der Mitte standen weitere Schaukästen. Auf den ersten Blick verlockte mich nichts. Natürlich fielen mir in den aufgeschlagenen Bänden die kräftigen Farben auf, besonders das Rot und das Blau. Die Anfangsbuchstaben der Texte waren als Ornamente gestaltet. Hinzu kamen die Bilder.

»Bei mathematischen Ausführungen gibt es zunächst keine Zahlen; es wird mit Buchstaben gearbeitet«, erzählte Zoja. »Und diese Buchstaben repräsentieren, in ganz bestimmter Weise angeordnet, die Zahlen.«

Zoja erzählte auch über die dargestellten Vögel: Schaute ein Vogel nach innen, brachte er das Christentum nach Armenien. Schaute er nach außen, trug er das Christentum nach außen.

Die Farben waren allesamt Naturfarben, zumeist hergestellt aus Pflanzen. Die Farbe Rot aber wurde aus Tieren gewonnen – entweder aus der getrockneten Kermes-Schildlaus oder aus der Purpurschnecke. Purpurschnecken krochen nur einmal jährlich aus der Erde, und zwar im Herbst, an einem einzigen Morgen zwischen fünf und sieben Uhr, und auch das nicht überall.

Die Mönche, die in den Skriptorien der Klöster gesessen und geschrieben hatten, schrieben, wie ich erfuhr, zumeist auf Pergament, was bedeutete – sogar auf Häuten von Tierembryonen.

Ediths Lebensgefährte kommentierte: »Da hat es sicher jede Menge Schaschlik gegeben!«

Das schwerste Buch der Sammlung wog achtundzwanzig Kilogramm, das leichteste und kleinste neunzehn Gramm. Die Mönche schrieben tage- und nächtelang.

Ediths Lebensgefährte kommentierte: »Ein Computer druckt da deutlich schneller!«

Am Ende des Rundgangs erreichten wir wieder die Eingangshalle und ich fragte irritiert: »Müssen wir denn gar keinen Eintritt bezahlen?«

Zoja schüttelte den Kopf: »Nein, Sie sind meine Gäste.«

Im folgenden Moment wies sie uns noch auf die Kopien von Zeichnungen aus den alten Handschriften hin, ebenfalls mit Naturfarben gemalt. Jedes Blatt kostete zwanzig bis dreißig Dollar.

»Von diesen Einnahmen«, erzählte sie weiter, »kaufen wir dann Benzin, um in die Wälder zu fahren und Pflanzen zu sammeln – einerseits für die Naturfarben, andererseits für die Herstellung von Arzneien nach alten Rezepturen. Möchten Sie unseren Arzt kennenlernen?«

Seine Tür war zwar verschlossen, er selbst aber eilte genau in diesem Moment über den Gang und uns entgegen. Der Arzt war ein etwa vierzigjähriger Mann und wirkte getrieben. Zoja besprach sich kurz mit ihm. Anschließend zeigte er uns sein Labor.

Das Labor war ein selbstgebauter Schuppen, aufgebaut aus Natursteinen und innen durch eine dicke Wachsschicht versiegelt. Wir brauchten bloß einen Trampelpfad neben dem Matenadaran hinaufzugehen.

Der Innenraum war kühl, dunkel und an den Wänden standen Regale voller Kästen, Gläser und Destillierkolben.

Je länger der Mann über seine Arbeit sprach, umso intensiver strahlten seine Augen.

Edith nahm in der Zwischenzeit Zoja zur Seite und besprach etwas mit ihr. Gleich darauf flüsterte mir wiederum der Lebensgefährte zu, dass Edith gerade versuche, Zoja sechstausend Dram zu schenken, also etwa zehn Euro: »So etwas ist hier ein Kunststück. Aber sie wird es schon schaffen!«

Kurz darauf, vom Arzt hatten wir uns in der Zwischenzeit verabschiedet, trat Zoja vor uns und meinte betroffen, sie sei gerade beleidigt worden: »Geld gibt man einem Bettler«, meinte sie. »Wissen Sie das nicht? Da das Geld nun aber schon in meiner Hand liegt, werde ich es an das Museum weitergeben.«

Edith und ihr Lebensgefährte schauten sich lächelnd an, als wüssten sie mehr. Kurz darauf saßen wir unter einem der roten Coca-Cola-Schirme und tranken Kaffee. Ich war neugierig auf Edith und ihren Lebensgefährten.

Beide waren den dritten und damit ihren letzten Monat in Armenien. Sie hatten sich, wie sie sagten, eine Auszeit vom Beruf genommen. Sie war Biologin und Sachbuchautorin und er Lehrer für Mathematik und Physik.

»Wie wir das Leben hier sehen? Nun, mit der deutschen Leistungsgesellschaft ist das alles nicht zu vergleichen. Wenn hier einer sagt, er kann dieses oder jenes, heißt das noch lange nicht, dass er es dann auch wirklich kann. Es herrscht Selbstüberschätzung, besonders bei den Männern. Aber es ist ein sehr friedliches Volk. Allerdings wollen die Leute nicht arbeiten. Wir selbst haben schon einiges angeboten: Autofahrten, kleine Renovierungsarbeiten, die Wartung eines Computers. Erst wird gefragt, wo das sei. Dann wird gesagt, das sei zu weit. Die Leute sind verwöhnt. In den 70er-Jahren haben sie alles bekommen. Und jetzt? Sie begreifen einfach nicht, wo es langgeht. Gut, sie können musizieren, auch malen, vielleicht noch Gedichte schreiben. Aber wissenschaftliche Arbeit kennen sie nicht. Wer hat zum Beispiel als erster die Vögel Armeniens erfasst? Ein Amerikaner. Das spricht doch Bände!«

Ich hörte ihnen zu, zögerte und fragte letztendlich doch noch, woher sie eigentlich ganz genau kämen. Er und sie nannten – »Wir sind sehr flexibel.« – verschiedene Orte: München, Ulm, Stuttgart, Bonn … So tranken wir eine Tasse Kaffee miteinander, bevor wir uns alles Gute wünschten. Ich blieb noch ein wenig allein zurück, auch gern einmal ohne Wahram, und versuchte mich an die Legenden zu erinnern, welche Zoja uns im Matenadaran erzählt hatte. Ich wollte sie mir unbedingt notieren.

Unter allen Umständen wurden die Handschriften als Schätze behandelt, in Tongefäßen oder anders geschützt in der Erde vergraben. Die Erbeutung von Büchern war Teil des Krieges. Die Gegner wussten, welchen hohen Wert die Armenier ihren Büchern beimaßen.

Darüber hinaus ging es um die Erhaltung der Schrift. Mesrop Maschtots hatte das armenische Alphabet entwickelt. Und als die Armenier in die Wüste deportiert wurden, schrieben die Vertriebenen, Ausgehungerten, Gequälten, mit letzter Kraft Buchstaben in den Sand. Denn ihre Kinder sollten die armenischen Buchstaben nie vergessen. Manchmal verwehte der Wind die Schrift. Dann schrieben sie erneut.

Und in allen Gebieten, in denen die Armenier einst lebten, liegen bis heute armenische Handschriften vergraben. So sagt es die Legende. Und diese Handschriften warten nur darauf, gefunden und gelesen zu werden. Der letzte Armenier besitzt den Schlüssel dazu. Er wird die Bücher eines Tages finden und der Welt verkünden, was in diesen Büchern geschrieben steht.

Tag 33 Explodieren

Erstmals, seit sie in Deutschland Familie hat, und das sind schon über fünfundzwanzig Jahre, bleibt Armenuhi ganze vier Wochen in Jerewan. »Es sind viele Vorbereitungen für das kommende Jahr zu treffen«, erklärt sie mir, »zum 100. Jahrestag des Völkermordes an den Armeniern.« Unsere Freundschaft, inzwischen schon über zehn Jahre alt, ist mit der ersten Begegnung beschlossen; praktisch sehen wir uns aber in Abständen von Jahren, und selbst hier in Jerewan, auf deutlich engerem Raum, nur punktuell.

Ein Punkt ist heute Hermines Büro im Haus der Schriftsteller, diesem altehrwürdig erscheinenden Haus, solide aus rotem Tuffstein gebaut. Innen riecht es nach frischer Farbe. Die Wände sind strahlend weiß, die Heizkörper neu und Fenster wie Türen aus dunkelbraunem, massivem Holz.

Ich laufe über die Gänge und begegne keinem Menschen. Nur zu gern würde ich hier zum Beispiel Metakse begegnen. Sie ist Poetin, schon über achtzig Jahre alt, und ihr Name bedeutet – Seide. Ich mag ihre Gedichte. Einige davon durfte ich ins Deutsche übertragen. Und so ist in ihrem Gedicht »Eigenart« unter anderem die folgende Passage über ein armenisches Ich zu lesen:

... Es wird erzählt, am Tage meiner Geburt / gab es Gebete und Messen, / und im lichten Schoß unserer Sieben Wunden / taufte mich der Pfarrer mit einem Kreuz, / welches das Gesicht trug von Maschtots, / und welches mich, mit der Stimme von Komitas, segnete. / Mag ich unansehnlich sein, / mag ich hässlich sein, / mag ich nur Hälfte sein des armenischen Ganzen, / ich bleibe, wer ich bin, / ich, der ich auf dieser Erdkugel / keinem anderen gleiche, / weder durch meine Schriftzeichen und mein Alphabet, / noch durch meine Muttersprache, / durch die tiefen Falten meines Geistes ...

Kaum bin ich in das Büro eingetreten, sage ich zu Hermine: »Ich möchte so gern Metakse kennenlernen.«

Hermine greift sofort und ohne jede Nachfrage nach dem Telefonhörer. Zwar wirkt das schwarze Telefon nostalgisch, mit runder Wählerscheibe und Ablagegabel für den Hörer, aber es funktioniert. Hermine ruft Lilit an, Metakses Tochter. Hermine spricht sehr leise in die schwarze Muschel hinein, immer auch etwas verzögert.

»Wenn Metakse wieder in Jerewan ist«, fasst Hermine ihr Telefonat anschließend für mich zusammen, »könnt ihr euch treffen. Momentan ist sie noch auf dem Dorf, im Haus ihrer Familie. Sie ist ein bisschen krank. Aber sobald sie gesund ist, kommt sie zurück nach Jerewan. – Metakse«, fügt Hermine noch hinzu, »ist eine besondere Dichterin. Sie besitzt auch einen sehr speziellen Humor. Ein Beispiel: Als die Zeiten bei uns so sehr schlecht waren, in den neunziger Jahren, nahm sie an einer großen Versammlung teil. Da waren viele Akademiker und Künstler zusammengekommen. Alle waren so müde und viele hoffnungslos. Und plötzlich klagte Metakse laut in die Menge der Versammelten hinein: ›Also, wenn ich mir unsere Männer hier so ansehe, komme ich nicht einmal mehr auf andere Gedanken. In diesem Land muss sich unbedingt etwas verändern!‹«

Hermine holt jetzt aus der unteren Schublade ihres Schreibtischs wieder den Teller mit dem Konfekt hervor. Anschließend kippt sie Wasser in den Kocher, steckt den Stecker in die Dose, öffnet die Tüte mit dem Kaffeepulver und erzählt begeistert: »Am Wochenende war ich in Karabach. Es gab ein Poesiefestival. Bist du inzwischen schon in Karabach gewesen?«

Karabach. Noch immer überlege ich, aber bisher hat es sich nicht gefügt.

»Wie war es?«, frage ich also.

»Es war sehr schön. Auch ein besonderer Mann war mit dabei, Serge Venturini. Er lebt in verschiedenen Dimensionen. Er spricht über die Vergänglichkeit des menschlichen Seins. Kann man das so sagen? Und dann gibt es noch das, was er ›transvisible‹ nennt. – An der Grenze nach Karabach jedenfalls mussten wir über eine Stunde warten – wegen einer Militärübung. Wir hörten auch Schüsse. Aber dieser Serge hat nur gelächelt und gemeint: ›Oh, eine andere Dimension!‹.«

Tigran ist noch nicht da und sein Computerplatz frei. Wer ist Serge Venturini? Ich nutze die Gelegenheit im Internet, um bei Wikipedia nachzuschauen: Er ist ein französischer Dichter, sein Thema ist die Vergänglichkeit des menschlichen Seins. Er hat sich sowohl mit Sajat Nowa beschäftigt als auch mit Jeghische Tscharents. Außerdem beschäftigt er sich mit der »Poesie des Postmenschlichen« sowie mit der »Poesie des Zwischenmenschlichen«. Transvisible – das ist seine Theorie vom Übergang zwischen dem Sichtbaren und dem Unsichtbaren. Und dieser Übergang lasse im Bruchteil einer Sekunde eine Erscheinung zur Wirklichkeit werden.

»Du musst in Karabach keine Angst haben«, versichert mir Hermine noch einmal. »Auch ich hatte keine Angst. Alles ist dort ganz normal.«

Genau in diesem Moment explodiert der Wasserkocher. Es knallt einmal kräftig und zischt dann laut. Hermine springt auf, läuft zum Gerät und zieht den Stecker aus der Dose. Erschrocken, wie wir sind, müssen wir lachen. Das Thema Karabach ist erst einmal gestorben.

»Weißt du«, sagt Hermine leise, »ich hatte immer den Traum, eines Tages ins Ausland zu fahren und dort an einem Poesiefestival teilzunehmen. Das war ein wirklich großer Traum von mir. Noch nie bin ich vorher im Ausland gewesen, bis ich nach Italien eingeladen worden bin. Jetzt fahre ich außerdem noch zu einem Festival nach Rumänien. Ich hielt das zwar alles nicht für möglich, habe es mir aber trotzdem immer wieder vorgestellt. Der Traum hat sich erfüllt.«

Armenuhi betritt das Büro. Und kaum ist sie da, die untersetzte, quirlige, strahlende, herzliche und energische Person, beginnt sie mit der Arbeit. Mit ihrer übergroßen Brille steht ihr die Arbeit regelrecht ins Gesicht geschrieben. Armenuhi spricht sehr schnell. Genauso arbeitet sie auch, mit hoher Konzentration. Und je höher konzentriert sie ist, umso röter werden ihre Wangen. Diese Frau ist ein Phänomen.

Es geht um das Projekt »Eine Handvoll Asche«. Das ist auch der Titel des Buches, das entstehen soll. »Es sollen die Werke von armenischen Schriftstellern, die während des Genozids umgekommen sind, neu herausgegeben und in verschiedene Sprachen übersetzt werden«, erläutert sie es mir noch einmal. »Auch ins Deutsche.«

Kurz darauf sind die beiden mitten in der Arbeit. Armenuhi spricht der Einfachheit halber mit Hermine gleich auf Armenisch. Ich bin dabei, höre ihrem Gespräch zu wie einer Musik, einem lebhaft fließenden Wasser, und schiebe mir ein Konfekt nach dem anderen in den Mund. Plötzlich fragt mich Armenuhi nach Karabach.

»Ich überlege noch«, sage ich.

»Denn weißt du«, meint Armenuhi, »auch ich überlege noch. Die Universität von Stepanakert hat angefragt. Aber ich möchte nicht allein fahren. Noch dazu wäre es kurz vor meinem Rückflug. – Vielleicht fahren wir zusammen?«

»Vielleicht«, sage ich, denke aber sofort wieder an den Wasserkocher und an die Explosion.

Als schließlich Tigran das Büro betritt, ergibt sich eine weitere Wendung in der Frage Karabach. Denn auch Tigran liebt Karabach sehr, fragt mich jetzt aber, ob ich am Wochenende – und das würde vor meinem Rückflug das letzte Wochenende in Armenien sein – nicht mit nach Oschakan kommen wolle. An dem Namen Oschakan gefällt mir vor allem, dass ich ihn letztens gerade gehört habe. Das nehme ich als gutes Zeichen.

»Dort, in Oschakan«, wirbt Tigran weiter für ebendiese Fahrt, »gibt es ein Fest für Mesrop Maschtots! Die Schriftsteller und Übersetzer von Jerewan fahren dorthin. Ich selbst kann nicht mit dabei sein. Aber es sind alles sehr sympathische Kinder. Fährst du mit?«

An sich ist es schon entschieden.

Tag 34 Sterben

*etakse:*

Jede Nacht

Ich sterbe wieder, jede Nacht, / mit Hoffnung auf Wiedergeburt, / ich sterbe lebendigen Tod, / in der Tiefe meiner Träume. / Die Welt aber bleibt, wie sie ist. / Die fliehende Träne bleibt Tau. / Bodenlos stirbt immer die Nacht / brillierend, im nächsten Morgen. / Stern bleibt Stern und der Mond bleibt Mond. / Und auch ich bleibe, wer ich bin. / Nur flüstert da jemand dir zu, / von den Sternen her, über mich, / es gäbe hier noch eine Frau, / und auch die sterbe Nacht für Nacht, / und ihre auferstandene Seele / verstreue Liebe in der Welt.

Das seien alles sympathische »Kinder«, hatte Tigran zu mir gesagt. Und dass es immer Spaß mache, mit ihnen unterwegs zu sein, erst recht nach Oschakan. Denn Mesrop Maschtots sei ein Heiliger; und für die armenischen Schreibenden sei er doppelt heilig.

Dieser 11. Oktober ist ein sonniger Samstag. Der Kleinbus ist voll besetzt. Außer Hermine kenne ich hier keinen. Wir sind unterwegs nach Oschakan, einer kleinen Ortschaft, knapp dreißig Kilometer von Jerewan entfernt.

Die »Kinder« sind unterschiedlich alt und, bis auf eine Ausnahme, allesamt jenseits der Fünfzig. Und tatsächlich sind sie mir, ganz gleich ob Mann oder Frau, auf den ersten Blick durchweg sympathisch. Aber vielleicht bin ich auch einfach nur in nostalgisch verklärter Stimmung. Denn ich fühle mich erinnert an die eigenen Zeiten, da der Schriftsteller im besten Falle Seismograph unseres Lebens gewesen war, sein Wort dringend erwartet und sehr genau genommen wurde, sowohl von der Zensur, als auch von uns, den Lesern. Wir bedurften feinnerviger Schriftsteller, die sahen, was andere nicht sahen, und direkt oder zwischen den Zeilen aussprachen, was andere nicht auszusprechen wagten. Das erschien uns als ein wichtiges Amt und trieb einerseits den Schriftsteller an, zu schreiben, und trieb andererseits uns an, genau zu lesen. Das Wort besaß, wenn ich mich richtig an meine Zeit als junge Frau erinnere, einen hohen Wert.

Ich sitze neben Hermine, schaue mich unter den Leuten im Bus um, und werde umgekehrt genauso gemustert. Wir sind Kollegen und gleichen uns auf den Punkt.

»Ist vielleicht Metakse auch mit dabei?«, frage ich. Der Gedanke allein an diese Möglichkeit stimmt mich euphorisch.

Hermine schaut mich vielsagend an, sagt aber nichts.

»Was ist?«, wundere ich mich. »Wo liegt das Problem?«

Hermine verlängert die Pause noch, hält aber über die Augen Verbindung zu mir. Schließlich sagt sie leise, ja, vorsichtig: »Kurz nach unserem Anruf ist Metakse gestorben.«

»Ach«, sage ich erst einmal nur.

Hermine und ich sitzen nebeneinander. Längere Zeit gehen wir, jede für sich, den eigenen Gedanken nach. Wir sagen erst einmal nichts. Ich habe das Gefühl von Verlust. Dabei habe ich Metakse persönlich nie kennengelernt. Möglich aber auch, genau das ist für mich dieser Verlust.

Jerewan liegt hinter uns. Wir fahren über Land, durch Aprikosen- und Apfelbaumplantagen, an vertrocknetem Grasland vorüber, übersät mit Steinen. Unsere Gespräche werden vom Motorengeräusch geschluckt.

»Früher war ich sehr verschlossen«, beginnt Hermine das Gespräch nach angemessener Zeit wieder. »Vielleicht war das nicht gut. Inzwischen habe ich viel gelernt. Zum Beispiel von Ter Aspet. Im vergangenen Jahr waren wir bei ihm im Kloster Haghpat. Wir waren eine ganze Gruppe. Einige meiner Freunde studieren Theologie. Und wir sind in die Dörfer rund um Haghpat gefahren und haben Projekte mit den Kindern gemacht. Haghpat ist ein geistvoller Ort, vor allem für uns Poeten; und Ter Aspet ist ein sehr guter Mönch. – Auch von Armenuhi habe ich viel gelernt. Sie ist so präsent, so aktiv. – Ich glaube, ich muss einfach mehr nach außen gehen, nicht immer so zurückhaltend sein. – Weißt du, ich hatte begonnen, Mathematik zu studieren. Es hat sich nicht erfüllt. Zuerst war ich deshalb unglücklich. Heute aber ist die Literatur meine Welt.«

Wir erreichen Oschakan. Der Kleinbus kurvt durch die engen, staubigen Straßen und kommt dabei immer näher an die Mesrop-Maschtots-Basilika heran. Als der berühmte Mönchspriester im Jahr 440 starb, wurden seine sterblichen Überreste nach Oschakan gebracht. Denn hier wohnte ein guter Freund von ihm, der Fürst Wahan Amatuni. Über Mesrops Grabstätte wurde zunächst nur eine kleine Kapelle gebaut und erst im 19. Jahrhundert dazu diese Basilika.

Es herrscht Jahrmarktsstimmung. Seitlich des Weges sind Verkaufsstände aufgebaut. Viele der Menschen stehen noch vor der Basilika, darunter auch viele Kinder. Es sieht aus, als würden sie anstehen. In kleinen Schritten kommen wir voran. Das System bleibt mir unklar. Mit den Schreibenden gekommen, halte ich mich an Hermine.

Einer der Schriftsteller, ein hagerer, freundlicher Herr, fragt mich nach meinem Namen. Er selbst ist Lyriker. Und seine Freundin, eine sehr attraktive junge Frau, schreibt nicht nur Gedichte, Geschichten und Romane, sondern übersetzt das alles auch noch. In jede Richtung sucht sie den Kontakt.

Eine etwas korpulente, zugleich sehr bewegliche Frau ist die Herausgeberin einer Zeitschrift für Kinder. Sie versucht, etwas mit mir auszuhandeln. Aber in diesem Bereich verfüge ich über keine Kontakte und recht bald zieht sie sich wieder zurück.

Edward Militonjan ist eine bejahrte und respektable Gestalt, wie Chatschik sagen würde. Er ist der Vorsitzende des armenischen Schriftstellerverbandes und verteilt jetzt unter uns weiße Lilien.

»Wer bist du?«, werde ich inzwischen von einem der Kollegen gefragt. »Woher kommst du? Was schreibst du? Sprichst du Englisch?« Und ein nächster, auch er schon etwas älter, stellt erfreut fest: »Wie gut, dass du auch Russisch sprichst!« Eine hochbetagte Dame mit schwarz gefärbten Haaren führt wiederum aus: »Ich spreche Deutsch. Ich habe es in der Akademie in Bulgarien gelernt.«

Das nehme ich gerade auf, während die nächste mindestens ebenso alte Dame bereits beginnt, mir von ihrem Sohn zu erzählen, der in Deutschland lebt: »Es ist sehr schön in Deutschland. Aber ich möchte die Enkelkinder wiedersehen. Wenn sie so weit weg leben, ist das schwer. Sie wachsen ohne Großeltern auf.«

Inzwischen formiert sich unsere Gruppe in Richtung Basilika. Ab und an gehen wir einen nächsten Schritt. Dann stockt die Bewegung aufs Neue. Woran das liegt, ist nicht zu erkennen. Keiner stört sich daran. Einer der Herren, ebenso Schriftsteller, schaut mich an und sagt heiter auf Russisch: »Ich liebe dich!« Da ich mich zwar bedanke, aber nicht weiter darauf reagiere, sagt er nun zu Hermine: »Ich liebe diese Frau!«

Und Hermine meint lachend: »Das ist gut.«

Vor der Kirche versammeln sich Kinder, die meisten in weißen

Blusen und in weißen Hemden. Und, befestigt an glänzenden roten Bändern, hängen den Jungen wie den Mädchen gebackene Buchstaben um den Hals. Mir wird erklärt, dass das Fest zu Ehren von Maschtots zugleich das Fest des armenischen Alphabetes ist.

Durch die offene Tür kann ich inzwischen sehen, wie dicht gedrängt die Menschen in der Basilika stehen. Sie stehen bis zum Eingang, schauen in Richtung Altar. Alles ist mit allem verbunden. Das Fest ist eine einzige Messe.

Die Gruppe der Schriftsteller und Übersetzer umfasst geschätzt fünfzig bis sechzig Personen. Ich habe nicht nachgezählt, vermute aber den Anteil von Männern und Frauen als annähernd gleich. Inzwischen haben wir den Seiteneingang der Kirche erreicht, treten ein und schieben uns, einer nach dem anderen, durch die Menge in der Basilika so weit hindurch, dass wir die Treppe erreichen, die rechts von der Empore hinunter in Maschtots Grabkapelle führt. Auf der Empore singt einer der Priester, ein nächster schwenkt das Weihrauchfass und ein dritter segnet ein Buch.

Direkt unterhalb der Empore steht der Chor. Ich sehe plötzlich mittendrin Susanna, entdecke gleich darauf neben ihr Gohar. Tir schreibt seine Geschichte mit uns weiter und sie – mitten in der Menge stehend, einzig und allein auf die Liturgie konzentriert – bemerken mich nicht.

Dafür höre ich – inzwischen auf dem Weg hinunter in die Gruft, in der Maschtots liegt – Gohar singen, Gohar Harutjunjan – Sängerin der Gruppe Oschakan. Sie muss es sein. Denn ihre Stimme trägt vieles mit sich. Mich berührt ihr Gesang. Und so begleitet steige ich zu dem Heiligen wie zu dem Gelehrtenpriester Maschtos hinab, eine weiße Lilie in der Hand.

Unten in der Gruft ist es außerordentlich eng. Einer schiebt sich am anderen vorbei. In der Ecke steht ein Kameramann mit großem Gerät und filmt. Ich lege die langstielige weiße Lilie ab und schiebe mich, oder ich werde geschoben, durch die Menge wieder treppauf. Auf der Grabplatte häufen sich die Blumen weiter – Lilien, Nelken, Rosen. Am Abend werde ich im armenischen Fernsehen sehen, wie Edward Militonjan beim Ablegen seiner Lilie auf Maschtots Grab gefilmt worden ist.

Wieder oben angekommen, versammeln wir uns im Bereich zwischen Basilika und dem Haus der Armenisch-Apostolischen Kirche. Der Kameramann ist uns gefolgt und filmt nun noch ein Interview, das sein Kollege mit Militonjan führt.

Auch als sich die Schriftsteller und Übersetzer im Versammlungsraum der Kirche zusammenfinden, sind die Journalisten samt ihren Kameras dabei. Hinter dem Präsidium sitzt mit starrer Miene ein Priester, bärtig und in schwarzer Soutane. Er sitzt dort wie ein Wächter.

Kaum ist auch Edward Militonjan zum Präsidium getreten, erhebt sich der Geistliche, betet mit den Anwesenden das Vaterunser, spricht einige Worte der Begrüßung und überlässt anschließend den Raum völlig den Schriftstellern und Übersetzern, ihren Reden, Lesungen und Preisverleihungen.

»Zuerst waren wir ohne Schrift. Mesrop Maschtots hat sie uns gegeben«, heißt es da. »Unsere Sprache ist unser Haus.« Und nicht zuletzt: »Wir müssen wissen von unserem Schatz.«

Schließlich sind die Preise übergeben, die Reden gehalten und die Gedichte rezitiert. Bis zum Festessen bleibt uns noch ein wenig freie Zeit. Hermine und ich spazieren durch den Garten mit den armenischen Buchstaben. Wie bei *chatschkaren* das Kreuz sind hier nun sämtliche Buchstaben des armenischen Alphabetes mannshoch in roten Tuffstein gemeißelt. Jeder Buchstabe hat seinen Stein. Unter den halbhohen Bäumen ergibt das ein steinernes Buchstabenfeld, über das wir spazieren.

Der Buchstabe A ist nicht allein der Buchstabe, mit dem das armenische Alphabet beginnt, sondern zugleich der Buchstabe, mit dem auch das Wort für Gott beginnt: *Astwats*. Auch: A wie *arew*, Sonne oder wie *azatutjun,* Freiheit.

Und in eben diesem Sinne endet das armenische Alphabet mit dem Buchstaben K, dem Buchstaben, mit dem das Wort *Kristos* – für Jesus Christus – beginnt. Dieses eigene Alphabet ist Zeichen des Überlebens als Armenier im Laufe einer wechselvollen Geschichte.

Ich erinnere mich in diesem Zusammenhang auch an eine Anekdote, die Andrej Bitow in seinen »Armenischen Lektionen« festgehalten hat:

Als die Sowjetmacht, so wird erzählt, freigiebig nach rechts und links das Kyrillische austeilte, um den zahllosen Sprachen des Imperiums, die noch keine Schrift hatten, ein Alphabet zu verschaffen, sei ein solcher Vorschlag auch in Armenien eingegangen. Die Aufklärer waren betreten, als eine Absage eintraf – haben wir schon.

»Wann habt ihr das denn geschafft?« – »Ach, im 5. Jahrhundert«, entgegneten die Armenier süffisant.

Die Zubereitung eines Essens braucht in Armenien sehr viel Zeit. Die Männer schlachten die Tiere und bereiten das *chorowatz* zu, Schaschlik auf Armenisch. Alles andere bleibt Sache der Frauen. Und genau wie die Zubereitung eines Essens Zeit braucht, wird dann auch langsam und gern gegessen. Vor dem Beginn des Essens wird nicht unbedingt extra gebetet. Denn sowohl die Zubereitung als auch das Essen selbst sind schließlich ein einziges, langes Gebet. Deshalb gehört zu allem, was den Armeniern wichtig ist, ein üppiges Essen mit dazu – wie Segen und Gebet zugleich.

Der Oschakaner Speiseraum ist mit dem in Haghpat nicht zu vergleichen. Die Räume hier sind solide gebaut, frisch renoviert und von den Decken hängen vergoldete Kronleuchter, besetzt mit weißen Edelsteinen.

Unter den prächtigen Kronleuchtern sitzt nun die muntere Gesellschaft der armenischen Schriftsteller und Übersetzer. Auf den langen Tafeln scheint es an nichts zu fehlen: *lawasch*, Fladenbrot, Schafskäse, Schüsseln mit gekochten Kartoffeln, Platten mit

Rippchen, Petersilie, Schnittlauch, Estragon, Äpfel, Pfirsiche, Weintrauben ... Dazu gibt es Krüge mit Wasser oder auch selbstgemachtem Apfelsaft, große Plastikflaschen mit selbstgemachtem Wein und Selbstgebranntem.

Und es gibt zwar in dieser Runde keinen *tamada*, dennoch jede Menge Trinksprüche. Schriftsteller und Übersetzer haben immer etwas zu sagen, Frauen wie Männer. Zuerst dankt Edward Militonjan im Namen seiner Leute dem Gastgeber, dem Priester von Oschakan. In der Folge erlebe ich erstmals in Armenien, dass ebenso Frauen aufstehen, ihr Glas erheben und einen Trinkspruch ausbringen auf das, was ihnen wichtig erscheint. Inhaltliche Unterschiede zu den männlichen Kollegen vermag ich nicht festzustellen. Aus Respekt vor mir als dem Gast wird Russisch gesprochen. Immer geht es um das Wort und das Buch. Und mancher nimmt sich, menschlich wie er ist, vielleicht auch etwas zu wichtig. Dadurch kommt es, sogar hier unter dem Dach der Kirche, zu kleinen, verbalen Rangeleien.

Ein Trinkspruch kehrt dabei allerdings immer wieder: »Unsere Sprache ist ein Unikat«, sagen sie. »Und wir sind ein kleines Land. Ohne Übersetzungen könnte die Welt nie von unseren armenischen Dichtern erfahren; und umgekehrt könnten auch wir nichts erfahren – von der Welt.«

Tag
35
Verstehen

Um auf Satenik zu sprechen zu kommen, die weder Schriftstellerin noch Übersetzerin ist, dennoch aber mit den Sprachen eng verbunden, muss ich noch einmal in der Zeit zurückgehen, und zwar genau auf den 26. September.

Der 26. September ist der Europäische Tag der Sprachen. Melanja hat mich eingeladen. Und daraufhin sitze ich schließlich mit im Festsaal des Pädagogischen Instituts Jerewan, in der ersten Reihe.

Der Raum ist mit roten Luftballons geschmückt. Neben mir sitzt eine junge, blonde, sehr sympathische Frau, die auch Deutsch spricht. Das ist Satenik. Mehr rückt Satenik an dieser Stelle nicht ins Zentrum, denn das Zentrum bleibt zweifellos der Tag der Sprachen und damit auch Melanja, die die organisatorischen Fäden zieht.

»Mit diesem Fest soll unsere Studentenschaft an die Tendenz der Mehrsprachigkeit herangeführt werden«, hat Melanja mir bei einem unserer vielen Gespräche erklärt. »Wir möchten unseren Studenten nahebringen, nicht nur eine Fremdsprache zusätzlich zu erlernen, sondern mindestens zwei Fremdsprachen. Und darin besteht die Philosophie dieses Tages.«

Der Tag der Sprachen am 26. September geht auf eine Initiative des Europarates zurück. Seit 2001 ist Armenien hier Mitglied.

Vor Beginn der Veranstaltung gibt es einige Probleme mit der Technik: Mikrofonanlage, Laptop, Beamer sowie Lichtanlage sind technisch zwar miteinander verbunden, arbeiten momentan aber nicht miteinander. Die Stimmung ist etwas gereizt: Wer kann den Fehler finden und das Problem beheben?

Die Jüngeren sind gefragt. Und hier am Pädagogischen Institut sind das vor allem junge Frauen. Endlich hebt eine von ihnen die Hand und gibt das erlösende Zeichen. Das Fest kann beginnen.

Melanja begrüßt. Und im Programm sprechen die Studenten dann Russisch, Englisch, Französisch, Spanisch, Georgisch und auch Deutsch; Kinder imitieren die Sprachen der Tiere und Schillers Ode an die Freude, mit der Musik von Ludwig van Beethoven, die Hymne des Europarates erklingt. Als Europahymne bleibt sie instrumental, die beiden ersten Strophen werden anschließend aber durch zwei Studentinnen auf Deutsch vorgetragen: »Freude, schöner Götterfunken, Tochter aus Elysium ...«

»Ich wurde in Jerewan geboren«, hat mir Melanja bei unserem letzten Treffen noch erzählt. »Ob ich Lehrerin werden wollte? Nun, vielleicht nicht so sehr Lehrerin. Aber die Vorliebe für die deutsche Sprache habe ich schon sehr früh gespürt. Unsere Familie hatte gute Bekannte. Es waren zwei aristokratische Frauen, die noch aus dem alten Russland kamen. Sie haben Erzählungen und Märchen auf Deutsch gelesen. Bei ihnen habe ich die deutsche

Sprache bereits mit sechs Jahren gehört und von Anfang an geliebt. Deshalb habe ich Germanistik studiert.«

Wer in Jerewan die deutsche Sprache studiert hat oder noch studiert, der kennt Melanja, die Professorin. Sie ist sehr streng, aber die Ergebnisse können sich sehen lassen.

Als ich Melanja bereits bei meiner ersten Reise im Jahr 2000 traf, war sie für mich eine schon etwas ältere Frau. Seitdem hat sie sich kaum verändert, auch äußerlich nicht. Dabei erkrankte sie zwischenzeitlich schwer. Heute agiert sie scheinbar wie immer – energisch, streng, sachkundig. Die Frau ist für mich ein Rätsel. Worin liegt der Kern ihrer inneren Stabilität?

»In Sowjetzeiten wurde in sehr vielen Schulen Deutsch unterrichtet. Nach der Umwandlung wurde alles durch Englisch verdrängt. Dadurch gibt es Deutsch praktisch nur noch an wenigen Schulen. In den Landkreisen Sewan, Artaschat und Martuni ist die deutsche Sprache allerdings bis heute gut vertreten. – Insgesamt nimmt die Mehrsprachigkeit, der Multilinguismus, zu. Deshalb werden nicht selten in einer Schule verschiedene Fremdsprachen gelehrt. Russisch ist obligatorisch ab der zweiten Klasse. Anschließend dominiert Englisch als die zweite Fremdsprache. – Was ein guter Sprachenlehrer braucht? Also erst einmal die Liebe. Ein guter Lehrer soll Kinder lieben. Dieser Gedanke ist schon sehr alt. Das ist keine neue Entdeckung. Neu aber sind die modernen Konzepte, Methoden, Strategien ... Da hat sich vieles bei uns verändert. Zum Beispiel ist es wichtig, nicht jede Schulstunde zu beginnen mit: ›Wer hat heute Klassendienst? Und wer fehlt?‹ Besser ist es, spielerisch zu beginnen, damit die Kinder in die Gleise der Fremdsprache kommen. Man kann etwas Interessantes aus der Politik besprechen, durchaus auch solch ungute Dinge wie Ebola. Es geht um die Fremdsprache als ein Instrument der Kommunikation, der Interaktion. Es geht um das wirkliche Lernen, das Real Learning, und um die Motivation dazu. – Mesrop Maschtots ist unser Bildungsgott. Er war nicht allein ein berühmter, wie wir heute sagen, Sprachwissenschaftler. Er war in allen Bereichen hochgebildet. Und dass er uns mit dem armenischen Alphabet eine eigene Schrift gebracht hat, im 5. Jahrhundert, das war für uns Armenier mehr als ein Stück Brot. – Mesrop Maschtots hat unserer sehr alten Kultur mit der Entwicklung des armenischen Alphabets einen mächtigen Stimulus gegeben für die weitere Entwicklung, der Literatur wie der Kultur insgesamt. – Hinzu kommt das Christentum. Auch das Christentum hat dazu beigetragen. Wir sind ein sehr altes Volk, älter als die Römer. Dank der ungeheuer schwierigen Aktivitäten der Priester und sehr vieler Leute konnten wir unsere geistigen Schätze bewahren.

Nach der Sowjetmacht und nach dieser Umwende – oder sagt man Wende? – wurde auch die Kirche wieder legitim. Die neugeborenen Kinder wurden wieder getauft, ganz offiziell. Es gab nichts mehr zu verheimlichen. Und unter den neuen Bedingungen dürfen die Priester auch jederzeit ihr Gewand tragen. Es gibt Schulen, die direkt unter dem Schirm der Kirche stehen, zum Beispiel in Edschmiatzin. An jeder unserer armenischen Schulen wird darüber hinaus Religion gelehrt, und übrigens auch Schach. Schach gehört zu Armenien.

Heutzutage ist unsere Bevölkerung nicht mehr homogen. Heutzutage haben wir die einen, die sehr reich sind, und alle anderen sind es nicht. Wir haben beispielsweise pensionierte Leute, die unter sehr schlechten Bedingungen leben müssen.

Momentan verändert sich Jerewan. Bei den Schülern fällt das nicht so auf. Aber ich frage mich immer, wie es kommt, dass die Bevölkerung dennoch so anständig aussieht, so gut gekleidet ist. Ist dir das nicht aufgefallen? Dabei gibt es sehr viele Familien, die materielle Hilfe brauchen. Und es gibt ein neues soziales Phänomen – *bombsch*. Das Wort kommt aus dem Französischen. Das hatten wir früher nie, dass diejenigen, die nichts haben, Obdachlose, Bettler, sich Sachen aus den Mülltonnen fischen. Aus den Mülltonnen!«

Während des Festes der Sprachen sitzt Satenik also neben mir. Und sie übersetzt für mich, leise, unauffällig, ganz selbstverständlich. Ich frage sie, ob auch sie hier am Pädagogischen Institut arbeitet. Satenik schüttelt den Kopf: »Nein, ich arbeite am Nationalen Institut für Bildung, beim Bildungs- und Wissenschaftsministerium, in Jerewan. Meine Aufgabe ist die Entwicklung von Lehrbüchern und methodischen Hilfen, speziell im Deutschunterricht. Außerdem unterrichte ich an der Universität in Gawar. Vielleicht möchten Sie unsere Universität kennenlernen? Jedes Wochenende fahre ich nach Gawar.«

»Wo liegt Gawar?«, frage ich.

»Gawar ist eine Stadt«, sagt Satenik, »und sie liegt direkt am Sewansee.«

Aserbaidschan
Ltschaschen
Noratus
Gawar
Sewansee
Jerewan
Jeghegnadsor
Nachitschewan

MAMA!

Sewansee
Gawar
Staatliche Universität Gawar
Noratus
Ltschaschen
Kloster Hajrawank

Tag 36 Stricken

Der Sewansee gehört zum Ausflugsprogramm der Armenier, und damit auch zum dem ihrer Gäste. Einmal im Leben im Sewansee gebadet zu haben, entspricht einer Weihe. Dafür werden die gefährlichen Unterströmungen gern vernachlässigt und das kalte Wasser hingenommen. Die Fische aus dem Sewansee – ob nun Forellen oder Karpfen – sind köstlich und sollten am besten in Wasser gekocht werden, welches ebenfalls aus dem Sewansee stammt.

Der Sewansee ist der größte Süßwassersee im gesamten Kaukasus. Er besitzt eine Länge von achtundsiebzig Kilometern, eine Breite von sechsundfünfzig Kilometern und er liegt auf einer Höhe von etwa eintausendneunhundert Metern. Achtundzwanzig Flüsse münden in den Sewan, aber nur ein einziger entspringt hier – der Hrasdan.

Das Wasser dieses Sees wird sowohl für die Bewässerung als auch seit 1936 zur Stromerzeugung genutzt. Dadurch wird mehr Wasser entnommen als zufließt und der Wasserspiegel sinkt, bisher um zweiundzwanzig Meter. Das hat zur Folge, dass sich die beiden Klosterkirchen von Sewan nicht länger auf einer Insel befinden, sondern inzwischen auf einer Halbinsel. Die Strände sind breiter geworden, und archäologische Ausgrabungen waren an Orten möglich, die bis dahin unzugänglich unter Wasser gelegen hatten. Die Gegend gilt als seit der Bronzezeit bewohnt.

Zum ersten Mal bin ich vor Jahren mit Wahram und der Familie am Sewansee gewesen, habe in diesem kühlen Wasser gebadet und bin also sewan-geweiht. Eine alte Legende erzählt von der Entstehung des Sewansees:

Ein Mädchen holte Wasser. Die Quelle befand sich in fast zweitausend Metern Höhe und in der Nähe eines Kraters. Dieser Krater stammte von einem erloschenen Vulkan. An der Quelle füllte das Mädchen nun ihre Krüge. Und als sie davonging, schaute sie nicht zurück. Aber sie hatte vergessen, die Quelle zu verschließen. Das Wasser lief unaufhörlich weiter, der Krater füllte sich und der Sewansee entstand.

Mein Fahrer heißt Arthur. Armenuhi hat ihn mir vermittelt: »Arthur ist zuverlässig. Und er spricht Russisch«, hat sie gesagt.

Gestern bin ich in Oschakan gewesen. Und heute, am Sonntag, fahre ich in aller Frühe nach Gawar.

Arthur lenkt seinen Wagen ruhig und gelassen. Ebenso ruhig und gelassen spricht er übrigens auch – langsam und ohne besondere Betonung.

»Sie fahren sehr ruhig«, merke ich an. »Genauso hat Armenuhi Sie mir empfohlen.«

Arthur antwortet nicht sofort. Erst als wir an der nächsten Ampelkreuzung zum Stehen kommen, sagt er: »Ja, so bin ich. Ich hupe auch nie. Denn das könnte jemanden stören. Vielleicht ist ein Mensch krank. Oder ein anderer hat in der Nacht gearbeitet und muss am Tag schlafen. Selbst in einer so großen Stadt wie Jerewan muss es nicht laut sein.«

Wir stehen bei Rot an der Ampel, auf der mittleren von drei Spuren, und haben Jerewan noch nicht verlassen. Inzwischen erkenne ich die Strecke wieder: Es ist die Richtung nach Abowjan.

Kaum schaltet die Ampel auf Grün, fahren links und rechts von uns die Wagen los. Nur wir kommen nicht vom Fleck: Arthurs Wagen springt nicht an. Die Autos hinter uns müssen sich neu einordnen, um an uns vorbeizukommen. Das Hupen allerdings, das ich die ganze Zeit erwarte, bleibt aus.

Arthur versucht, seinen Wagen zu starten. Umsonst. Er fährt einen älteren Lada. Schließlich steigt er aus, öffnet die Motorhaube – in aller Ruhe und nach wie vor auf der mittleren Spur der Hauptstraße, inmitten des fließenden Verkehrs, – schaut, prüft, stellt fest, geht daraufhin nach hinten zum Kofferraum und kommt mit einer Art Stein zurück.

Das Grün wechselt währenddessen zu Rot und auch wieder zurück. Die Autos fahren, stoppen, fahren weiter. Und Arthur steht zur selben Zeit gebeugt über den Motor, hämmert stoisch mit dem ›Stein‹ gegen irgendeines der Motorenteile. Einige Zeit später geht er erneut zum Kofferraum. Diesmal kommt er mit einer Wasserflasche zurück. Soweit ich es sehen kann, füllt er das Wasser ungefähr dort hinein, wo er bis eben noch geklopft hat. Ich selbst verstehe nichts von Motoren und bleibe auf dem Beifahrerplatz sitzen.

Ein Mann geht den Fußweg entlang, schaut und kommt zu uns herüber. Er fragt etwas, Arthur antwortet, klopft mit dem ›Stein‹ und füllt weiteres Wasser nach. Als Arthur schließlich einsteigt, sich hinter das Steuer setzt und erneut zu starten versucht, geht der Mann weiter.

Endlich springt der Motor an. Arthur lässt ihn laufen, packt in der Zwischenzeit alles zusammen, schließt Motorhaube und Kofferraum und endlich fahren wir weiter in Richtung Sewansee.

»Gestern war das Auto beim Mechaniker«, erzählt Arthur. »Der Mechaniker hat viel zu fest angezogen. Und ich habe kein Werkzeug dabei.«

Es ist ein goldener Herbst, durch den wir fahren. Die Sonne scheint. Rechts und links des Weges stehen erst Pappeln, später ein ganzer Wald. Zwischen dem Grün der Blätter färbt es sich auch Gelb und Rot.

Das letzte Stück des Weges führt uns westlich des Sewansees entlang. Wir können das tiefblaue Wasser vom Auto aus sehen.

»Gawar hat etwa sechsundzwanzigtausend Einwohner«, hat mir Satenik erzählt. »Und zu Sowjetzeiten waren es fast doppelt so viele. Die Stadt war ein Industriestandort unter anderem für Elektronik, Maschinenbau und Textilindustrie. Mit der Schließung der Betriebe zogen viele der Menschen weg. – Damals war eine schwere Zeit«, berichtete Satenik weiter. »Erst war das Erdbeben in Spitak, dann kamen die Öffnung und der Krieg in Karabach. Es gab wenig Geld. Und Geld brauchte man, um von hier aus nach Jerewan zu fahren und dort zu studieren. Die Universität Gawar wurde 1993 durch Professor Hrant Hakobjan gegründet. Er war Lektor in der Staatlichen Universität Jerewan, kam aber aus Gawar. Er kannte die Situation sehr gut. Und er hat gesagt: ›Ich möchte für meine Region etwas tun und eine Universität gründen, damit die Schüler nicht immer erst nach Jerewan fahren müssen.‹ Heute ist Rusanna Hakobjan unsere Direktorin. Rusanna ist seine Enkeltochter.«

Jedes Wochenende macht sich Satenik auf den Weg nach Gawar. Die knapp hundert Kilometer fährt sie mit der *marschrutka*, sie besucht in Gawar ihre Familie und gibt Samstag wie Sonntag Deutschunterricht an der Universität. Der Studienbetrieb läuft von Mittwoch bis Sonntag. Gegenwärtig studieren hier 2500 Studenten an fünf verschiedenen Fakultäten – Bildung, Philologie, Geistes-, Wirtschafts- sowie Naturwissenschaften. Es gibt auch die Möglichkeit eines Fernstudiums.

»Zwar ist unsere Direktorin noch sehr jung, mit zweiundvierzig Jahren, aber sie ist schon Professorin«, erzählt mir Satenik, als wir dann miteinander über die blanken Flure der neuen Universität gehen. »Rusanna hat Jura studiert, managt jetzt die Universität, ist eine Autorität und eine sehr kluge Frau. Wichtig ist ihr der internationale Austausch.«

»Eine kleine Minute bitte!«, sagt die mütterliche, schon etwas ältere Sekretärin zu uns. Fünf Minuten später sitzen Satenik und ich auf einem großen Ledersofa und bekommen von der Sekretärin *surtsch*, Pfirsichsaft und Grand-Candy-Konfekt gereicht. Hinter einem übergroßen Schreibtisch sitzt eine junge Frau. Offen, natürlich, zugleich resolut, kommt sie hinter ihrem Schreibtisch hervor und auf uns zu. Sie begrüßt mich wie einen offiziellen Gast: »Herzlich willkommen an unserer Universität Gawar!«

»Das war ein Zufall«, versuche ich abzuwiegeln und verweise auf Satenik, die neben mir sitzt. »Ich habe sie kennengelernt und jetzt bin ich hier.«

»Aber es gibt keine Zufälle«, meint die Universitätsdirektorin lächelnd. »Darf ich fragen, wie ich Ihnen helfen kann? Waren Sie schon in Noratus? Nein? Dann bekommen Sie heute Nachmittag dafür einen Wagen zur Verfügung gestellt. Ich kann Sie leider nicht begleiten: In einer Stunde muss ich nach Jerewan. Und bitte, besuchen Sie auch unser Museum!«

Im Klassenzimmer, in dem Sateniks Deutschseminar stattfindet, haben dreißig Studenten bequem Platz, beim Bachelor. Heute, beim Magister erstes Studienjahr, sind es sieben junge Frauen, die mit geröteten Wangen dasitzen und die deutsche Sprache studieren.

»Vor zwanzig Jahren«, meint Satenik, »als ich selbst Studentin war, gab es in unserer Gruppe auch sechzehn Mädchen und nur zwei Jungen. So war das eigentlich immer. Die Jungen bevorzugen vielleicht eher das Technische.«

Satenik unterrichtet so, wie Arthur sein Auto fährt – langsam und fokussiert. Heute geht es um das Glück. Keines der Mädchen hat Scheu, Deutsch zu sprechen.

Was Pech ist? Nun, das sind zerbrochene Spiegel, verschüttetes Salz und schwarze Katzen, vorausgesetzt, dass sie einem den Weg kreuzen. Satenik lässt die jungen Frauen erzählen und korrigiert ab und an. Die Studentinnen scheinen so sehr im Thema zu sein, dass sie fast vergessen, in fremder Sprache zu sprechen – erst Recht, als es dann auch um das Glück geht. Das größte Glück sei es, eine gesunde Familie zu haben, und gute Freunde. Sicher sei auch Geld wichtig; aber immer noch wichtiger wäre ein guter Beruf, eine Arbeit, vieles zu wissen und – beliebt zu sein.

»So«, beschließt Satenik die Unterrichtseinheit, »das Thema der Hausaufgabe zum nächsten Mal lautet: Wann hat Ihr Schutzengel schon einmal geschlafen? – Und nun zeigen wir unserem deutschen Gast das Museum der Universität. Wer möchte führen?« Sofort melden sich zwei der Studentinnen.

Auf dem Weg zum universitätseigenen Museum fragen mich die beiden vorsichtig, ob sie mit mir auch Englisch sprechen dürfen.

»Natürlich!«, sage ich und muss dann feststellen, dass ihr Englisch deutlich besser ist als das meine. Immerhin kriege ich mit, dass die schwarzen Kerne auf dem Schälchen hinter der Scheibe Getreidekörner sind. Diese Körner stammen aus dem dritten Jahrhundert vor Christus und wurden in der Araratebene gefunden. Während ich an die Redewendung erinnert bin: »Da kannst du warten, bis du schwarz wirst!«, höre ich den Namen Warschan Awetjan. Das war ein Freund des Gründungsrektors der Universität. Und seine Sammlung archäologischer Exponate bildet den Grundstock dieses Museums.

Thematisch reichen die Exponate bis in die Gegenwart. Auf einem der Fotos entdecke ich Franz Werfel, auf weiteren dann auch Johannes Lepsius und den ehemaligen Sanitätsoffizier und Schriftsteller Armin T. Wegner.

»Alles das sind Menschen, die viel für Armenien getan haben«, kommentieren die Studentinnen. »Für uns sind es Helden.«

»Wird Franz Werfels Buch ›Die vierzig Tage des Musa Dagh‹ eigentlich in Armenien in den Schulen behandelt?«, frage ich später Satenik.

»Viele Armenier haben das Buch gelesen«, führt sie in ihrer zurückgenommenen, zugleich intensiven Art aus. »Franz Werfel ist bei uns sehr beliebt. Im Schulprogramm ist das Buch leider nicht. Ich selbst habe es während des Studiums gelesen. Ich glaube, ich sollte es noch einmal lesen, um mich zu erinnern. Aber ich weiß noch, dass er so gut geschrieben hat, dass ich das Buch damals mit einem Atem lesen wollte. Sagt man das so im Deutschen: Mit einem Atem?«

Am Friedhof zu Noratus sitzen drei alte Frauen. Sie sitzen auf den Grabsteinen, haben in Plastikbeuteln bunte Wolle dabei und stricken. Kaum sehen sie uns kommen, Satenik und mich, legen sie die Stricknadeln beiseite, nehmen jede ihren Packen fertiger Waren – Mützen, Strümpfe, Schuhe, Topflappen – und bieten sie uns an. Erst kaufe ich ein Paar gestrickte Schuhe und Topflappen, wobei mein Blick bereits über das Areal des Friedhofs schweift. Dann gehen wir weiter.

Auf dem Friedhof von Noratus stehen Hunderte von *chatschkaren*, große und kleine, neuere und halb verwitterte. Es sollen an die neunhundert Kreuzsteine sein. Sie stehen in Gruppen zusammen oder einzeln; mittendrin befindet sich auch eine kleine Grabkirche. Die Legende von den *chatschkaren* als Krieger kenne ich bereits von Wahram. Wir waren nur einmal gemeinsam am Sewansee, standen damals aber genau am gegenüberliegenden Ufer. Dadurch sahen wir die *chatschkare* aus ebenjener Entfernung, aus der auch die Angreifer dieselben gesehen haben mussten. Von hier aus war die gelungene List der Armenier gut nachzuvollziehen.

Es geschah, als die Armenier überraschend von Feinden angriffen wurden. Zahlenmäßig waren sie dem Feind deutlich unterlegen. Aber sie griffen zu einer List: Sie bekleideten die chatschkare wie Soldaten, setzten ihnen Helme auf und lehnten Schwerter an. Aus der Ferne war nicht genau zu erkennen, ob das nun Menschen waren oder nicht. Die Ausrüstung blinkte in der Sonne. In Anbetracht des riesigen Heeres, das ihnen gegenüber zu stehen schien, ergriffen die Angreifer die Flucht.

Eine der strickenden Frauen trägt einen weinrot gemusterten Kittel, um den Kopf gebunden ein dunkles Tuch und an den Füßen graue Filzpantoffeln. Couragiert klemmt sie sich ihre Strickwaren unter den Arm und führt uns zu den von ihr ausgewählten Steinen.

Auf dem ersten ist eine Hochzeit abgebildet: Mongolen kommen und töten das Hochzeitspaar. Auf einem nächsten Stein befindet sich die Darstellung einer jungen, schwangeren Frau. Das Kind ist im Mutterleib zu sehen. Und auf einem dritten Stein sehe ich einerseits eine Frau, die in der Küche arbeitet, und andererseits einen Mann hinter einem Pflug, gezogen von zwei Pferden.

Wohin ich auch schaue: Auf den *chatschkaren* wie auf den Verzierungen rund um den Eingang zur Grabkirche entdecke ich sie immer wieder – die Sonnenräder als kunstvolle, steinerne Geflechte.

Letztlich kommen wir zu einem Stein, der voller Glasscherben liegt. Und die Legende über diesen Stein weiß unsere Führerin – die strickende Frau mit dem Tuch um den Kopf und den Filzpantoffeln an den Füßen – mit aller Hingabe zu erzählen. Satenik steht neben mir und übersetzt:

Es gab einen Mönch. Er hieß Ter Karapet Howhannesi-Howakimjan. Oft hatte er auf dem Friedhof Noratus zu tun und sich deshalb ganz in der Nähe ein Büdchen gebaut. Als er neunzig Jahre alt geworden war, bat er einen seiner Brüder, einen anderen Mönch, ihn lebendig zu begraben. Sei-

ne letzten Worte waren: »Ich fürchte nicht den Tod. Ich möchte, dass auch Sie keine Angst haben. Fürchten Sie nie etwas, sondern Gott allein. Lassen Sie alle, die mit Angst zu mir kommen, einen Teil Wasser auf den Grabstein geben, den anderen Teil des Wassers aber trinken Sie. Waschen Sie sich dann mit dem Rest Gesicht, Brust, Arme und Beine. Zum Schluss zerschlagen Sie die Flasche, in der das Wasser gewesen ist. Und alle Angst wird Sie verlassen.«

Tag 37 Leben

Es ist morgens zehn Uhr. Ich habe zwölf Stunden hintereinander tief geschlafen. Erst jetzt wird mir klar, wie sehr die Luft am Sewansee mit Sauerstoff getränkt sein muss. Alle anderen im Haus haben schon gefrühstückt. Satenik begleitet ihre Mutter auf ein Amt. Das Frühstück ist für mich vorbereitet. Es steht auf dem Tisch.

Und nun sitze ich allein auf dem kleinen Balkon an der Treppe zum Haus, trinke armenischen Kaffee und esse *lawasch* mit Aprikosenkonfitüre. Rechter Hand zieht sich der Gemüsegarten entlang des Weges. Die Beete sind bereits für den Winter abgedeckt. Darunter liegen Kartoffeln. Es ist still.

Plötzlich steht ein Zweijähriger in der Haustür. Er schwankt ein bisschen, noch ein wenig schlaftrunken, und hält sich am Türrahmen fest. Der kleine Arman steckt in einem wolligen Schlafanzug.

Kaum hat er sich gefangen, tappt er langsam vor, bis zur Treppe. Dort zieht er den Kopf zwischen die Schultern, um besser durch das Gitter schauen zu können. Arman schaut auf das Kartoffelbeet. Er schaut, wie ich finde, für ein so kleines Kind sehr lange auf das Kartoffelbeet, drei oder fünf Minuten. Nichts bewegt sich. Auch das Kind bewegt sich nicht. Arman schaut, als würde da einiges vor sich gehen. Ich sehe weiter nichts. Mich hat er gar nicht bemerkt.

Anschließend steigt der kleine Junge langsam, behutsam, Schritt für Schritt die Treppe hinab. Dabei hält er sich am schmiedeeisernen Geländer fest.

Erst auf der vorletzten Stufe stoppt er, setzt sich, auch das ausgesprochen langsam, schiebt vorsichtig seine Beinchen durch das Geländer und schaut nun zum Nachbarn hinüber. Im Nachbargarten ist es ebenso still wie auf unserer Seite. Alles erscheint mir regungslos. Ich kann auf die Wand des Nachbarhauses sehen, auch auf den Blechzaun, der die Grundstücke voneinander trennt, und auf die Wipfel der Obstbäume hinter dem Zaun.

Der Kleine sitzt und schaut sich alles an. Nie ändert er dabei seine Blickrichtung. Kein Laut ist zu hören. Ehrlich gesagt, bleibt mir unklar, was er da eigentlich sieht. Arman sitzt und schaut so an die zehn Minuten oder länger, bis ihm plötzlich etwas Neues in den Sinn zu kommen scheint. Also zieht er seine Beine vorsichtig aus dem Geländer, steht auf und steigt die Stufen langsam wieder hinauf, zurück zum Haus. Mich bemerkt er auch diesmal nicht. Kaum aber hat er das Haus betreten, ruft er laut und deutlich: »Mama!«

»Wir sind eine große Familie«, erzählt Satenik, als sie und die Mutter vom Amt zurückgekommen sind. »Da sind meine Mutter, meine beiden Brüder, ihre Frauen und dazu die Kinder. Insgesamt sind es fünf Kinder. Arman ist der Kleinste. Alle zusammen wohnen in einem Haus. Dieses Haus ist über hundert Jahre alt und hier bin ich aufgewachsen. Eine Renovierung lohnt sich nicht mehr;

die Substanz ist nicht gut. Eines Tages wird es besser sein, das alte Haus abzureißen und ein neues zu bauen.«

Ein großer, schwarzhaariger Hirtenhund gesellt sich zu uns und schaut erwartungsvoll dabei von Satenik zu mir und wieder zurück zu Satenik. Das lange, zottelige Fell hängt ihm über die Augen. Schließlich streckt er sich in der warmen Sonne aus, unmittelbar neben der Haustür, durch die der Kleine gerade gestiegen ist.

»Als mein Vater gestorben ist«, erzählt Satenik weiter, »hat uns Onkel Aram geholfen, Vaters Bruder. Er hat nebenan dieses Sommerhaus gebaut. Es ist sehr schön geworden, nicht wahr? Im Winter aber wird das Haus geschlossen, denn es ist ohne Heizung. Und die Winter hier in Gawar sind sehr kalt, mit viel Schnee. – Du hast es ja selbst schon gemerkt: Wir haben hier Probleme mit dem Wasser. Es läuft bei uns nur einmal am Tag. Dann sammeln wir es. Und in der Zwischenzeit müssen wir schöpfen.«

Das Familienhaus ist aus Stein gebaut, die Veranda aus Holz. Der Hauseingang ist zugleich Balkon mit schmiedeeisernem Gitter. Abgesehen vom Wasser: Das Haus funktioniert, ist sauber, ordentlich und alle Bewohner haben ihren Platz. Als ich noch ein wenig draußen auf der Bank sitzen bleibe, kommen zwei weitere Kinder dazu. Sie leisten mir wortlos Gesellschaft. Gagik, der Sechsjährige, freut sich einfach nur und – schaut. Hajrapet, dem Neunjährigen aber, ist anzusehen, dass etwas in ihm vorgeht. Und wirklich schaut er mich mit einem Mal ganz direkt an und fragt: »How are you?«

»Fine, thank you!«, sage ich. Er versteht, was ich sage, freut sich und läuft schnell ins Haus.

Nach wenigen Augenblicken ist Hajrapet wieder da und alles wiederholt sich. Diesmal fragt er: »What's your name?«

»My name is Constanze!«

Sofort strahlt er wieder so, als würde ein Wunder nach dem anderen geschehen, und verschwindet erneut im Haus. Diesmal läuft ihm auch Gagik hinterher.

Sona, Sateniks rundliche und freundliche Mutter, ist der Ruhepunkt im Haus. Früher war Sona Lehrerin; seit zwei Jahren ist sie in Pension. Wenn sie mich mit ihren großen Augen anschaut, fühle ich mich gesehen. Satenik nickt, als ich ihr von diesem Eindruck erzähle: »Ich kann sagen, dass meine Mutter eine wunderbare Frau ist. Ich sage das nicht, weil sie meine Mutter ist. Aber ich habe sie in der Schule erlebt und viele Meinungen über sie gehört. Sie liebte jeden Schüler. Für sie waren alle Schüler prima und gut. – Wir haben drei Typen in der staatlichen Schule: zuerst die Hauptschule. Die geht von der 1. bis zur 4. Klasse. Da sind alle Kinder noch zusammen. Dann folgt die Grundschule von der 5. bis zur 9. Klasse und schließlich die Oberschule von der 10. bis zur 12. Klasse. In der Oberschule gibt es dann verschiedene Spezialisierungen, zum Beispiel Geschichte oder Mathematik. Je nachdem, was der Einzelne nach dem Abitur studieren möchte. – Meine erste Lehrerin ist bis heute meine Lieblingslehrerin geblieben. Sie unterrichtete sehr ruhig. Mit jedem Schüler hat sie einzeln gearbeitet. Heute spricht man viel über interaktive Methoden. An sich hat meine Lehrerin bereits vor zwanzig Jahren ihre Stunden so gestaltet – mit verschiedenen Methoden, interessant, spielerisch. Wir haben viel gelernt. Und wir haben viel gesehen. Jedes Jahr haben wir Ausflüge gemacht, nach Garni, Geghard, Edschmiatzin oder auch Norawank. – In Armenien gab es in den vorchristlichen Zeiten sogar einen Gott, speziell für das Studium und die Ausbildung. Dieser Gott hieß Narek. Studium und Ausbildung waren bei uns schon immer wichtig, vor dem Christentum und mit dem Christentum. Viele Eltern sparen und geben alles dafür, nur damit ihre Kinder eine Ausbildung bekommen können. – Momentan ist die Arbeitslosigkeit in Armenien sehr hoch: offiziell zwischen fünfzehn und zwanzig Prozent. In Wirklichkeit liegt diese Rate höher. Deshalb gehen viele Menschen aus Armenien weg. Sie fahren nach Russland oder ins Ausland, um zu arbeiten. Die anderen bleiben nach dem Abitur zu Hause sitzen. Hier können sie keine Arbeit finden. – Und trotzdem ist es immer wichtig, zuerst einmal die Ausbildung zu haben. Eine Ausbildung macht man nicht für die Regierung. Es ist wichtig, ganz für sich selbst Kenntnisse zu erwerben, für das Leben, Kenntnisse, die später für die Familie und für die Erziehung der Kinder wichtig sind. – Weißt du, was ich meinem Land wünsche? Eine gute Zukunft! Und dass die Menschen eine Arbeit haben und im Land bleiben können. Wir haben eine sehr große Diaspora. In Armenien wohnen jetzt drei Millionen Armenier, aber in der Diaspora mehr als zehn Millionen. Ich möchte, dass alle Armenier zurückkommen, in Armenien selbst eine Arbeit finden und glücklich leben können.«

Die Küche befindet sich in der Veranda. Hier bereiten Siranusch und Lusine, Sateniks Schwägerinnen, das Mittagessen für uns vor. Heute gibt es eine Spezialität: *kjufta*. Es heißt, *kjufta* sei in Gawar überhaupt das Lieblingsessen der Leute. Es wird mit Brot gegessen oder nach dem Kochen, in Scheiben geschnitten, gern auch angebraten.

»Kennst du *kjufta*?«, fragt mich Satenik.

Noch nie habe ich davon etwas gehört.

Ich erfahre, dass *kjufta* aus gehacktem Kalbfleisch hergestellt wird, gemischt mit fein geschnittenen Zwiebeln, gewürzt mit Pfeffer und Salz. Daraus entsteht eine Masse, die gründlich durchgeknetet werden muss, immer wieder. Schließlich werden Kugeln geformt und diese anschließend dreißig bis vierzig Minuten lang gekocht.

Als wir dann gemeinsam bei Tisch sitzen – Mutter, Satenik, ihre beiden Brüder, deren Ehefrauen sowie drei der Kinder –, essen wir das *kjufta*, in Scheiben geschnitten. Dazu gibt es Buchweizen mit Zwiebeln.

Später gehen wir spazieren. Wir – das sind Satenik, ihre beiden jungen, hübschen Schwägerinnen, sowie die Kinder Aram, Gagik und die kleine Sona. Sona ist schon zwölf. Die Stadt wirkt ein wenig trostlos; vor allem, weil einfach die Menschen fehlen. Es sieht noch verlassener aus als das Jerewan aus dem Jahr 2000. Selten, dass mal ein Auto vorüberfährt oder ein Fußgänger unterwegs ist.

Zugleich gibt es immerhin sieben öffentliche Schulen, fünf Kindergärten, zwei spezielle Technikschulen, eine Sportschule, eine Musik- und eine Kunstschule, eine Sonderpädagogische Förderschule, das große Kinderheim, von dem auch Susanna mir erzählt hat, und nicht zuletzt die Universität Gawar.

Was so entspannt nach einem spontanen Spaziergang aussieht, mit Besuch der Muttergotteskirche und der Heilquelle von Gawar jenseits eines Birkenwäldchens, ist von Satenik wohl überlegt und mit der gesamten Familie vorbereitet. Das kriege ich aber erst mit, als Sateniks Bruder Armen mit seinem Auto plötzlich an der Mineralquelle steht, um uns von hier aus weiter nach Ltschaschen zu fahren.

In den 1960er-Jahren wurden in Ltschaschen bei archäologischen Grabungen zwei Festungen gefunden, ein Gräberfeld und die Spuren einer großen Stadt. Im Historischen Museum in Jerewan habe ich zwei der hölzernen Wagen gesehen, deren Räder ohne Speichen waren, dafür vollständig aus Holz. Es waren wohl Wagen, auf denen die Toten in die andere Welt gebracht werden sollten.

Die archäologischen Grabungen sind schon lange abgeschlossen und Ltschaschen ist inzwischen wieder einfach ein Dorf. Satenik hatte ich irgendwann in den letzten Tagen von diesem Ort erzählt und von meinem erwachten Interesse an archäologischen Grabungen. Langsam neigt sich der Tag.

In Anbetracht dessen gebe ich zu bedenken: »Ltschaschen? Aber das ist doch weit! Das sind über dreißig Kilometer!«

»Das ist nicht weit«, versichert mir Armen. Ich sitze bequem auf dem Beifahrersitz und auf der Bank hinten sitzen die drei Frauen plus drei Kinder. »Vielleicht ist es ein bisschen schwierig zu finden. Aber Sie werden es sehen.«

Wir erreichen schließlich den Ort, durchfahren langsam das Dorf Ltschaschen, schauen uns nach allen Seiten um. Nirgends gibt es etwas Besonderes zu sehen. Die Sonne ist schon fast vollständig untergegangen. Und erst als das Dorf bereits hinter uns liegt, entdecken wir auf einer Anhöhe im Dämmer einen Mauerrest. Armen stoppt sofort den Wagen, wir steigen aus und klettern zügig hinauf.

»Hier!«, sind wir uns einig, gehen über die Reste von Mauern und versichern uns immer wieder: »Hier ist ganz bestimmt eine dieser Festungen gewesen, die die Archäologen damals in den Sechzigern gefunden haben!«

Und schon ist die Sonne mit zarter, rötlicher Spur untergegangen. Wir haben es gerade noch so geschafft, das Ziel, das wir angesteuert hatten, glaubhaft erreicht zu haben. Vor uns, auf der Höhe, wellen sich die Berge wie in einem Schattenriss. Für den Weg abwärts, zurück zum Auto, hat Sateniks Bruder eine Taschenlampe dabei.

Die Fahrt durch die Dunkelheit, auf der schmalen Straße, schüttelt alle Insassen bei jedem Schlagloch einmal kräftig durch. Die Hauptstraße führt direkt am See entlang. Wir aber nehmen eine Abkürzung durch das hintere Land. So erreichen wir das Kloster Hajrawank.

»Möchtest du es dir ansehen, Constanze?«, fragt Satenik. »Es ist ein Kloster aus dem 11. Jahrhundert und auf einem Fels errichtet, mit Blick auf den Sewansee. Entschuldige bitte, dass es jetzt schon dunkel ist.«

Armen begleitet mich, geht vor und beleuchtet mir den Weg. Wir steigen die Stufen zur Kirche hinauf. Sateniks Bruder drückt gegen die Tür und – sie öffnet sich. In totaler Finsternis betreten wir das kleine Kloster. Ich sehe, unter dem unruhigen Lichtschein der Taschenlampe, *chatschkare*, Nischen, Kreuze, den Altar ... Nachts in einem Kloster zu sein, hat etwas fast Intimes für mich. Es erinnert mich an die morgendlichen Stunden, als ich allein war auf dem Klostergelände von Haghpat. Die Welt fühlt sich mit einem Mal für mich ganz an, vollständig. Vielleicht deshalb, weil ich mich in solchen stillen, einsamen Momenten völlig mit ihr verbunden fühle, verbunden fühlen kann, als Teil eines Ganzen. Vielleicht auch, weil ich mich außerhalb allen Getriebes selbst ganz fühle.

Es gibt keinen Auslöser, aber auf der Rückfahrt vom Kloster nach Gawar erinnere ich mich plötzlich daran, dass mir Wahram immer Witze und Anekdoten von einem Ort am Sewansee erzählt hatte. Die Leute dort, in seinen Witzen, würden sehr viel Alkohol trinken.

»Werden diese Anekdoten etwa über Gawar erzählt?«

Satenik muss lachen: »Ja, das ist so. Obwohl bestimmt in Jerewan mehr getrunken wird als in Gawar.«

»Und kennst du solche Witze?«, frage ich weiter, denn meine Vorliebe für Geschichten schließt Legenden, Anekdoten und nicht zuletzt Witze unbedingt mit ein.

Satenik überlegt kurz. Dann erzählt sie: »In Gawar soll es eine Grabplatte geben, auf der steht: ›Zwei Tage nichts getrunken und schon gestorben‹. Eigentlich soll das kein Witz sein, sondern Wirklichkeit. Ich weiß es nicht. Ich selbst habe diesen Grabstein nie gesehen. Aber einer von den echten Gawar-Witzen geht so: Ein Mann hat keine Zähne im Mund. Jemand sieht das und fragt ihn: ›Aber warum tragen Sie kein Gebiss?‹ Darauf antwortet der Mann ohne Zähne: ›Wodka kaut man nicht, den trinkt man.‹«

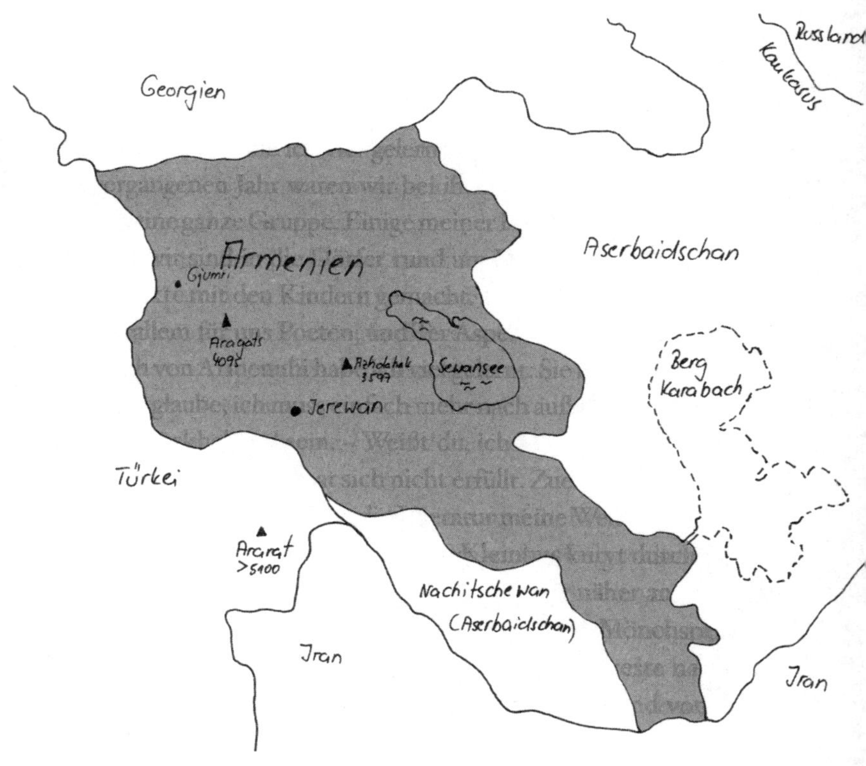

Russland
Kaukasus
Georgien
Armenien
Gjumri
Aragats
4095
Azhdahak
3597
Sewansee
Jerewan
Aserbaidschan
Berg
Karabach
Türkei
Ararat
>5100
Nachitschewan
(Aserbaidschan)
Jran
Jran

KEINER FÄLLT INS NICHTS

Jerewan:
Sicht auf den Ararat
Berkanusch

Tag 38 Schauen

Ich habe in mir einen sechsten Sinn, den Ararat-Sinn, herangebildet: den Sinn für die Anziehungskraft des Berges. Wohin es mich jetzt auch verschlägt, er ist bereits auf Erkundung aus und wird es bleiben.

OSSIP MANDELSTAM: DIE REISE NACH ARMENIEN

Der Sinn für die Anziehungskraft des Berges ... Und was sagt dieser sechste Sinn? Über einen Berg, mit dem sich die Armenier tief verbunden fühlen, der aber heute nicht mehr auf ihrem Territorium steht?

Aelita organisiert auch Reisen zum Ararat.

Und möchte Hajk nicht selbst eines Tages mitkommen und den Ararat besteigen?

»Nein«, sagt er. Da muss er gar nicht überlegen: »Der Ararat ist ein heiliger Berg.«

In meiner Vorstellung landete also die Arche zunächst oben, in den beiden Gipfeln des Berges. Allein die Gipfel überragten das Wasser der Sintflut. Einer der Männer auf der Arche soll eine Weinrebe bei sich gehabt haben. Und kaum sank das Wasser der Sintflut, setzte er, der Legende nach, diese Rebe am Fuß des Berges Ararat in die Erde. Daraufhin sei Armenien das Ursprungsland des Weines geworden.

Zugleich soll auf dem Ararat der König der Schlangen leben, nach alter armenischer Legende. Und nicht zuletzt sitzt dort ja auch Tir, der Gott des Schicksals, der uns und unser Leben »schreibt« – in Stirnschrift; genau wie Mutter Anusch es mir einst erzählt hat.

Dieser alte Mann mit langem weißem Bart saß auf dem Ararat und auch auf jedem weiteren der Berge. Tagsüber blieb er unsichtbar, saß da oben und notierte in sein großes Buch. Manchmal besuchte er aber auch, verkörpert als ein Wanderer, die Leute. Wurde er als Fremder gut aufgenommen und wurde auf sein Wohl und auch auf das Wohl des Schicksals angestoßen, dann bedankte er sich dafür auf seine Art. Wer ihm dagegen keinen Respekt zollte, dem schrieb er ein Unglück auf die Stirn.

Tagsüber stieg er selten herab, dafür aber in jeder Nacht. Dann zog er durch die Dörfer, durch die Straßen der Städte, betrat die Häuser, beugte sich über die Schlafenden und berührte mit dem Finger ihre Stirn.

Und obwohl der Ararat heute nicht mehr armenisches Territorium ist, gehört sein Anblick unverändert zu Armenien. Der Ararat ist präsent und zugleich ist es, als führe er ein eigenes Leben. Er ist nicht grenzenlos verfügbar, lässt sich nicht jederzeit sehen, im nächsten Moment aber doch wieder, und zwar in voller Schönheit.

Ich weiß nicht mehr, wann ich den Ararat von Jerewan aus zum ersten Mal gesehen habe. War es 2002 oder erst zwei Jahre später? Dann aber hat er, von mir überhaupt nicht mehr erwartet, plötzlich groß, breit, ja, mächtig dagestanden, auf siebzig Kilometer Entfernung, und zugleich zum Greifen nah. Er wirkte wie projiziert.

Die Linie des Bergrückens gleicht allen Abbildungen, die Wirkung des tatsächlichen Anblicks aber ist noch eine andere. Dieser Koloss wächst breit und mit über fünftausend Metern in der Höhe aus der Hochebene heraus; der Gipfel ist schneebedeckt. Er steht völlig für sich. Denn der Ararat ist nicht Teil eines Gebirges, sondern Gebirge selbst.

Und vielleicht passt es wirklich nicht zu einem heiligen Berg, dass auf ihm herumgestiegen und noch dazu nach den Resten der Arche Noah gesucht, gegraben und geklettert wird. Immer wieder gibt es Expeditionen. Aus aller Herren Länder kommen die Forscher. Und immer wieder gibt es Fundstücke, die angeblich, vermutlich, vielleicht oder höchstwahrscheinlich Reste der biblischen Arche sind.

Als Erster bestieg, soweit das überhaupt zu belegen ist, 1829 der Forschungsreisende Friedrich Parrot den Großen Ararat. Der Professor der Universität Dorpat, heute: Tartu, wurde damals, wie schon erwähnt, von dem armenischen Schriftsteller Chatschatur Abowjan begleitet.

Auch Jakob, einer der ersten Christen, bestieg einst den Berg, um dort Spuren der heiligen Arche zu finden. Seine Ausrüstung bestand aus einem Wanderstecken, in welchen er vor dem Aufstieg das heilige Kreuz geschnitzt hatte. Der Weg war mühsam. Jakob kam dennoch voran. In Abständen legte er Pausen ein. Kurz bevor er den Gipfel erreicht hatte, setzte er sich noch einmal zu Boden, um auszuruhen. In dieser Pause fiel er in tiefen Schlaf. Als er aufwachte, befand er sich erneut am Fuß des Berges.

Jakob bekreuzigte sich und begann zum zweiten Mal den Aufstieg.

Er versuchte es auch noch ein drittes Mal.

Als er beim dritten Aufstieg kurz vor dem Gipfel erneut rastete und in tiefen Schlaf fiel, erschien ihm im Traum ein Engel. Der Engel sagte: »Steige nicht weiter auf diesen Berg! Du wirst dort oben keine Reste einer Arche finden. Ein Zeichen aber werde ich dir geben.«

Als Jakob aufwachte, befand er sich wieder am Fuß des Ararat. Er spürte etwas unter seinem Kopf: Es war eine Schiffsplanke aus Holz.

Im Wappen der Republik Armenien balanciert die Arche Noah auf der Spitze des Berges, flankiert von einem Löwen sowie von einem Adler. Der goldene Löwe steht für Mut und königliche Macht, der goldene Adler für Unsterblichkeit, Weitblick und Kraft. Zwar schauen die beiden, Löwe wie Adler, genau in entgegengesetzte Richtungen, der Adler nach Westen und der Löwe nach Osten, gemeinsam aber tragen sie das Wappen.

Auch zum Wappen von Armenien weiß Wahram die passende Ankedote zu erzählen:

Die Türken kamen und sagten: »Wir wissen, dass von Armenien aus der Ararat zu sehen ist. Dennoch befindet er sich auf türkischem Territorium. Im Wappen von Armenien hat er nichts zu suchen.«

Die Armenier beantworteten die Frage mit einer Gegenfrage: »Und wie steht es mit dem Staatswappen der Türkei? Wir wissen, dass am Himmel über der Türkei zeitweise auch der Halbmond zu sehen ist. Dennoch befindet er sich nicht auf türkischem Staatsgebiet! Und was hat er dann im Wappen zu suchen?«

Diese Anekdote wird dem sowjetischen Außenminister Gromyko nachgesagt. Allerdings sind viele Armenier davon überzeugt, dass diese Zuschreibung schon wieder Teil einer weiteren Anekdote ist.

Tag 39 Auferstehen

Wir glauben (...) an die Auferstehung der Toten, an das ewige Gericht für Seele und Leib, an das Reich des Himmels und an das ewige Leben.

BEGRÄBNISRITUS, ARMENISCHE KIRCHE

So heißt es im Glaubensbekenntnis von Nicäa-Konstantinopel. Und so wird es am Grab entsprechend dem Begräbnisritus durch den Priester der Armenisch-Apostolischen Kirche gesprochen. Keiner fällt ins Nichts. Es ist der Übergang in ein anderes Leben.

Ich weiß nicht, ob es so ist. Aber wie auch immer ist Mutter Anusch für mich weiterhin anwesend, ob nun als Erinnerung oder als genetischer Abdruck in ihren Kindern und Kindeskindern. Mir erscheint Mutter Anusch Babajan nach wie vor sehr lebendig.

Also steige ich in den Fahrstuhl, verlasse die Etage von Ida und Lida, fahre abwärts, gehe über den Innenhof und klingle drei Häuserblocks weiter bei Wahram. Die gemeinsame Fahrt zum Grab von Mutter Anusch war ursprünglich seine Idee gewesen. Und mir hatte sie gefallen. Inzwischen wurde die Sache bereits zweimal verschoben, zuletzt auf heute Nachmittag.

Wahram bittet mich herein und bietet mir an, was er hat: Fladenbrot, fünf Scheiben Wurst und dazu Wodka. Wir sitzen auf dem verglasten Balkon zusammen.

»Heute Nachmittag möchte ich zum Grab von Mama Nuschik fahren«, sage ich zu ihm.

Er schaut mich an, bevor er mit Bedauern meint: »Ich muss arbeiten.«

»Aber du selbst hattest doch ...«, spreche ich es nur halb aus. Er hat es vergessen oder überhaupt nur aus Höflichkeit zugesagt. Ich denke mir: Wie auch immer. Und ich sage zu ihm: »Dann fahre ich allein.«

»Es ist nicht gut, wenn du allein fährst«, sagt Wahram streng. Ich widerspreche ihm nicht. Die Fahrt habe ich in jedem Fall für heute Nachmittag beschlossen. Fast vierzig Tage bin ich nun schon allein unterwegs in Armenien. Ein Töpfer hat mir Gjumri eröffnet, Stepan hat mir die Stadt gezeigt, und Samuel sein großes Herz, mit Ter Aspet bin ich entlang der Straße der Klöster getrampt, mit Aelita habe ich den Flug des Adlers verfolgt, Marina wie Hrajr haben mir Antwort gegeben auf jede meiner Fragen und Sateniks Schwägerinnen haben *kjufta* gekocht ... Oft genug bin ich nicht dorthin gekommen, wohin ich eigentlich wollte – dadurch vielleicht aber genau dorthin, wohin ich sollte.

»Und«, frage ich Wahram bei dieser Gelegenheit noch, »was macht eigentlich euer Opernprojekt ›Die vierzig Tage des Musa Dagh‹?«

Wahram wirkt bedrückt, als er antwortet: »Die Oper ist fertig. Es war eine gute Zusammenarbeit mit Karpis Lepejan. Das Libretto haben wir gemeinsam geschrieben. Die Musik ist von mir. Alles ist seit 2004 fertiggestellt. Aber bisher gab es keinerlei Möglichkeit, es aufzuführen.«

Dass ich dann allein zum Grab von Mutter Anusch fahre, ist keine Frage. Die vierzig Tage nach ihrem Tod sind schon lange vorüber; mittlerweile ist weit mehr als ein Jahr vergangen. Und noch immer habe ich nicht an ihrem Grab gestanden und Abschied von ihr genommen.

Nach dem Begräbnisritus der Armenisch-Apostolischen Kirche ist der Tote kein Verstorbener, sondern ein Entschlafener. Ich bewege ein wenig dieses Wort, entschlafen, und höre dabei Wahrams neuen Vorschlag: »Constanze, wir fahren gemeinsam, wenn du nächstes Mal wiederkommst. Anschließend werden wir uns alle treffen, die ganze Familie, und hier zusammensitzen.« Mit einladender Geste verweist er auf seine Wohnung.

Für einen Moment halte ich es für möglich, dass Mutter Anusch sich an dieser Stelle plötzlich zeigt, in die Tür tritt, kurz lächelt, die Arme ausbreitet und ruft: »Tochter, du bist da!?«, danach aber schon wieder energisch und ohne jedes Lächeln fragt: *»Surtsch?«*

Und weil Mutter Anusch nun nicht mehr kommen und den armenischen Kaffee aufschäumen lassen kann, trinken wir jetzt einen russischen Wodka: »Auf die Ruhe ihrer Seele!«, sagt Wahram, und Tränen treten in seine Augen.

Ich bleibe nicht lange. Kaum bin ich wieder drüben in meiner kleinen Wohnung, stehe ich am geöffneten Fenster, sehe auf die Anhöhe gegenüber, auf den Fernsehturm, rufe schließlich Arthur an und frage, ob er Zeit hat, mich nach Berkanusch zu fahren, dorthin, wo Mutter Anusch begraben liegt.

»Berkanusch? Wo ist denn das?«, fragt Arthur.

»Bei Artaschat«, sage ich.

»Alles klar!«

Im Blumenladen unten an der Ecke kaufe ich drei weiße Lilien. Und Arthur treffe ich eine Stunde später am Supermarkt SAS, direkt gegenüber der Kathedrale Grigor Lusaworitsch.

Wir fahren in Richtung Artaschat. Sowohl Mutter Anusch als auch ihr Mann Ohan sind im 19. Jahrhundert von Persien nach Armenien gekommen. Ihre Vorfahren sind Neuarmenier. Sie siedelten in den Dörfern Berkanusch und Mrgawan. Arthur kennt diese Dörfer nicht. Aber ich habe die Karte in der Tasche. Außerdem denke ich: Ich werde mich schon erinnern. Auch an das Grab. Denn einmal bin ich bereits mit Wahram, Marina und Sergej auf dem Friedhof in Berkanusch gewesen, am Grab des Vaters von Wahram und seinen Geschwistern. Marinas Kinder waren noch nicht geboren und Mutter Anusch lebte noch.

Stadtauswärts fahren wir an einer stillgelegten Chemiefabrik vorbei: »Zu Sowjetzeiten gab es hier sehr viele Betriebe«, kommentiert Arthur. »Einige arbeiten noch, andere nicht mehr.«

»Gibt es eine staatliche Hilfe, wenn jemand arbeitslos ist?«, frage ich.

»Wer krank ist, der bekommt Hilfe vom Staat. Und wer früher einmal für den Staat gearbeitet hat, auch der bekommt Hilfe. Aber wer arbeiten kann, wer gesund ist, der bekommt keine Hilfe. Er muss sich selbst helfen.«

Wir durchfahren das Dorf Dimitrow, benannt nach dem bulgarischen Kommunisten: »Da wohnen Leute von einer anderen Nationalität«, erklärt mir Arthur. »Es sind Assyrer. Sie sind Christen. Und auch die Assyrer waren 1915 vom Genozid betroffen.«

Ich weiß von den Jesiden, die nach wie vor als ethnische Minderheit in Armenien leben. Hinzu kommen – unter anderem – Assyrer, Kurden, oder wie im Gebiet um Achtala, auch Griechen.

Das Dorf Berkanusch finden wir ohne Probleme. Auch der Friedhof ist problemlos zu finden. Probleme gibt es mit dem Grab. Wir suchen nach dem Grab von Wahrams Vater. Denn dort ist, wie ich weiß, auch Mutter Anusch begraben. Nach meiner Erinnerung muss sich das Grab von Wahrams Vater fast am Ende des Friedhofs befinden, und dort dann auf der linken Seite.

Arthur begleitet mich. Das ist für ihn ganz selbstverständlich. Mitten auf dem Hauptweg, direkt auf dem Friedhof, steht ein Taxi. Und nur wenige Schritte weiter sehen wir drei Männer. Sie haben sich unter dem Blechdach versammelt, das über einem der

Gräber aufgestellt wurde, und trinken Selbstgebrannten. Einer der drei ist der Taxifahrer.

»Anusch Babajan? Aus Moskau? Nicht aus Moskau? Wie heißt der Mann? Howhannes? Das ist aber nicht sicher? Bitte, trinken Sie doch ein Glas mit uns!«

Arthur wehrt beiläufig ab, beantwortet ihre Fragen, immer versetzt zu meinen Antworten.

»Nein, sie ist nicht aus Moskau. Nie gewesen. Es muss eine andere Babajan sein.«

Als wir weitergehen, sagt Arthur zu mir: »Warten Sie! Ich schaue!« Und schon springt er zwischen den Gräbern umher und liest die Namen auf den Grabsteinen. Einige der Grabsteine liegen, andere stehen. Ich gehe langsam mit ihm mit, schaue selbst auch und versuche mich zu erinnern. In der Erinnerung erschien mir alles viel klarer, als es jetzt in der Wirklichkeit ist.

»Ist es ein Grab mit einem Foto?«, fragt Arthur weiter. Schließlich sind in viele der Grabsteine Bilder eingeritzt, nach Fotos der Verstorbenen, sehr kunstvoll und plastisch wirkend.

»Nein, es ist ohne Foto«, sage ich. »Auf dem Stein stehen nur Name und Datum.«

So sehr wir auch suchen, wir werden nicht fündig. Arthur beschließt, ins Dorf zu gehen, denn er meint: »Wir müssen die alten Leute fragen. Sie kennen sich aus.«

Vor einer Kate sitzt ein junger Mann. Arthur fragt ihn, der junge Mann steht auf und holt seine Großmutter.

Nun befragt uns die Großmutter: »War sie Lehrerin? Ach, sie wollte es nur werden? Drei Kinder? Und vor einem Jahr ist sie gestorben«, wiederholt sie alles, was wir ihr sagen, noch einmal für sich. Die Großmutter kommt nicht weiter. Wir auch nicht. Aber genau in diesem Moment kommt ein alter Mann vorbei.

»Warte mal!«, ruft die Großmutter ihm zu. Sie ruft es immer wieder. Aber der alte Mann geht einfach weiter die Dorfstraße entlang. Schließlich ruft die Großmutter: »Kennst du eine Anusch Babajan?«

Jetzt bleibt der Alte stehen und hört sich alles an.

»Und?«, fragt die Großmutter am Ende ungeduldig.

Ich versuche inzwischen Marina telefonisch zu erreichen. Vielleicht kann sie uns helfen? Aber da ist nur der Anrufbeantworter. Wahrscheinlich hat sie mit den Kindern zu tun. Schließlich telefoniere ich mit Wahram.

Er ist sofort am Apparat und ich reiche mein Mobiltelefon weiter an Arthur. Selbst Wahram weiß nicht, wo sich das Grab seiner Eltern befindet. Dafür weiß er, wo Lida wohnt; und Lida ist eine Verwandte.

»Lida weiß, wo das Grab ist«, sagt Wahram. »Sie wohnt im dritten Haus rechts!«

Als Arthur das Tor bei Lida öffnet, denn eine Klingel gibt es nicht, kommt uns eine alte Frau entgegen. Das ist Lida. Ich erkenne sie sofort wieder. Arthur spricht sie an. Ich habe das Gefühl, die beiden reden aneinander vorbei. Zugleich bin ich mir sicher, dass das genau der Hof ist, in dem ich vor einigen Jahren schon mit Wahram, Marina und Sergej gewesen bin. Aber damals war mein Haar noch dunkel.

Es gab hier auch einen kleinen Jungen. Der hat mir den Garten gezeigt, ist extra in den Aprikosenbaum geklettert, um uns einige Aprikosen zu pflücken. Dabei habe ich ihn fotografiert.

Jetzt schiebe ich das Tor auf, betrete ebenso den Hof und zähle – um mich auszuweisen – Lida einfach die Namen auf: »Wahram Babajan, Marina, Sergej, Mama Nuschik ...« Und jetzt erinnert sich auch Lida. Ein Junge kommt dazu. Er ist fünfzehn Jahre alt und bietet uns seine Hilfe an: »Ich weiß, wo das Grab ist.«

Wir gehen gemeinsam den Hauptweg entlang, dieser Junge, Arthur und ich, genau wie in meiner Erinnerung gehen wir geradewegs nach hinten, aber bis ganz hinten, bis dorthin, wo dann schon das Maisfeld beginnt. Kurz vor dem Maisfeld geht es nach links ab. Eingezäunt von einem niedrigen schmiedeeisernen Zaun liegen in einem Geviert zwei Grabsteine – der eine für Ohan, also nicht: Howhannes, der andere für Anusch Babajan.

Arthur und der Fünfzehnjährige stehen neben mir. Ich halte die weißen Blumen in der Hand, während wir auf die Grabsteine schauen. Schließlich bitte ich die beiden, mich für einen Moment allein mit Mutter Anusch zu lassen.

Kaum bin ich allein, halte ich meine Zwiesprache mit ihr. Sie war wie meine Mutter und ihr Wort ein tragendes Versprechen.

Auf dem Weg zurück zu Lida treffe ich auf Arthur und den Jungen. Sie sitzen auf einem der Grabsteine und haben die ganze Zeit auf mich gewartet. Das Taxi der anderen ist inzwischen davon.

Zu Hause bereitet uns Lida einen Kaffee. Sie stellt eine Schale auf den Tisch, mit Pfirsichen und Äpfeln. Daneben legt sie ein Messer. Arthur nimmt das Messer, beginnt die Früchte aufzuschneiden und die Stücke auf dem Teller anzurichten. Es ist, als gehöre er mit zur Familie.

Jetzt setzt sich auch der Fünfzehnjährige mit zu uns an den Tisch und erinnert sich: »Sie haben mich fotografiert!« Er lächelt. »Ich habe im Aprikosenbaum gesessen!« Genau! Mir scheint, diese, solche Erinnerungen werden gehegt wie eine Art unsichtbarer Bücher, auf oder hinter die Stirn geschrieben.

An der Wand hängt das Foto eines Mannes. Arthur fragt Lida, wer der Mann auf diesem Foto sei. Bevor sie antwortet, setzt sich auch Lida mit zu uns an den Tisch. Dann sagt sie: »Das ist mein Sohn. Er ist im Krieg gefallen, in Karabach. Er hat einen Toten aus der Schusslinie gezogen. Dabei wurde er selbst getroffen.«

»Ich möchte auch zur Armee!«, schließt der Fünfzehnjährige unmittelbar an Lidas Erzählung an.

Ohne zu überlegen, denn meine Sache ist das hier nicht, sage ich: »Nein!«

»Doch«, sagt der Junge ruhig und schaut mir direkt in die Augen: »Armenien ist mein Land und das ist meine Aufgabe. Wer sonst sollte es tun?«

Tag 40 Spielen

»Im Schach sind die Armenier sehr gut«, hat Hrajr gesagt. Seine Worte begleiten mich schon lange. Immer wieder gehen sie mir durch den Kopf, immer wieder muss ich daran denken, was er zum Schachspiel meint. Sowohl jetzt, unmittelbar vor meinem Abflug, als auch drei Jahre später. Denn im Frühjahr 2018 war Sargsjans Zeit abgelaufen. Da er nicht noch einmal Präsident werden konnte, sollte er Premierminister werden. Im ganzen Land gab es Proteste. Aber kurz vor der Eskalation, am 23. April, genau einen Tag vor dem 103. Jahrestag des Genozids an den Armeniern, resignierte Sargsjans und der Oppositionspolitiker Nikol Paschinjan trat, in Folge dieser Samtenen Revolution, an seine Stelle.

Hrajr also sagt: »Zwar wurde das Schachspiel nicht in Armenien erfunden, aber es ist für uns ein Nationalspiel geworden. Schach war ein Spiel der Könige. Gern betrachte ich es in seiner Symbolik. Denn Schach ist wie unser Leben, wie unsere Welt, auch wie die Politik. Dabei gibt es vor allem zwei Dinge, die es zu erkennen gilt: Erstens: Die Bedeutung von Zeit, sowohl im Leben als auch im Schach. Und zweitens: Du kannst erkennen, dass es in der Welt Spieler gibt. – Du kannst immer Opfer von deinem Gegenspieler werden. Du kannst denken, dass du König oder Königin bist. Du kannst denken, du bist ein Ritter; dann aber wirst du geopfert von denen, die in der Welt regieren und die in dieser Welt das Spiel führen. Aber egal, wie mächtig du bist, ob König, Königin oder auch Spieler – für uns alle gibt es eine bestimmte Zeit. Und wenn diese Zeit aus ist, abgelaufen, vorbei, endet auch das Spiel.«

Zitat- und Quellennachweis

Die in diesem Buch wiedergegebenen Mythen und Legenden basieren auf den Erzählungen armenischer Freunde sowie auch auf: »Eine Reise nach Armenien durch Mythen und Legenden«, herausgegeben von Anusch Gasparyan, Tigran Mets Publishing House, 2014.

S. 10: G. Gurdjiew: Begegnungen mit bemerkenswerten Menschen, München 1997, S. 23
S. 20: Artem Ohandjanian, Lilia Awanessian: Felszeichnungen in Armenien. Auswirkungen auf das Leben des armenischen Volkes, Wien 2007, S. 47
S. 29: Franz Werfel: Die vierzig Tage des Musa Dagh, Berlin und Weimar, 2. Auflage 1987, Band 1, S. 7
S. 41: Ghukas Sirunjan: Blockade, Nachdichtung: Constanze John, Linearübersetzung: Hrachya Stepanyan. In: Zeitgenössische armenische Lyrik, Jerewan 2012, S. 68
S. 48: Jeghische Tscharenz: Mein Armenien, Gedichte, Wuppertal-Wien 2010, hrsg. und übertragen von Konrad Kuhn
S. 49: William Sarojan: Hayastan und Charentz, in: Ein anderer Tag, ein anderer Traum, Erzählungen 1939 – 1954, Frankfurt am Main 1988, S. 222
S. 64/67: Artem Ohandjanian, Lilia Awanessian, s.o., S. 16, 68
S. 77: G. Gurdjiew, s.o., S. 91/92
S. 78/79: Ebd., S. 58, 57
S. 80: Ebd., S. 62/63
S. 88/89: Reise nach Arsrum, A. S. Puschkin: Dramen. Märchen. Aufsätze, Berlin 1950, S. 349 f.

S. 95: Artem Ohandjanian, Lilia Awanessian, s.o., S. 47/48
S. 108: Xenophon: Des Kyros Zug der Anabasis der Zug der Zehntausend, Reclams Universal-Bibliothek Nr. 1184, Stuttgart. 1999, S. 127
S. 127: Edgar Hilsenrath: Das Märchen vom letzten Gedanken, München, Zürich 1991, S. 503
S. 135: Artem Ohandjanian, Lilia Awanessian, s.o., S. 59
S. 139: Ebd., S. 15
S. 143: Franz Werfel, s.o., S. 86
S. 156: Artem Ohandjanjan, Lilia Awanessjan, s.o., S. 37/8
S. 157: Andrej Bitow: Armenische Lektionen, Frankfurt am Main 2002, S. 133
S. 159: Franz Werfel, s.o., S. 319
S. 176/177: Ebd., S.127 ff.
S. 178: Hermine Navasardyan: Für den Frieden, In: Zeitgenössische armenische Lyrik, Apollon Verlag, Jerewan 2012, S. 144
S. 205: Artem Ohandjanjan, Lilia Awanessjan, s.o., S. 19
S. 225: Philip Marsden: The Crossing Place. A Journey among the Armenians, New York-Tokyo-London 1995, S. 173
S. 255: Aus: Karekin Sakojian: Bekenntnis Sergei Paradjanows, in: Armenien – 5000 Jahre Kunst und Kultur, hrsg. vom Museum Bochum und der Stiftung für Armenische Studien, Bochum, Tübingen 1995, S. 426
S. 256/257: Ebd., S. 427
S. 263: Franz Werfel, s.o., S. 319
S. 301/302: Artem Ohandjanian, Lilia Awanessian, s.o., S. 21, 25, 13
S. 320: Aus: Metakse: Eigenart, Nachdichtung: Constanze John, Linearübersetzung: Hrachya Stepanyan. In: Zeitgenössische armenische Lyrik, Apollon Verlag, Jerewan 2012, S. 7 f.
S. 324: Aus: Metakse: Jede Nacht, ebd., S. 6
S. 330: Andrej Bitow, s.o., S. 133
S. 360: Ossip Mandelstam: Die Reise nach Armenien, Frankfurt am Main 1997, S. 101

Dank

Ohne die folgenden Menschen wäre dieses Buch nie das geworden, was es heute ist. In diesem Sinne danke ich:

Anusch Babayan, Prof. Dr. habil. Melanya Astvatsatryan, Familie Caldas, Wahram Babayan, Christa Pfabe, Knarik, Marina Ayunts, Sergej Balayants, Rafik Ayunts, Natalya Ayunts, Mark Ayunts, Prof. Dr. Armenuhi Drost-Abgarjan, Prof. Dr. Hacik Rafi Gazer, Dr. Hrayr Bagramyan, Susanna Ayvasyan, Wagarschak Asatryan, Larisa Yeganyan, Stepan Ter-Magaryan, Hamazasp Khachatryan, Prof. Dr. Andreas Furtwängler, Henry Tschörch, Murad Martirosyan, Shenja Margaryan, Dr. Hayk Martirosyan, Hayk Gasparyan, Seyran Gasparyan, Tigran Kapoyan, Lilit, Liane Schäfer, Edward Militonyan, Jürgen Jankofsky, Hermine Navasardyan, Charlotte Karapetyan, Ludmilla Thiele, Songül Kaya-Karadag, Roman Nersisyan, Thomas Kirsche, Gerd Grunewald, Uwe Hilbig, Uwe Reißig, Satenik Haytyan, Aelita Tschobanyan, Ter Aspet, Grigor Arakelian, Gohar Harutyunyan, den Lehrerinnen und Schülern der Schule Nummer 42 in Jerewan, Prof. Rusanna Hakobyan, Anusch Khachikyan, den Kindern im Kinderheim Matunik sowie Emma, Maria, Arthur und Kristos.

Weitere Reiseabenteuer bei DuMont ...

Wolkenpfad

Zu Fuß durch das Herzland der Inka

von John Harrison

Übersetzt von Christina Schmutz und Frithwin Wagner-Lippok

Der »Wolkenpfad« verläuft hoch über dem Rücken der Anden, durch raues Land. Kälte, Niederschläge und Höhe machen Harrison während seiner mehrmonatigen Fußreise vom Äquator bis zu den magischen Ruinen der Inka-Stadt Machu Picchu wahrhaftig zu schaffen. Die Menschen, auf die er in den Bergen trifft, haben kaum je einen Weißen gesehen. Harrisons Buch lässt die extremen Landschaften, die er unter den Vulkanen der Anden durchstreift, und die extremen Lebensbedingungen der Menschen ebenso lebendig werden wie die zahlreichen Ruinen des Inka-Imperiums am Weg, die er eingehend würdigt.
Er läuft den Camino Real ab, den Königsweg, auf dem einst die Staffelläufer der Inka aus allen Winkeln des Reiches Nachrichten zu den Herrschern beförderten. Das Gelände ist eine einzige Herausforderung, der Weg beschwerlich. Die vielen Unwägbarkeiten der Reise, die Ängste und die Einsamkeit, kaum einmal unterbrochen durch kurze Aufenthalte in Gebirgsdörfern, werden feinfühlig und spannend erzählt.

Paperback, 456 Seiten
ISBN 978-3-7701-8257-2
Preis 16,99 € [D]/17,50 € [A]
Auch als E-Book erhältlich

PAPERBACK, 384 SEITEN
ISBN 978-3-7701-8258-9
PREIS 14,99 € [D]/15,50 € [A]

»Ein spektakuläres Reportage-Buch«
Stern

Mein russisches Abenteuer

Auf der Suche nach der wahren russischen Seele

von Jens Mühling

Als der Journalist Jens Mühling in Berlin den russischen Fernsehproduzenten Juri kennenlernt, verändert sich sein Leben. Juri, der deutschen Sendern erfundene Geschichten über Russland verkauft, sagt: »Die wahren Geschichten sind viel unglaublicher als alles, was ich mir ausdenken könnte.« Seitdem reist Jens Mühling immer wieder nach Russland, getrieben von der Idee, diese wahren Geschichten zu finden. Die Menschen, denen er unterwegs begegnet, sind das echte Russland. Eine Einsiedlerin in der Taiga, die erst als Erwachsene erfahren hat, dass es jenseits der Wälder eine Welt gibt. Ein Mathematiker, der tausend Jahre der russischen Geschichte für erfunden hält. Ein Priester, der in der atomar verseuchten Sperrzone von Tschernobyl predigt. »Mein russisches Abenteuer« ist eine Reiseerzählung, die durch das heutige Russland führt. Aus ganz persönlicher Perspektive porträtiert Jens Mühling eine Gesellschaft, deren Lebensgewohnheiten, Widersprüche, Absurditäten und Reize hierzulande nach wie vor wenigen vertraut sind.

PAPERBACK, 248 SEITEN
ISBN 978-3-7701-8261-9
PREIS 14,99 € [D]/15,50 € [A]
AUCH ALS E-BOOK ERHÄLTLICH

»Eine kühne und mutige Reise, ein elegisches Buch von einem Meister der Prosa auf der Höhe seines Könnens«
Evening Standard

Ein Berg in Tibet

Zu Fuß durch den Himalaya zum heiligen Berg Kailash

von Colin Thubron

Übersetzt von Werner Löcher-Lawrence

Der Kailash ist für ein Fünftel der Weltbevölkerung der heilige Berg dieser Welt. Isoliert hinter dem Zentral-Himalaya liegend, ist er nie bestiegen worden, wird aber seit Jahrhunderten von hinduistischen und buddhistischen Pilgern rituell umkreist. Colin Thubron unternimmt eine mühevolle Fußreise aus Nepal über die Pässe Tibets zu den magischen Seen unter dem heiligen Berg und mischt sich dort unter die Pilger. Er spricht mit den Bewohnern abgelegener Dörfer, mit Mönchen in verfallenden Klöstern und erzählt die Geschichte Vertriebener und exzentrischer Entdecker aus dem Westen. Und dabei ist er auch selbst auf Pilgerschaft. Nachdem erst kürzlich das letzte Mitglied seiner Familie gestorben ist, erweckt seine Umrundung des heiligen Bergs eine eigene Landschaft aus Liebe und Trauer zum Leben und setzt kostbare Fragmente seiner Vergangenheit zusammen.
»›Ein Berg in Tibet‹ ist nicht einfach nur ein Reisebericht, sondern ein tief empfundenes Hosianna auf die Mühen des sich die Welt Erwanderns ...«, sagt die Irish Times über dieses Buch.

Die letzten Tage der Wildnis

Eine Reise um die Iberische Halbinsel

von Rolf Neuhaus

PAPERBACK, 320 SEITEN
ISBN 978-3-7701-8255-8
PREIS 14,99 € [D]/15,50 € [A]
AUCH ALS E-BOOK ERHÄLTLICH

Fast vierzig Jahre nach seiner ersten Umrundung Iberiens geht der Reisejournalist und Buchautor Rolf Neuhaus noch einmal auf Fahrt entlang der Küsten Festland-Spaniens und Portugals. Diesmal ist er auf der Suche nach Naturräumen, die die rasante Entwicklung der letzten Jahrzehnte überstanden haben, die vom Bauboom ausgespart und vom Tourismus übersehen wurden. Er wird fündig, wandert tagelang über nahezu unberührte Steilfelsen und Strände, unternimmt ausgedehnte Fahrradtouren durchs Hinterland, paddelt in fjordähnlichen Meereseinbuchtungen und fährt hinaus zu vorgelagerten, vergessenen Inseln, deren Namen selbst die meisten Spanier und Portugiesen noch nie gehört haben. Der Autor wartet mit ungeduldigen Fischern in Hafenkneipen auf das Nachlassen des Sturms, beobachtet Entenmuschelpflücker bei ihrer halsbrecherischen Arbeit und hört sich die Klagen der Reisbauern über abstruse Umweltschutzauflagen an. Er lernt viel über die Eldorado-Mentalität der modernen Selfmademen, spricht mit Naturschützern über die Zerstörung der Küsten und ahnt, wie schwierig es in der Nachkrisenzeit werden wird, sie vor der vollständigen Verbauung zu bewahren, wenn die Hydra der Spekulation ihre Häupter wieder erhebt.

REISEABENTEUER
DUMONT